JACOB J. PÉTRY
Autor de *O óbvio que ignoramos*

Ninguém Enriquece Por Acaso

Aprenda a libertar sua genialidade e aproveitar ao máximo as oportunidades da vida

Direção editorial: Pascoal Soto
Editor: Pedro Almeida
Produção editorial: André Fonseca
Marketing: Priscila Brauner
Preparação de texto: Ana Carolina Pinheiro Nitto
Revisão: Renata Alves
Diagramação: S4 Editorial
Capa: Osmane Garcia Filho
Imagem de capa: Dreamstime/© Irochka

DADOS INTERNACIONAIS DE CATALOGAÇÃO NA PUBLICAÇÃO (CIP)
(Câmara Brasileira do Livro, SP, Brasil)

Pétry, Jacob J., 1971-
Ninguém enriquece por acaso: aprenda a libertar sua genialidade e aproveitar ao máximo as oportunidades da vida / Jacob J. Pétry. – São Paulo : Lua de Papel, 2011.

224 p.

ISBN 978-85-63066-74-9

1. Sucesso. 2. Auto-ajuda 3. Realização Profissional

ÍNDICE PARA CATÁLOGO SISTEMÁTICO
1. Sucesso. 2. Auto-ajuda 3. Realização Profissional

TEXTO EDITORES LTDA.
[Uma editora do grupo Leya]
Rua Desembargador Paulo Passalácqua, 86
01248-010 - Pacaembu – São Paulo – SP
www.leya.com.br/luadepapel
Twitter: @luadepapel_BRA / @EditoraLeya

Para Edson Luis Petry,
meu sobrinho.

Para Arlindo J. Rusczyk,
um velho amigo.

SUMÁRIO

Introdução

1

No verão de 1995, um grupo de calouros da Universidade de Stanford foi convidado a fazer um *tour* pela baía de São Francisco. O guia era Sergey Brin. Ele tinha 22 anos na época. Nasceu em Moscou, na Rússia, e veio para os Estados Unidos aos seis anos. É magro e não muito alto. Tem o cabelo meio ondulado e o nariz um pouco saliente. Ele é educado, pensativo, prático e modesto. Sua voz é carregada de um leve sotaque russo. Quando fala, assume a seriedade de um catedrático. O sonho de seu pai era que ele se tornasse um acadêmico. "Minha esperança era de que algum dia ele concluísse um pós-doutorado e se tornasse alguém, talvez um professor", o pai dele disse, tempos depois. "Certo dia, alguns meses depois de ele ter ido para Stanford, perguntei se estava fazendo algum curso avançado. Ele disse: sim, curso avançado de natação."

Na metade do *tour*, enquanto o grupo subia e descia as fabulosas ladeiras de São Francisco, um dos calouros – Larry Page – se aproximou de Sergey. Tinham a mesma idade e, assim como Sergey, Larry era formado em Ciências da Computação. Também como Sergey, graduara-se com honrarias e pensava, assim como o outro, em fazer doutorado em Stanford. Os dois conversavam muito; discutiam temas variados, principalmente computação.

Poucas semanas depois, Page decidiu fazer seu doutorado em Stanford e se mudou para lá. Nos meses seguintes, os dois se uniram em torno do mesmo projeto de pesquisa, tornando-se inseparáveis. No campus, os colegas não se referiam a eles como indivíduos separados. Eram conhecidos como "Larrye-Serguey". A paixão deles eram os sistemas de busca da internet. Na época, pesquisar qualquer tipo de informação na internet não era como hoje: era uma tarefa complicada e quase inútil. "Você obtinha uma grande quantidade de informação, mas completamente sem sentido", explica Rajeev Motwani, professor de Stanford. Os buscadores mais conhecidos na época, Alta Vista e Yahoo, definiam os resultados quase por mero acaso, pois não havia nenhum tipo de seleção refinada desses resultados. Larry e Sergey passaram a refletir sobre a possibilidade de criar um sistema que valorizasse melhor as relações entre os *sites*. Um ano depois, eles haviam criado um sistema que chamaram de PageRank.

O PageRank seguia o mesmo padrão dos sistemas que existiam no mercado. A única, mas radical diferença era a forma como ele classificava o resultado das buscas. Os amigos desenvolveram uma família de algoritmos que atribuía a cada página da *web* uma classificação de relevância. Ela não classificava as páginas apenas pela sua popularidade, e sim verificava também quantas páginas mostravam *links* para um *site* em particular e usava essa informação para determinar a importância de cada página.

Em março de 1998, Larry e Sergey decidiram vender os direitos de uso do PageRank. Primeiro, ofereceram-no para o Alta Vista, o maior *site* de busca que havia na época, pelo valor de 1 milhão de dólares. O Alta Vista torceu o nariz, dizendo que tinha a cultura de não dar muita importância à tecnologia que não era inventada dentro da própria empresa. Eles bateram, então, na porta de outras companhias, como Excite e Yahoo, mas ninguém mostrou interesse.

Até aqui temos dois jovens e brilhantes estudantes com uma ideia, mas sem saber exatamente o que fazer com ela. A questão era: haveria realmente futuro para esse sistema?

Em agosto de 1998, tentaram uma nova saída: ofereceram uma parceria para um investidor chamado Andy Bechtolsheim, dezoito anos mais velho que eles. Bechtolsheim nasceu na Alemanha e estudou engenharia em Stanford. Aos 27, quando Larry e Sergey tinham nove anos, Bechtolsheim e outros três colegas fundaram uma empresa chamada Sun Microsystems. O empreendimento o tornou bilionário antes de ele completar 30 anos.

Assim, Larry e Sergey explicaram o funcionamento do PageRank em detalhes a Bechtolsheim, contando suas tentativas frustradas de vender o sistema e falando sobre planos de abrir uma empresa em conjunto. Após ouvi-los com interesse, Bechtolsheim, do alto de seus 55 anos, disse: "Essa é a melhor ideia que eu ouvi nos últimos anos. Quero fazer parte dela". Sem estender as negociações, fez um cheque no valor de 100 mil dólares e o deu para os dois. Foi um começo modesto, mas, a partir daí, as coisas começaram a acontecer mais rapidamente.

Hoje, pouco mais de uma década depois, o Google, a empresa criada por Larry e Sergey, vale quase US$ 60 bilhões. O PageRank, esse mesmo sistema que o Alta Vista, o Excite e o Yahoo não valorizaram, tornou o Google o *site* mais visitado do mundo.

A questão é: como executivos do Alta Vista e do Yahoo não perceberam o valor do PageRank? Esses empresários eram altamente reconhecidos pelo seu empreendedorismo e sua inovação, pois haviam revolucionado o mundo da comunicação, mas por que não conseguiram ver o potencial da ideia de Larry e Sergey? O que fez, contudo, que Andy Bechtolsheim visse, num piscar de olhos, o que passou despercebido pelos outros executivos? Por que algumas pessoas têm uma incrível capacidade de ver oportunidades e outras não conseguem ver nada ou veem apenas obstáculos?

2

A região conhecida como Paso del Planchón é uma extensa região montanhosa localizada entre a Argentina e o Chile. Formada por gigantescas cadeias de cumes pontiagudos, tem paredões de até 1000 metros de altura. Seus vales são estreitos e cobertos de neve o ano inteiro. Os picos mais altos, formados por antigas erupções vulcânicas, elevam-se a mais de 4 mil metros acima do nível do mar. A temperatura quase sempre fica abaixo de zero. A pressão atmosférica é extremamente baixa. Ali não vivem animais e não cresce nenhum tipo de vegetação. O lugar é um dos mais inóspitos, cruéis e imponentes do mundo. Era para essa paisagem que um rapaz de 22 anos chamado Nando Parrado olhava na tarde de uma sexta-feira 13, em outubro de 1972. Junto com ele estava sua mãe, Eugenia, e Susy, a irmã mais nova. Eles estavam a bordo de um Fokker-27, um avião de pequeno porte da Força Aérea Uruguaia. Além deles, havia outros 42 passageiros, a maioria rapazes entre 18 e 28 anos. Quase todos faziam parte do Old Christian's Rugby Club, um famoso time de rúgbi de Montevidéu. Eles iam para Santiago, no Chile, onde teriam um jogo de confraternização.

A principal rota entre Montevidéu e Santiago é uma linha reta de leste a oeste cruzando a Argentina. Os picos elevados da cordilheira são um obstáculo para a maioria dos voos nessa rota. O tempo ruim daquela sexta-feira forçou os pilotos do F-27 a desviar o voo para o sul, onde tentariam cruzar os Andes sobre o Paso del Planchón. Depois, iriam para o norte, até Santiago. No sul o tempo também estava ruim – não necessariamente horrível, porém feio o suficiente para impedir a visibilidade necessária para passar o desfiladeiro com segurança. Os pilotos tinham poucas pistas para confirmar sua posição exata. Em circunstâncias normais, a passagem pelo Paso levaria onze minutos de voo no sentido leste-oeste, mas o tempo piorou, e os pilotos não enxergavam nada. Ficaram confusos a ponto de, em três minutos, solicitar autorização ao controle aéreo de Santiago para desviar o curso rumo ao norte. Eles pensavam que já haviam cruzado a cordilheira, mas estavam enganados. Ainda no centro dos Andes, o F-27, com a visão obstruída por intensa nebulosidade, mudou o curso para o norte, diminuindo a altitude.

Uma forte turbulência agitou o avião antes de ele sair parcialmente das nuvens. Desconhecendo a situação delicada em que se encontravam, alguns rapazes vibraram como se estivessem descendo uma montanha-russa. Nando procurou a mãe e a irmã com o olhar. Elas pareciam preocupadas. Um amigo, que estava sentado ao lado, cutucou-o com o cotovelo: "Olha isso, Nando", disse, tenso. "É normal estarmos tão perto das montanhas?" Nando curvou-se sobre o amigo e olhou pela pequena janela do avião. Nuvens obstruíam a visão, mas, em pequenos intervalos, ele pôde ver os rochedos gigantes com partes cobertas de neve próximos das laterais da aeronave. Os rochedos deviam estar a cerca de 10 metros do avião.

Quando o F-27 emergiu das nuvens, os pilotos se depararam, a poucos metros, com uma cadeia de montanhas. Num instante, viram-se forçados a dar potência máxima e a recuperar altitude. A aeronave tomou velocidade e ascendeu rapidamente, mas não o necessário. Em segundos, a asa direita do F-27 bateu contra um pico, destacou-se e chocou-se contra a parte traseira do avião. A força do impacto da asa sobre a fuselagem foi tanta que arrancou a cauda da aeronave. "Ouvi um terrível rangido de metais e, num segundo, percebi o céu aberto atrás de mim", lembra Nando. No instante seguinte, foi a vez da asa esquerda bater num pico e também se soltar da fuselagem. E, então, algo incrível aconteceu: por um estranho e misterioso motivo, a fuselagem do avião, com a parte traseira completamente aberta, pousou numa colina coberta de neve e deslizou numa velocidade de duzentos quilômetros por hora, por mais de quatro quilômetros, até se chocar contra um banco de neve. O que se passou a seguir foram cenas de puro terror. Assentos com passageiros a eles amarrados foram, com a força do impacto, arrancados do piso e jogados para frente. Outros, em filas inteiras, amontoaram-se numa pilha de metais retorcidos e corpos quebrados na parte dianteira da cabine. Doze passageiros morreram, contudo 33 sobreviveram. Alguns sem sofrer um único arranhão.

Eram quatro horas da tarde. Suspeitando que o resgate não viria antes do dia seguinte, os sobreviventes rapidamente se organizaram para passar a noite. Fecharam a parte traseira da fuselagem, coletaram alimentos, remédios, bebidas e tudo que pudesse protegê-los do frio. Cuidaram dos feridos e amontoaram os mortos num canto. Entre eles estava, inconsciente, Nando Parrado, dado por morto. Em seguida, os sobreviventes se agruparam no outro lado da aeronave. Assim que a noite chegou, a temperatura caiu drasticamente. Aos poucos, o frio, a baixa pressão atmosférica, a fome, a sede, o medo e a angústia tiveram impacto: naquela noite, outros cinco morreram.

Na manhã seguinte, um avião sobrevoou a região, mas os sobreviventes não foram vistos. Buscas envolveram equipes de resgate do Uruguai, da Argentina e do Chile, mas as estranhas circunstâncias do acidente impediram que fossem localizados. No décimo dia, por um radinho de pilha que haviam encontrado numa das bagagens, descobriram que as buscas haviam sido suspensas. Ninguém mais acreditava ser possível encontrar os corpos, nem mesmo os restos do avião. A essa altura, ainda havia 27 sobreviventes. Eles estavam há dias sem comida, vivendo apenas com a água que obtinham derretendo neve sobre partes da fuselagem de alumínio. Nando, que havia saído do coma no terceiro dia e se recuperado das lesões, sugeriu que havia apenas uma forma de sobreviver: se alimentar com a carne dos mortos.

Usando material que retiraram do avião, eles cortaram partes dos defuntos. Sem material para fazer fogo, foram forçados a comer a carne crua e congelada. A situação ficou ainda pior: numa cena de total desespero, fizeram um pacto de que, se alguém morresse, doaria seu corpo para alimentar os sobreviventes. Ato contínuo, decidiram que os mais fortes escalariam as montanhas em busca de ajuda. Um dia após partirem, retornaram quase mortos. Noutra noite, uma avalanche cobriu a fuselagem enquanto dormiam. A neve entrou pela abertura traseira e num segundo os enterrou completamente. Oito deles morreram sufocados.

Nando Parrado era o único que insistia em buscar ajuda. "Ninguém nos tirará daqui. Temos que salvar a nós mesmos ou morreremos todos", dizia. Todos concordavam. O problema era como e onde buscar essa ajuda. "Eu vou escalar essas montanhas", Nando insistia, mas ninguém lhe dava apoio. Outros já haviam tentado quando não estavam tão debilitados e fracassaram. "Que outras chances temos?", ele perguntava. No final de novembro, quase dois meses depois do acidente, Nando finalmente conseguiu convencer dois dos rapazes – Roberto Canessa e Antonio Vizintin – a escalarem as montanhas com ele. Nos dias seguintes, prepararam algumas ferramentas rudimentares. E no dia 12 de dezembro partiram em direção ao oeste.

Depois de três dias escalando uma única montanha, Parrado, liderando os outros dois, chegou ao cume. Quando ele olhou em torno, tudo que viu foi uma interminável sucessão de montanhas. Eles decidiram que Vizintin retornaria para a fuselagem e deixaria sua comida para Nando e Canessa, que continuariam a expedição. Depois de perambular outros sete dias seguindo um vale entre as montanhas, no dia 20 de dezembro, dez dias depois de deixarem a fuselagem, eles finalmente encontraram um camponês, que imediatamente ofereceu ajuda. No dia seguinte, 72 dias após o acidente, foi realizado o resgate dos outros catorze sobreviventes.

3

Este livro trata de uma ideia bem simples: se gênio é alguém com a habilidade e a perspicácia de encontrar uma solução simples para um problema incomum, todos nós podemos desenvolver a genialidade em algum campo. Essa ideia se estrutura sobre a fé inabalável de que é possível mudar, que as pessoas são capazes de transformar radicalmente sua vida; que todos nós somos mais fortes, mais inteligentes e que temos uma capacidade superior à que imaginamos. Essa ideia é radical porque temos uma tendência instintiva de refutá-la. Somos treinados a acreditar que algumas pessoas são naturalmente mais capazes do que outras. Iremos, entretanto, por meio da análise que faremos ao longo deste livro, ver que isso não é verdade. Há uma genialidade em cada um de nós esperando para ser desenvolvida. Desenvolver essa genialidade é a origem de todas as riquezas.

A ideia de Sergey e Larry de organizar a informação mundial e torná-la universalmente acessível e a escalada de Nando Parrado em busca de resgate são exemplos práticos dessa genialidade. Embora pareçam conjunturas muito distintas, elas resultam do mesmo padrão subjacente.

Primeiro, são exemplos claros de uma solução simples para um problema complicado. Quando os dois estudantes de Stanford apresentaram seu sistema para o Alta Vista e o Yahoo, a ideia deles não foi recebida como algo fora do comum, genial. Muito pelo contrário, foi vista com certo desprezo, justamente por causa da sua simplicidade. Nem mesmo Larry e Sergey tinham uma imagem clara do que ela representava. Afinal, queriam vendê-la por 1 milhão de dólares. Valor que até pode parecer muito dinheiro se não comparado aos US$ 60 bilhões que a evolução dessa ideia representa hoje. Por que houve essa incerteza inicial? Porque, apesar de complexa, a ideia era simples demais. Ela apenas organizava a informação que já existia. A mesma coisa aconteceu com Nando Parrado. Não era difícil perceber que, diante das circunstâncias, o grupo estava com os dias contados. Isso estava claro para qualquer um deles. Também não havia soluções mágicas. A única alternativa era elaborar um plano de busca e enfrentar a situação. É evidente que havia muito em jogo: a vida. Por isso, a genialidade de Nando Parrado não está na ideia de escalar as montanhas, mas em excutá-la e prover as condições necessárias para sobreviver ao longo da busca de seu objetivo. É nisso que ele foi excepcional.

O segundo aspecto similar nesses dois exemplos é que ambas as soluções emergiram de um caos e se organizaram de forma harmoniosa, por meio de uma ordem que se impôs quase por vontade própria. Esse fenômeno é conhecido como o Príncipio da Ordem Espontânea. A evolução da vida na Terra e a linguagem humana são dois exemplos desse princípio. O que ele diz? Uma vez que algum propósito claro é definido, existem forças espontâneas que conspiram a favor da sua realização. Quando Larry e Sergey – depois das tentativas frustadas de vender o PageRank – decidiram, por orientação de David Cheriton, um de seus professores de Stanford, entrar em contato com Andy Bechtolsheim, eles não tinham a mínima noção do que o Google viria a representar. A única coisa clara era o próposito: organizar a informação mundial e torná-la universalmente acessível. Fora isso, foi somente após darem um passo que a luz sobre o passo seguinte se acendeu. "Ser um pouco ingênuo sobre as metas que traçamos foi indispensável", disse Larry ao explicar que queria baixar todas as informações da *web* em uma semana e que, após um ano, havia conseguido baixar apenas uma pequena parte. "É preciso ter um saudável desprezo pelo impossível, tentar fazer coisas que os outros não ousariam tentar." Com a escalada nos Andes sem dúvida aconteceu a mesma coisa. Em momento algum Nando ou qualquer um dos demais sobreviventes poderia imaginar que a odisseia pelas montanhas em busca de ajuda duraria dez dias. Pior: que fosse possível sobreviver por tanto tempo em condições tão desfavoráveis.

Por fim, o terceiro aspecto nos diz que toda genialidade é resultado de uma atitude mental diferenciada. Não há limites preestabelecidos. Nós, por meio da nossa atitude mental, construímos os muros que cercam nossa capacidade. Essa talvez é a parte mais difícil de aceitar, porque ela aponta para uma realidade muito distinta daquela que fomos ensinados a acreditar. Ela nos diz que, num sentido amplo e profundo, não existem pessoas comuns. A genialidade que dá origem a riquezas não é o privilégio de poucos indivíduos iluminados que receberam uma benção especial da natureza. Mas é possível encontrá-la quando você encara uma situação, descobre forças e habilidades que jamais imaginou existirem. Essa realidade mostra que, se você decidir se colocar à prova, é muito provável que ficará espantado com seu próprio poder.

Essas três características – um propósito definido, uma atitude mental favorável para o sucesso e uma relação harmoniosa com o universo que permite a manifestação do Princípio da Ordem Espontânea – deixam claro que a genialidade é muito mais do que talento. Talento é ter a habilidade de efetuar certa atividade com extrema naturalidade. Esse é o passo inicial. Desenvolver o talento – como expliquei no livro *O óbvio que ignoramos* (Lua de Papel, 2010) – é desenvolver essa habilidade por meio de conhecimento, técnica e prática intensa. Desenvolver a genialidade vai além disso. Um gênio, além de desenvolver seu talento, consegue, pela sua atitude mental, agrupar em torno da ideia que compõe seu propósito definido um estado de espírito que conspira em prol da realização dessa ideia em seu equivalente físico. Em outras palavras, o que isso significa é que toda genialidade que nos conduz à riqueza começa com uma simples ideia, mas é preciso mais do que uma ideia para desenvolver a genialidade. Essa ideia precisa ser germinada em um contexto, e esse contexto pode ser criado.

Em busca desse contexto, vou levar você até a Califórnia para mostrar como Steven Spielberg, considerado o maior diretor de cinema de todos os tempos, começou sua carreira fingindo ser um empregado na Universal Studios, para mostrar que pessoas geniais não são favorecidas por oportunidades ocultas, mas, pelo contrário, elas buscam seu espaço. Apresentarei a você Charlie Ayers, o cozinheiro contratado pelo Google para cuidar do refeitório, que impôs um ambiente que pode ser considerado responsável por parte do grande sucesso da empresa. Vamos até Florença, na Itália, para descobrir os fatores que propiciaram a genialidade de Michelangelo, Da Vinci, Boticelli e Giotto e ver o que podemos aprender com eles. No laboratório da Apple, vamos investigar os verdadeiros segredos por trás do tremendo sucesso de Steve Jobs. Também vamos analisar os detalhes do contexto que deu origem ao impressionante sucesso do Facebook, para mostrar que a genialidade não está imune a erros e fracassos, mas que, ao contrário, eles são necessários para o crescimento. E também como Masaru Ibuka, um engenheiro sem recursos financeiros, visualizou o que mais tarde se tornaria a Sony; e a corajosa atitude de um operário de uma indústria de calçados que queria ser músico, largou o emprego, trancou-se no apartamento para praticar e, oito anos depois, seu primeiro álbum vendeu meio milhão de cópias. Para entender como vencedores definem seu propósito, analisaremos a carreira do ciclista Lance Armstrong, que após quase morrer de câncer aos 25 anos, venceu sete vezes consecutivas a Volta da França, uma das competições mais rigorosas do esporte mundial. Ainda apresento como Anatoly Sharansky venceu Garry Kasparov, o maior jogador de xadrez de todos os tempos, depois de praticar xadrez na sua imaginação durante os oito anos em que esteve numa prisão na Rússia. Pretendo conduzir você aos bastidores que deram origem à Azul, a companhia capaz de revolucionar o transporte aéreo brasileiro, para que entenda a importância do sentido que há em cada empreendimento de sucesso.

Por meio da análise de exemplos práticos como esses, pretendo desmistificar as causas que levam algumas pessoas a desenvolver a sua genialidade e explicar por que outras não conseguem, abordando com clareza os caminhos que permitem a qualquer pessoa despertar sua própria genialidade. Apresentarei três conceitos revolucionários: a inteligência prática, a ideia central que temos sobre nós mesmos e o poder da autossugestão, para que você veja como é possível criar uma atitude mental favorável para o sucesso. Também quero mostrar como a percepção que temos sobre o passado molda nossos resultados no presente e no futuro, e como pessoas que desenvolvem sua genialidade se libertam desse tipo de condicionamento. O objetivo de tudo isso é responder a três questões que estão no cerne daquilo que nos faz humanos: como nos tornamos o que somos? Por que algumas pessoas desenvolvem suas habilidades e outras não? E o que podemos fazer para criar um contexto que deflagre o que há de melhor em nós?

Preparado? O que proponho aqui é uma grande viagem, profunda, mas absolutamente capaz de ser realizada, que trará resultados imediatos à sua vida, às suas relações e às escolhas que fará a partir de agora.

CAPÍTULO I

A lição de George W. Bush

Não é o que não sabemos que nos impede de vencer.
Nosso maior obstáculo é justamente o que já sabemos.
JOSH BILLINGS

NO LIVRO *PONTOS DE DECISÃO*, SUAS MEMÓRIAS dos oito anos na presidência dos Estados Unidos, George W. Bush conta detalhes sobre o dia mais tumultuado de sua vida: 11 de setembro de 2001. Ele relata que acordou de madrugada. Leu um trecho da Bíblia, em seguida deixou a suíte do Colony Beach Resort, onde estava hospedado, no sul da Flórida, e, seguido por três agentes do Serviço Secreto Americano, foi correr. Ainda estava escuro no campo de golfe do *resort* quando concluiu seus 30 minutos de exercícios.

Em seguida, retornou ao hotel. Tomou banho e deu uma rápida olhada pelos jornais. Sentiu que o mundo estava em paz. As manchetes se referiam a coisas mais ou menos banais: Michael Jordan voltando à Liga Americana de Basquete e a suspeita de uma vítima do Mal da Vaca Louca, no Japão... Por volta das oito horas, um agente da CIA lhe entregou um manual de instruções presidenciais. O manual tratava de questões sobre a Rússia, a China e a Faixa de Gaza. Bush analisou os documentos e logo depois deixou o hotel em direção a Sarasota, uma pequena cidade localizada no Golfo do México. Ali, visitaria uma escola de ensino fundamental para promover a reforma educacional que acontecia no país.

No corredor da escola, a caminho da sala de aula onde ocorreria a programação oficial, um de seus assessores lhe disse que um avião atingira um dos prédios do World Trade Center. "Isso soou estranho", ele escreveu. "Imaginei que fosse um pequeno avião de hélice que deveria ter se perdido terrivelmente." Logo em seguida, recebeu uma ligação da secretária de Estado, Condoleezza Rice, e soube que a aeronave não era um avião pequeno, mas um jato comercial, com 92 passageiros. Bush diz ter ficado ainda mais surpreso. "Eu estava perplexo", ele contou. "Esse avião deveria estar sendo conduzido pelo pior piloto do mundo. Como ele poderia ter se chocado contra um arranha-céu em pleno dia de sol?", diz ter se perguntado. "Talvez, o piloto tenha sofrido um ataque cardíaco", concluiu. E decidiu esquecer o assunto por um momento para se concentrar na agenda do dia.

Minutos depois, quando ele já estava na sala de aula, junto com as crianças do segundo ano, onde, como parte da cerimônia oficial, leria um pequeno texto aos alunos, um de seus assessores entrou na sala, encostou a cabeça ao seu ouvido e lhe disse:

– Um segundo avião atingiu a outra torre do World Trade Center. A América está sob ataque.

Bush, confuso, sem saber o que fazer, continuou lendo a história às crianças. No seu livro de memórias, ele escreve: "a aula de leitura prosseguiu, mas minha mente vagava longe da sala. Quem poderia ter feito isso? Qual teria sido o tamanho do prejuízo? Que ações o governo teria que tomar?" E, a seguir, está o que pode ser considerado seu pensamento mais decisivo: "Alguém se atreveu a atacar os Estados Unidos. Nós vamos descobrir quem foi e eles irão pagar por isso!"

Se, na época, qualquer pessoa tivesse sido entrevistada sobre o incidente, suas percepções não teriam sido muito diferentes das de George W. Bush.

Afinal, esse tipo de pensamento vago, indeciso, seria natural se partisse de uma pessoa comum, não do presidente dos Estados Unidos. Grande parte dos críticos diz que Bush não era uma pessoa preparada para assumir a Casa Branca. Seu discurso não é grande coisa. Muitos o consideram antipático. Suas decisões, por muitas vezes, provocaram grandes polêmicas. Mas, mesmo assim, durante dois mandatos, ele fez com que o resto do mundo visse as coisas à sua maneira. Como George W. Bush conseguiu isso?

AS TRÊS LIÇÕES DE GEORGE W. BUSH

O que, geralmente, pensamos sobre pessoas que conseguem chegar a posições cobiçadas, como a presidência dos Estados Unidos, como no caso de George W. Bush? Quando pensamos sobre o papel de um presidente, imaginamos coisas como uma inteligência excepcional, uma profunda capacidade de discernimento e uma vasta gama de informações produzindo uma compreensão diferenciada dos fatos. E o que a história de Bush nos diz? Se refletirmos um pouco sobre o que ele disse não perceberemos nada disso. Onde está o pensamento inteligente, instruído e diferenciado de Bush? No caso específico do relato anterior, ele simplesmente não existe. Suas atitudes dão outra conotação: como se ele não tivesse noção do cargo que ocupava. Sua reação, em nenhum aspecto, parece apropriada para um presidente do Estado mais poderoso do mundo.

Como costumamos explicar sucessos assim? Qual a imagem que temos em nossa mente quando pensamos sobre as causas do sucesso de celebridades, astros da música, bilionários, empreendedores e gênios? A história é sempre a mesma: nosso ídolo nasce em circunstâncias privilegiadas e, em virtude da sua inteligência, sorte, brilho, oportunidades incomuns e uma série de outras vantagens, é elevado ao topo num passe de mágica. Se perguntarmos para um cidadão americano qual o principal motivo que levou Bush a se tornar presidente, a explicação mais convincente é a de que ele foi filho de um ex-presidente. Porém, até onde isso realmente é verdade? Afinal, nem todos os filhos de ex-presidentes assumem a Casa Branca. Aliás, isso nunca havia acontecido antes. O próprio pai de George W. Bush, por exemplo, não conseguiu se reeleger para um segundo mandato. E Jeb, o irmão de George, dizia que o fato de ele ser filho de um presidente o prejudicava nos negócios e na carreira. Até onde esse tipo de explicação superficial e equivocada nos ajuda a compreender a origem do sucesso?

Você já se perguntou como algumas pessoas muito inteligentes não conseguem sucesso profissional, enquanto outras, consideradas menos inteligentes, surpreendem? Pense nas pessoas que você conhece e que nunca demonstraram grande conhecimento e por isso ninguém apostava muito nelas, mas que, com o passar do tempo, demonstraram uma extraordinária habilidade em alcançar grandes resultados. Qual o segredo dessas pessoas? A resposta está em três atitudes básicas: elas são proativas; elas sabem exatamente o que querem da vida e elas desenvolvem a disciplina necessária para gerenciar suas ações diárias para o fim específico de realizar aquilo que buscam da vida.

O que é uma atitude proativa? Todos nós sofremos certa influência genética e cultural que nos torna, em boa parte, aquilo que somos. Quando pensamos sobre sucesso, usamos basicamente esses dois fatores – a influência genética e cultural e as consequências que delas derivam –, para distinguir os vencedores dos demais. Nesse livro, entretanto, veremos, por meio de exemplos práticos e comprovações com base científica, que nossa herança genética e cultural não são, necessariamente, fatores determinantes na composição daquilo que somos. Vou mostrar que aquilo que define nossa personalidade e, por sua vez, nossos resultados, é o que decidimos fazer com nossa herança genética e cultural. Ou seja: nós temos o poder de escolha. Ser proativo significa escolher, de forma espontânea e deliberada, recriar a nós mesmos. Isso sugere que cada um de nós é responsável pela sua própria vida. Ser proativo, então, significa reconhecer que nossos resultados são consequência de nossas escolhas, e não de fatores externos e autônomos. Em outras palavras, temos a capacidade mental de controlar a percepção daquilo que acontece conosco, e essa capacidade nos dá o poder de agir sobre os fatos de tal forma que eles sirvam para o propósito que estabelecemos para nossa vida.

Para isso ser possível, precisamos definir o que queremos da vida. Precisamos ter claro qual é o nosso propósito. Você sabe, especificamente, o que você quer da sua vida? Responder a essa pergunta é o primeiro passo de uma atitude proativa. Para chegar a um lugar específico, você precisa, antes de tudo, definir mentalmente qual é esse lugar. Criar um propósito definido significa estabelecer uma realidade virtual diferente daquela em que vivemos em determinado momento. Um propósito definido nos diz o que realmente é importante para nós – ele nos revela onde estamos e para onde estamos seguindo – e nos habilita a corrigir o rumo.

Para fazer a adequação entre onde estamos e aonde queremos chegar, precisamos ter a disciplina necessária para gerenciar nossas ações diárias. Essa é a terceira característica das pessoas de sucesso. Ter disciplina significa desenvolver as circunstâncias exigidas para transformar a realidade virtual, nosso propósito definido, em realidade física. Ela representa a atividade que nos permite, por meio de uma vontade independente, criar o tipo de pessoa que precisamos ser para realizar nosso propósito.

Essas três características estão intrinsecamente interligadas. Precisamos, por exemplo, ser uma pessoa proativa para assumir a responsabilidade pela nossa vida. A consciência dessa responsabilidade, somada à ação, fará com que tomemos a iniciativa de estabelecer um objetivo específico para nossa vida. Ela também definirá a qualidade desse objetivo; como, por exemplo, se ele está estabelecido sobre nosso potencial ou sobre outros fatores como o ego ou a vaidade. Essa qualidade definirá, por sua vez, o sentido que o propósito dará à sua vida. Esse sentido dirá se você se sentirá feliz e realizado ou não. Somente após ter definido o propósito, você poderá agir sobre ele. Ou seja, para obter a disciplina e gerenciar suas ações para um propósito específico, primeiro, você precisa saber qual é esse propósito.

COMO NOSSA AUTOIMAGEM INFLUENCIA NOSSOS RESULTADOS

No início da década de 1990, Joshua Aronson, pesquisador da Universidade de Stanford, realizou uma série de experiências para encontrar a resposta a um problema conhecido como ameaça dos estereótipos. A questão é esta: ao longo dos anos, estudos mostraram que afrodescendentes dos Estados Unidos possuem um desempenho inferior ao dos brancos em testes que medem a aptidão intelectual. As pesquisas que apontam a existência dessa diferença afirmam que ela existe mesmo que os alunos frequentem as mesmas escolas, tenham o mesmo nível social e alcancem resultados extraordinários ao longo do ano letivo. A diferença é enorme: ela chega, em média, a 15 pontos quando se trata de testes que medem o quociente intelectual (QI) e a 100 pontos no SAT, o teste de admissão usado pela maioria das universidades americanas. Aronson queria saber o motivo que causava essa diferença. Ele estava intrigado: seria a desigualdade intelectual entre negros e brancos um fator genético? Uma herança cultural? Ou estaria o desempenho dos estudantes negros sendo comprometido por fatores psicológicos implícitos, como complexo de inferioridade?

Aronson foi buscar a resposta para sua questão nos próprios universitários de Stanford. Ele selecionou aleatoriamente estudantes afrodescendentes e brancos, de ambos os sexos, e os separou em dois grupos mistos. Os dois grupos tiveram que responder a 24 questões, em 25 minutos, sobre temas diversos. Para o primeiro grupo foi dito que a prova seria para medir o nível de conhecimento dos voluntários como um todo. A tarefa, portanto, se resumia a responder o questionário sem qualquer identificação pessoal. Ao segundo grupo foi dito algo bem diferente. Aronson explicou que o teste mediria o desempenho individual. Antes da prova, eles tiveram que preencher um formulário detalhado sobre características pessoais; identificando etnia, cor e descendência.

Pensando superficialmente, os dois grupos deveriam ter resultados semelhantes. Enfim, o questionário era o mesmo, eles tinham todos o mesmo tempo disponível e seu histórico dizia que possuíam todos o mesmo nível intelectual. Mas o resultado não foi o mesmo. A diferença entre os dois grupos foi chocante. Aronson constatou que, no primeiro grupo, quando os estudantes negros não precisavam se identificar, a diferença no desempenho entre as duas etnias era irrelevante. No segundo grupo, porém, pelo simples fato de os estudantes negros serem forçados a revelar sua etnia, o número de acertos em relação aos brancos caiu pela metade. Com a ajuda de colegas, Aronson repetiu a experiência várias vezes com grupos diferentes e em circunstâncias distintas. Em todos os estudos, o resultado foi o mesmo.

O que isso nos diz? Que os afrodescendentes não têm a mesma capacidade intelectual que os brancos? Não exatamente. O estudo deixa claro que o problema com esses estudantes não era a falta de inteligência ou a capacidade intelectual. O currículo deles era o mesmo dos estudantes brancos. O resultado dos estudos de Aronson, nos mostra que há uma ideia central herdada de uma crença passada, dizendo que os negros são intelectualmente inferiores aos brancos. Ao ativar a memória dessa ideia, ela se manifesta, inconscientemente, nos resultados práticos do teste. Isso quer dizer que o resultado desses estudantes é o efeito daquilo que eles pensam sobre si.

Em outras palavras, isso nos diz que as convicções que temos sobre nós mesmos possuem um impacto decisivo sobre nossos resultados. Esse impacto se manifesta principalmente em momentos difíceis, quando estamos sob pressão, lidando com um problema. Como vimos no estudo de Aronson, o que se impõe, nesse caso, não é necessariamente nossa vontade, mas aquilo que acreditamos sem querer. Assim como os estudantes negros, não escolhemos deliberadamente esse tipo de reação. Ela se manifesta por si só. Ela é o resultado daquilo que acreditamos secretamente, mesmo sem saber.

Vou dar outro exemplo, talvez ainda mais contundente, de como esse tipo de convicção age em nós. Até 1954, médicos, treinadores e especialistas de todas as áreas diziam que seria impossível um ser humano correr a distância de uma milha num tempo inferior a quatro minutos. No dia 6 de maio daquele ano, o inglês Roger Bannister, um estudante de medicina de Oxford, quebrou esse recorde. Pela primeira vez na história, um ser humano conseguiu correr a distância de uma milha em menos de quatro minutos. O acontecimento foi tão marcante, que a *Sport Ilustrated* considerou o evento como o mais importante dos esportes do século 20. E o que aconteceu depois que Bannister bateu essa marca? Nas semanas seguintes, o australiano John Landy também quebrou o recorde. Um mês depois, outro atleta repetiu a façanha. Depois outro e mais outro. Três anos depois, 17 corredores haviam repetido o feito. O que aconteceu? A distância encurtou? O potencial físico dos atletas se alterou num curto período de dois ou três meses? Não. O que mudou foi a convicção implícita desses atletas dizendo ser impossível correr uma milha em menos de quatro minutos. Uma vez que essa convicção foi quebrada, fazê-lo, na prática, ficou mais simples.

O fato curioso é que a façanha de Bannister não foi acidental. Durante anos, ele vinha se preparando de forma deliberada na intenção de quebrar esse recorde. Essa atitude de se opor ao conhecimento analítico dos especialistas, que dizia que era impossível correr uma milha em menos de quatros minutos, só é possível quando possuímos uma confiança interna maior do que as percepções externas. Mesmo com conhecimento científico afirmando a impossibilidade de bater essa marca, Bannister estabeleceu seu próprio limite e o impôs como desafio. Sem apresentar razões científicas, acreditou que poderia fazê-lo e o fez. No caso de Bannister e de George W. Bush, essa convicção, ao contrário dos estudantes negros, produziu um efeito positivo. Por isso, dizer que Bush se tornou presidente porque foi filho de ex-presidente é um equívoco. Mas dizer que ele se tornou presidente porque, como filho de ex-presidente, acreditou que poderia fazer qualquer coisa, até mesmo se tornar presidente, não é. Nos capítulos seguintes, você vai aprender a desenvolver esse tipo de confiança.

SOMOS A IDEIA CENTRAL QUE TEMOS SOBRE NÓS MESMOS

Todos nós carregamos dentro de nós uma imagem, um padrão mental ou uma fotocópia de nós mesmos. Em alguns, essa imagem é vaga e mal definida; em outros, extremamente clara. Para muitos, talvez, nem seja possível reconhecê-la. Mas ela está ali, definida até o último detalhe. Essa imagem é a ideia central que temos sobre nós, ou seja, nossa própria compreensão do tipo de pessoa que somos. Embora nos achamos pessoas flexíveis e objetivas, no fundo, a forma como vemos a nós mesmos, as circunstâncias e os outros, quase sempre é filtrada e obscurecida pelas noções e ideias preexistentes que compõem essa imagem. Por exemplo: quando os afrodescendentes foram obrigados a dizer sua etnia, isso não reduziu sua inteligência, mas ativou uma crença implícita, um filtro, que afetou os resultados dos testes de maneira drástica. Essa é uma lição importante que merece ser sublinhada: não importa o seu nível de preparo, o esforço com que você se preparou ao longo dos anos, se a imagem que você tem sobre si mesmo é afetada por um preconceito de inferioridade. O resultado sempre será atingido por essa imagem. Todo resultado nasce de uma autoimagem apropriada para gerar esse resultado. Pessoas que desenvolvem uma autoimagem para o sucesso, obterão sucesso.

Pessoas que desenvolvem uma autoimagem para o fracasso, obterão como resultado o fracasso.

E de onde surge a ideia central que temos sobre nós mesmos? Ela é resultado daquilo que digerimos silenciosamente ao longo da nossa vida. Ela se forma a partir daquilo que assimilamos, das lições que aprendemos, dos livros que lemos, das experiências que tivemos, das pessoas com as quais nos relacionamos, e assim por diante. Isso tudo acaba formando uma opinião consistente sobre nós. Essa opinião se torna um núcleo implícito, um eixo firme sobre o qual gira nosso mundo. Uma vez que esse núcleo é formado, não questionamos mais sua veracidade, simplesmente agimos como se seu teor fosse a verdade.

Todos nós temos uma série de convicções que formam nossa ideia central. Essas convicções filtram a visão que temos de nós e do mundo a nossa volta. Elas são uma poderosa influência que colore ou obscurece nossas relações com pessoas, circunstâncias e até mesmo a relação que temos com nós mesmos. Se você fizer um esforço para reconhecer os limites que essas convicções impõem, irá criar novas possibilidades em sua vida. Ao mudar a ideia central que você tem sobre si mesmo, você verá que as pessoas a sua volta, as situações nas quais você se encontra e os resultados que você obtém também irão se alterar drasticamente. Ser proativo representa assumir o controle sobre essa ideia central e mudá-la de acordo com o nosso desejo.

COMO CONSTRUIR UMA IMAGEM CENTRAL

No inverno de 1968, quando tinha acabado de completar 17 anos, Philippe Petit teve uma ideia que o tornou um dos mais intrigantes e polêmicos artistas do mundo. Após ter sido expulso do quinto colégio, decidira abandonar os estudos e deixar a casa dos pais. Mudou-se para um pequeno quartinho que alugara na Rua Laplace, próximo da Praça Parvis e da Catedral de Notre Dame. Para sobreviver, fazia pequenos números de mágica em frente ao Café Les Deux Magots, um local frequentado pela elite cultural e artística de Paris. Naquela manhã do inverno de 1968, enquanto folheava um jornal na sala de espera de um dentista, seu olhar parou estático sobre a página do jornal, que falava sobre a fantástica construção de dois edifícios similares, um ao lado do outro, no extremo sul de Nova York. Cada edifício teria 110 andares. Seriam os mais altos do mundo. A manchete dizia: "Cem metros mais alto que a Torre Eiffel". E logo abaixo, uma linha de apoio explicava: "É o World Trade Center de Nova York". Com uma caneta, Philippe fez um traço ligando o topo das duas torres, rasgou a página do jornal, enfiou-a no bolso da jaqueta e, às pressas, deixou o local. Assim que chegou em casa, pegou uma pequena caixa vermelha que guardava debaixo da cama, colocou a página do jornal com o artigo na caixa e a guardou outra vez no mesmo lugar. Acabara de ter uma ideia que o tornaria um artista: assim que a construção das torres fosse concluída, iria subir até o topo delas, estender um cabo de aço entre elas e caminhar de uma torre a outra sobre esse cabo, sem nenhum tipo de proteção.

Imediatamente ele começou a praticar malabarismo, mas logo percebeu que precisava desafiar seu medo. Um dia, ao olhar pela janela, viu as majestosas torres da Catedral de Notre Dame e teve a ideia de colocar um cabo de aço entre elas e surpreender Paris e o mundo. Nos meses seguintes, Philippe passou a visitar a Catedral secretamente. Tirou algumas medidas, elaborou um plano de ação e o apresentou a alguns amigos. Três anos depois, ele e mais três amigos se infiltraram na Catedral, subiram até o topo das torres, estenderam um cabo de aço entre elas e desapareceram. Na manhã seguinte, quando Paris acordou, Philippe apareceu fazendo malabarismos enquanto caminhava sobre um cabo de aço estendido entre as torres da Catedral.

Dois anos depois, partiu para Sydney, na Austrália. Lá, certa manhã, apareceu caminhando sobre um cabo de aço estendido, também clandestinamente, entre os pilares da ponte da baía de Sidney, famosa por ser a ponte de arco em aço mais elevada do mundo. Quais eram os objetivos dessas aparições polêmicas e proibidas? A resposta de Philippe foi:

– Sem essas caminhadas clandestinas, será que eu teria condições de retornar até a caixa vermelha, guardada debaixo da minha cama, para encarar uma construção mais oponente e poderosa?

Imagino que a essa altura você esteja se questionando: o que a história de Petit tem a ver com autoimagem e proatividade? Perceba que Petit tem o sonho de estender um cabo de aço entre as torres gêmeas e atravessá-las. Perceba também que há uma expectativa que lhe diz que ele é capaz de fazê-

-lo, mas ao mesmo tempo, ele sabe que ainda não se sente preparado. Tudo que ele possui, no momento, é um desejo ardente que o impele. Mas Philippe não se resume a alimentar esse desejo de forma passiva. Passo a passo, por meio de conquistas gradativas, ele está construindo, em sua ideia central, a confiança necessária para superar seu desafio maior. Essa é a fórmula prática.

Certo dia, de volta a Paris, Philippe leu um artigo numa revista dizendo que o World Trade Center estava de pé. Assim que conseguiu economizar o dinheiro necessário para a passagem, ele estava na Chamber Street, no sul de Manhattan, olhando para as torres. Philippe foi até uma das colunas laterais, encostou o queixo sobre a barra de alumínio e, forçando as vistas para cima, percorreu a construção com o olhar em busca do topo.

– Não havia topo. Essa parede não tinha fim. Em vez de acabar, ela se transformava em céu!, ele lembra.

– Fiquei possuído por um sentimento de medo, de invalidez. O tamanho, a altura, a imponência, tudo junto, formavam uma única palavra que ecoava na minha mente: impossível! Eu olhava, piscava, observava, analisava e sempre voltava à mesma conclusão: impossível! Meu sonho era impossível!

Philippe furou o esquema de segurança, meteu-se no elevador e subiu até o topo. Parado no alto, ele olhava à sua volta. Diante do que via, cada vez mais, seu sonho desmoronava. Ele, então, se aproximou da margem de uma das torres para observar a outra. De qualquer ângulo, sob qualquer circunstância, o desejo que ele cultivara há anos agora lhe parecia impossível. Tentou se acostumar com a ideia, até que sentiu algo dentro dele dizer:

– Eu sei que é impossível, mas também sei que vou fazê-lo.

Perceba que existe algo de belo na sutileza desse pensamento de Philippe. Essa beleza é a inteligência prática em ação. Numa visão mais ampla: ele estabelece o limite e, depois, se permite desafiá-lo. E nesse desafio não permite insensibilidade nem diferença.

De onde vem esse sentimento otimista, afirmativo, contrário ao pensamento superficial de impossibilidade? Do mesmo lugar de onde vinha o sentimento que afetou os estudantes afrodescendentes no estudo de Aronson. Ou seja: da ideia central que Philippe tinha sobre si mesmo. Embora um sentimento superficial lhe dissesse que era impossível atravessar o vão entre as duas torres, outra ideia, muito mais poderosa, se impôs: a **ideia central**.

Nos meses seguintes, de volta a Paris, Philippe começou a planejar. Sempre que podia, ia a Nova York em busca de mais informações, de qualquer subsídio que pudesse ajudá-lo. Numa das vezes, para poder conversar com os operários e engenheiros que concluíam os últimos andares, se fez passar por jornalista, conseguiu permissão da diretoria do World Trade Center; noutra, burlou o sistema de segurança e acabou pisando num prego, mas mesmo de muletas, dava um jeito de subir ao topo. Chegou mesmo a alugar um helicóptero, por 15 minutos, para sobrevoar os prédios: queria, pelo menos por alguns minutos, estar acima das torres, se sentir superior a elas.

Mas havia outro problema: não era possível fazer tudo sozinho, escondido dos seguranças. Ele precisava da ajuda de, no mínimo, três pessoas, e isso parecia impossível. Se algo acontecesse com Philippe, os participantes seriam considerados cúmplices. Ninguém queria correr esse risco. Sempre que Philippe conseguia convencer alguém, a pessoa acabava desistindo assim que chegava ao topo do prédio, ao ver a loucura que a ideia representava. Uma vez, estava tudo organizado. Philippe se deslocou de Paris para Nova York e, na hora de armar o esquema, dois membros desistiram. Ele, frustrado, teve que voltar a Paris, mas não desistiu. Meses depois, tinha outra equipe, outro plano e outro dia marcado.

No dia 6 de agosto de 1974, ele e outras três pessoas burlaram o sistema de segurança, subiram ao topo do World Trade Center, estenderam um cabo de aço entre as duas torres e esperaram o dia amanhecer. No dia seguinte, diante de uma multidão pasmada e incrédula, em 45 minutos de apresentação, a quase meio quilômetro de altura, Philippe atravessou as torres sobre o cabo de aço oito vezes. Depois dessa façanha, Philippe Petit passou a ser aclamado pelo mundo inteiro pela sua coragem, ousadia e irreverência. Ao descer dos cabos de aço estendidos sobre as Torres Gêmeas, assim como em todas as outras apresentações clandestinas, ele foi preso. Mesmo os policiais que o algemavam, manifestavam sua simpatia e admiração por ele. O mundo reverencia as pessoas com uma autoimagem segura e positiva, que desafiam os obstáculos e que correm atrás da realização de seus desejos.

Não importa qual seja seu propósito, uma coisa é certa: quando Philippe definiu o propósito dele, naquele dia no inverno de 1968, suas condições de realizar o desejo de atravessar as torres certamente não eram mais favoráveis do que as que você tem hoje para realizar o seu. Como ele conseguiu? Ao longo de seis anos, ele desenvolveu as condições necessárias, incluindo uma autoimagem que lhe desse os mecanismos necessários para atingir seu objetivo. Se você estudar a vida de pessoas que alcançaram resultados extraordinários, verá que a história de Philippe resume todas as histórias de sucesso. E qual é essa história? Primeiro, elas cultivam um desejo ardente; em seguida, desse desejo, surge uma ideia. Depois, essas pessoas transformam essa ideia em um propósito claro e específico. No passo seguinte, elas elaboram um plano para atingir esse propósito e persistem nele, até realizá-lo. Isso não quer dizer que essas pessoas não têm dúvidas e incertezas sobre a possibilidade de desenvolver seus propósitos, ou que elas tenham a autoimagem perfeita quando elas estabelecem um propósito para sua vida. Ou ainda, que elas se lançam de olhos vendados, inconsequentemente, a missões impossíveis. Pelo contrário: ao definir um propósito, elas desenvolvem uma combinação de habilidades mentais que possibilita a elas enfrentar, positivamente, os desafios que se impõem, ou seja: elas constroem sua autoimagem ao longo do processo.

Você não consegue desenvolver uma autoimagem diferente da que você possui só com força de vontade, pensamento positivo ou por arbitrariedade, por apenas decidir que será assim. Precisa haver uma razão mais profunda, um desejo intenso que desafie a imagem antiga, coloque-a em confronto com situações novas e com ações concretas, desmascare as convicções da ex-autoimagem. Você não pode mentalmente querer imaginar-se de uma forma diferente, você precisa, primeiro, agir diferentemente, e essa ação, com o tempo, mudará a forma como você pensa. A lição é simples: assim como aquilo que está dentro da semente define o que emergirá dela, o núcleo do seu pensamento, sua ideia central, definirá seus resultados ao longo da vida.

O PODER DE UM PROPÓSITO DEFINIDO SOBRE A IDEIA CENTRAL

Um desejo ardente não traz sucesso. Mas se você tiver uma mente aberta o suficiente para permitir que esse desejo cresça, em algum momento, ele se transformará numa ideia, que se tornará um propósito definido. Uma vez que você possui um propósito definido e um desejo ardente estimulando a realização desse propósito, o sucesso será uma questão de tempo. Querer alcançar sucesso é um propósito, mas não é um propósito definido. Qualquer pessoa normal tem um propósito. Por isso elas são apenas normais. Pessoas geniais têm propósitos definidos e por isso elas são geniais. Vamos analisar, a seguir, por que, para obter sucesso, você precisa ter um propósito definido.

Olhe para a primeira palavra deste parágrafo e, depois, mantendo os olhos fixos nela, tente ler o resto da página. É impossível. Certo? Por quê? Quando você lê, embora tenha a noção de estar vendo a página inteira, o livro e mais uma série de coisas à sua volta, o que você realmente vê é apenas um ponto de foco. Esse ponto se resume a uma palavra-chave mais quatro caracteres a esquerda e quinze a direita. O que isso nos diz sobre o pensamento? Quando pensamos, conseguimos focar com clareza apenas uma ideia de cada vez. Essa ideia geralmente é uma espécie de âncora a partir da qual fazemos nossas decisões. Essa âncora é a nossa autoimagem. Quando você cria um propósito definido, você desafia as suas convicções. Quando você cria um desejo, um propósito externo, você desafia sua autoimagem. De um lado, existirá o desejo de querer realizar seu propósito e, de outro, a sua autoimagem impondo suas limitações. Nesse momento, você terá uma escolha a fazer, e, para mudar, você precisará agir, apesar da sua autoimagem não ser aquilo que você gostaria. Foi isso que Philippe Petit fez. Essa é a importância de ter um propósito definido, pois ele é o que dá foco para nossa vida. Foco exige ação, e a ação estimula a criação de padrões mentais alinhados com a realização do nosso desejo. Ele evita dispersões.

Se você quer sucesso, riqueza e felicidade, mas não define o tipo de sucesso, a quantidade de dinheiro e o que lhe trará verdadeira felicidade, a ideia central que você tem sobre si, feita de convicções que você não escolheu deliberadamente, irá se impor e impedir que você mude. Definir um propósito é impor seu desejo sobre sua ideia central e exigir que ela se adapte às necessidades que a realização desse propósito exige. Definir um propósito, então, cria a capacidade para que você escolha suas convicções. Você pode escolher sua âncora, construir convicções novas. Vejamos um exemplo. Como foi que Nando Parrado, alguém que, sem cuidados médicos, sobreviveu três dias em coma, e tendo que lidar com a emoção de perder a mãe, a irmã e alguns dos seus melhores amigos, se tornou uma peça fundamental no resgate dos sobreviventes dos Andes? Todos tinham um desejo de sair dali. Mas por que somente Nando desenvolveu um plano que foi bem-sucedido?

Tudo começou com uma história que Seles, o pai de Nando, contou para ele muitos anos antes do acidente. Seles, fora, quando jovem, um dos mais vigorosos atletas de remo do Uruguai. Certo verão, Seles participou de uma competição no Delta do Tigre, no Rio de La Plata, na divisa entre a Argentina e o Uruguai. Assim que começou a competição, ele rapidamente conseguiu avançar sobre os demais competidores, afastando-se deles, exceto de um argentino. Os dois seguiam lado a lado, liderando a prova. Em quase todo trajeto, um tentava arrancar uma vantagem mínima sobre o outro. Mas os dois seguiam empatados. Quase na reta final, por um instante, Seles acreditou que seria impossível vencer o argentino.

Os pulmões de Seles queimavam, as pernas se retorciam em câimbras. Por um instante, ele pensou em desistir. Tudo que queria era deixar a cabeça cair sobre os joelhos, parar de remar e acabar com o sofrimento. Haveria outras corridas, ele se consolava. Entretanto, antes de se entregar, ele olhou para o argentino. Percebeu que ele também estava fisicamente acabado. Seu rosto refletia agonia pura.

– Meu pai percebeu que seu adversário estava sofrendo tanto quanto ele, contou Nando, mais tarde. – Então, ele decidiu persistir mais um pouco. Não iria desistir. Ele não se importava em sofrer um pouco mais, mas vencer a competição, explicou.

Nos Andes, cada vez que Nando pensava em desistir, em se render às perdas e agruras que as montanhas lhe impunham implacavelmente, ele se lembrava do seu pai e tentava, de um jeito ou de outro, suportar a dor "mais um pouco".

– Eu ouvia meu pai contando a história uma vez mais e depois dizer: seja forte, Nando! Seja esperto, inteligente! Crie sua própria sorte!

Assim como Nando, você precisa criar o estímulo certo. Você precisa criar suas próprias âncoras para adquirir outra característica indispensável para o sucesso: a persistência. Uma vez que você possui um propósito definido, irá encontrar inúmeras resistências, obstáculos e desafios. Para superar esses desafios, você precisa manter o foco e persistir o tempo que for necessário. Para isso, você precisa ter as âncoras certas para se agarrar cada vez que enfrentar alguma dificuldade. Nando Parrado poderia, compreensivelmente, se agarrar nas imagens das suas perdas e se entregar ao desespero e ao fracasso. Muitos o fizeram. Mas ele escolheu de forma deliberada outro tipo de pensamento. "Olhe para frente. Guarde as forças para as coisas que você pode mudar. Se você se agarrar ao passado, irá morrer", ele pensava.

Ter um propósito definido ajudará você a não usar limites que nós mesmos criamos como âncoras para justificá-los. Como nós não sabemos onde estão nossos limites, e nem mesmo temos como sabê-lo, porque eles não existem, nós os criamos. Onde está o problema desse processo? Uma vez que criamos um limite, deixamos de questionar sua veracidade. Passamos a consumi-lo como se ele fosse uma verdade absoluta e inquestionável. Dessa forma, ele cria uma espécie de ilusão do conhecimento, fechando possibilidades para a expansão.

A INTELIGÊNCIA PRÁTICA

Nos dias que sucederam o ataque, por todo o país, os americanos estavam chocados com as imagens do horror e choravam a morte de milhares de pessoas. Eles se sentiam ofendidos, com medo e inseguros em relação ao futuro. A nação, para não dizer o mundo, esperava uma atitude forte, positiva, qualquer coisa que lhe devolvesse a esperança. É aí que Bush fez a diferença. Três dias depois do atentado, ignorando todas as recomendações de sua equipe de segurança, ele foi ao Ground Zero, como também era chamado o World Trade Center. Entre os escombros, abraçou bombeiros, conversou com policiais e apertou a mão de membros da equipe de resgate. O ânimo das pessoas, exaustas e desoladas com a busca, se alterou. Elas passaram a se sentir valorizadas, compreendidas e seguras. Bush, então, subiu numa plataforma feita de escombros e, abraçado a um bombeiro, de lá mesmo, agradeceu as pessoas que estavam trabalhando.

– O país transmite seu amor e sua compaixão a todos os que estão aqui, – ele gritou, mesmo sem microfones.

Quando alguns, mais distantes, gritaram que não conseguiam ouvi-lo, ele gritou de volta.

– Eu consigo ouvir vocês. O resto do mundo ouve vocês. E as pessoas que derrubaram esse prédio nos ouvirão em breve.

O que isso nos diz sobre a questão levantada no início do capítulo? Ou seja: como Bush, apesar da sua aparente falta de preparo, conseguiu ocupar a presidência dos Estados Unidos por oito anos? A resposta está no que vimos até aqui. Apesar de todas as suas deficiências, Bush possuía uma extraordinária virtude que, em psicologia, se chama **inteligência prática**. O que é isso? É a forma como adaptamos nosso pensamento à situação que enfrentamos em determinada ocasião. Suponha que você ande na rua, e um estranho passe por você e o chame de imbecil. Qual seria sua reação? Em síntese, você irá reagir de acordo com a concepção do tipo de pessoa que você pensa ser, ou seja, sobre a autoimagem que você tem sobre si mesmo. Seja qual for a reação, ela será um resultado da sua inteligência prática. Pense sobre a maneira como você age no dia a dia em relação à sua família, aos colegas de trabalho, aos clientes, aos amigos e, principalmente, consigo mesmo, em momentos de pressão. Essa forma de agir quase sempre é involuntária, ela é, como vimos, um reflexo da ideia que temos sobre nós mesmos. É essa ideia que determina o nosso nível de inteligência prática, e é a inteligência prática que determina a forma como respondemos a um evento ou a uma circunstância que nos afeta. A inteligência prática, portanto, é um resultado da nossa autoimagem, da concepção do tipo de pessoa que temos sobre nós mesmos. Isso nos revela que sucesso tem pouco a ver com dons extraordinários, contatos, oportunidades ou inteligência superior. Se o sucesso fosse resultado da inteligência, todas as pessoas inteligentes seriam bem-sucedidas. E sabemos que isso não é verdade. Na realidade, esses fatores são muito mais um reflexo da autoimagem, da ideia central que elas possuem sobre si mesmas, do que de qualquer outra coisa.

Alguma vez, por exemplo, você já se questionou como políticos importantes ou mesmo celebridades conseguem conviver com a crítica? Dizer a Bush, por exemplo, que ele não possui a inteligência ou o preparo necessário para se tornar presidente, não o afetaria em nada. Por quê? Porque a autoimagem dele é tão segura e positiva que a inteligência prática, que resulta dessa autoimagem, lhe diria que inteligência não é tão importante assim. Se fosse, as pessoas que o criticam estariam na presidência, e não ele.

Nossas ações, sentimentos, comportamentos e até mesmo nossas habilidades são sempre consistentes com a nossa autoimagem. Ela é a base, a fundação sobre a qual construímos nossa personalidade, nosso comportamento e mesmo nossas circunstâncias. A inteligência prática é a ferramenta pela qual expressamos nossa autoimagem. Para obter riqueza, sucesso, bem-estar e felicidade, você precisa ter uma autoimagem adequada aos princípios que produzem esses resultados. Você precisa ter uma autoimagem em que possa confiar e acreditar. Você não pode se sentir inseguro ou ter vergonha de quem você é. Em vez de se encolher ou omitir, você precisa se sentir livre para se expressar criativamente. Você precisa conhecer seus pontos fortes e seus pontos fracos, e ser honesto consigo mesmo.

Qual é o seu tipo de personalidade? Quais são os seus hábitos? Que opinião você possui sobre si mesmo? Você confia em si? Você confia em outras pessoas? Quais são os seus pontos fortes e seus pontos fracos? Quais são os seus medos? O que lhe motiva? Você acredita que merece ser rico, feliz e de bem com a vida? Descobrir qual é a sua autoimagem e compreender como ela influencia nossos resultados vai explicar todas as dificuldades e discrepâncias da sua vida. É exatamente isso que você vai aprender neste livro.

A inteligência prática é a forma como reagimos em determinada situação. Essa reação quase sempre é coerente com a imagem que possuímos sobre nós. Entretanto, inteligência prática não é hereditária. Ela é um hábito sobre uma forma específica de pensar, ou seja, é um conjunto de habilidades que precisam ser adquiridas. Esse conjunto de habilidades é o resultado da ideia central ou da concepção que temos sobre quem somos e do que somos capazes. Em torno dessa ideia giram todos os acontecimentos, relações e circunstâncias externas que nos afetam, criando nossas atitudes diante da vida. Criamos nossas atitudes de duas formas: de acordo com a ideia de que somos uma pessoa capaz ou de acordo com a ideia de que somos uma pessoa limitada e incapaz. Se a ideia que temos sobre nós é de uma pessoa com limitadas habilidades, ou mesmo, mais extremamente, como alguém mais ou menos fracassado, isso afetará drasticamente nosso desempenho.

CAPÍTULO 2

Autossugestão: o poder do monólogo interior

O problema não é como levar para nossa mente ideias novas e inovadoras, mas como tirar de lá as ideias velhas.
DEE HOCK

EXISTE UMA CARACTERÍSTICA NO COMPORtamento humano que faz com que grande parte dos nossos desejos jamais se realize. Essa mesma característica, quando usada de maneira correta, se torna uma força poderosa no desenvolvimento das nossas riquezas. Ela está presente em cada história de fracasso e, ao mesmo tempo, em cada história de sucesso. Essa característica é a autossugestão: a conversa interior que usamos para explicar as coisas a nós mesmos. Por meio dela criamos a ideia central que temos sobre quem acreditamos ser.

Durante a maior parte do tempo em que estamos acordados confabulamos mentalmente sobre nós mesmos, sobre outras pessoas, eventos, circunstâncias e situações. Se alguém se torna bem-

-sucedido, logo criamos inúmeras razões que o distinguem de nós e que justificam essa distinção. Atribuímos seu sucesso à sorte, à inteligência, a oportunidades, ao apoio e assim por diante. Se alguém fracassa, aplicamos a mesma regra. Essas confabulações raramente são verdades. Elas quase sempre são uma interpretação pessoal do mundo externo, de forma que ele se adapte àquilo que acreditamos. Se nossa convicção é de que o motivo que nos impede de obter sucesso é a falta de inteligência, esse será o fator que usaremos para justificar o sucesso dos outros. Ou seja: essa pessoa teve a sorte de nascer com uma inteligência privilegiada. Se nossa convicção é de que o motivo que nos impede de obter sucesso é a falta de oportunidade, diremos que quem atingiu o sucesso teve a sorte de ter oportunidades que nós não tivemos. E assim por diante. O efeito desse tipo de confabulação é que, se nossas convicções forem equivocadas e irreais, nossa reação ao mundo também será equivocada e irreal.

Esse não é um fenômeno individual. A humanidade inteira funciona assim. Vejamos um exemplo: Jessica Simpson é uma megacelebridade americana. Ela é cantora, compositora e apresentadora de TV. Apesar de ter completado 31 anos, ela já tem sete hits no Top 40 da parada americana da *Billboard* – revista americana com informações sobre a indústria musical –, dois álbuns de ouro e seu *reality show* foi o de maior audiência de todos os tempos na MTV americana. Seu capital chega a US$ 1 bilhão. Como ela conseguiu tudo isso em tão pouco tempo? Vejamos o que consta de uma biografia da cantora:

> Jessica Simpson nasceu no dia 10 de julho de 1980. Desde de criança mostrou talento para a música. Ainda na infância, ela se apresentava com o pai, que era pastor na Igreja Batista de sua cidade, no estado do Texas. Tentou entrar para o Clube do Mickey, atração que revelou Britney Spears, Justin Timberlake e Christina Aguilera, mas foi desclassificada na fase final. Mesmo assim, Jessica não desistiu da carreira e continuou com as atividades religiosas. Foi nessa época que começaram a surgir suas primeiras composições. Aos dezessete anos, teve a oportunidade de gravar o seu primeiro CD de música gospel, que foi um sucesso neste segmento. O trabalho de estreia resultou num contrato com uma grande gravadora, a Columbia.

Uma bela história. Mas tem um problema: ela não explica os verdadeiros motivos do sucesso de Jessica Simpson. Essa não é a história real da cantora, apenas uma interpretação, como tantas outras que criamos para justificar o sucesso de outras pessoas. A verdade, nessas histórias, quase sempre é bem diferente. Lidamos com as informações como se elas fossem diretas e transparentes. Mas não são. Elas são confusas e cheias de meandros. Já que temos o quadro geral de Jessica, vamos aprofundá-lo um pouco e ver o que de fato transformou a cantora num sucesso.

Linda Spetian é uma ex-cantora de ópera que mantém o Septian Vocal Studio em Dallas, no Texas. É ali que está a verdadeira história de Jessica. Linda a conheceu em 1991, quando Jessica tinha onze anos. A primeira coisa que Linda pede a seus alunos é algo bastante óbvio: que eles cantem. Jessica, que de fato cantava na igreja com seu pai, cantou *Amazing grace*, um conhecido hino cristão americano.

– Jessica tinha uma personalidade contagiante. Ela era uma menina doce, mas supertímida no palco. E mais: sua voz exigia trabalho, muito trabalho, conta Linda, relembrando os momentos difíceis do início da carreira da cantora.

Linda explica que a voz de Jessica era muito gospel, ela tinha muito *vibrato* – termo usado na música para explicar as variações e oscilações vocais. Em outras palavras, Jessica não conseguia controlar suas cordas vocais da forma apropriada.

– Você não pode cantar música *pop* com *vibrato*, ela explica. – Tivemos que trabalhar isso.

Afinar o *vibrato* num cantor é mais ou menos como afinar um violão. Só que, lógico, muito mais complicado. Mas não era só isso. Quando Jessica cantava, ela não conseguia transmitir a emoção da música. Ela precisava se expressar com o corpo, mas não fazia conexão com os sentimentos que a música, supostamente, deveria transmitir. Linda, então, passou a focar nisso. A seguir, elas trabalharam gesto, movimento e conexão com a audiência, o que, segundo ela, é uma técnica por si só.

– A plateia é como um grande animal. É preciso aprender a controlar-se, a conectar-se com ele e a fazê-lo pedir por mais, explica Linda. – Sua voz pode ser incrível, mas se você não consegue se conectar, a voz não importa.

Jessica Simpson, apesar da pouca idade, trabalhou duro. Foram precisos dois anos de exercícios intensos para corrigir as oscilações vocais e outros três para aprender técnicas de palco. Aos dezesseis, depois de cinco anos de intensa prática, ela estava pronta. No mesmo ano assinou contrato com a Columbia e, mesmo assim, levou mais três anos até que todo esse esforço fosse recompensado. Somente em 1999, oito anos depois, o single *I wanna love for ever* lançou Jessica ao estrelado no mundo *pop*, vendendo 3,5 milhões de cópias.

O HOMEM QUE SE TORNOU DIRETOR FINGINDO TRABALHAR NA UNIVERSAL STUDIOS

Na nossa mente, explicamos o sucesso dos outros como um evento. Quase um fato instântaneo. Mas o sucesso não é um evento, é um processo. Ele leva tempo, exige foco, disciplina e, quase sempre, muito esforço. Ao longo desse processo, escritores aprendem a escrever, cantores a cantar, líderes a liderar e pintores a pintar. Ninguém surge do nada, cada um precisa pagar o preço do sucesso.

Vou dar um exemplo de uma pessoa muito conhecida: Steven Spielberg. Ele é considerado um dos melhores diretores de cinema de todos os tempos. Desde criança, queria ser diretor de cinema. Quando adolescente, com uma câmara ultrapassada, reunia os amigos e, com suas três irmãs, fazia filmes amadores, que nunca deram grandes resultados. Tentou cursar cinema na Universidade da Califórnia, mas não conseguiu vaga. Então, como ele se tornou um profissional?

A Universal Studios oferecia um *tour* que permitia a interessados e curiosos entrar nos diferentes departamentos e conhecer um pouco da indústria cinematográfica. Spielberg fez um desses *tours* e, na primeira oportunidade, se afastou do grupo, escondeu-se atrás de duas caixas de som e aguardou ali até que o *tour* acabasse. Depois saiu sozinho. Na saída, propositadamente, puxou assunto com o porteiro. Conversaram longamente e se tornaram conhecidos.

Nos três meses seguintes, Spielberg retornou diariamente aos estúdios. Ao passar pelo porteiro, sorria e acenava, chamando-o pelo nome. O guarda, pensando que ele trabalhava ali, deixava-o entrar. Dentro da Universal, vestindo paletó, gravata e sempre com uma pasta de executivo a tiracolo, ele passava o dia conhecendo pessoas, fazendo amizades com diretores, roteiristas e atores, fingindo ser um funcionário da empresa. Certo dia, descobriu uma sala vaga e se apropriou dela, colocando inclusive uma plaquinha com seu nome na porta.

Por trás de todo esse teatro, Spielberg tinha um propósito muito específico: conhecer Sidney Scheinberg, presidente da Universal Studios. Quando isso aconteceu, Spielberg mostrou suas produções domésticas e apresentou outros projetos que ele tinha em mente. Semanas após esse encontro, Steven Spielberg foi contratado pela Universal.

Milhares de pessoas passam a vida inteira esperando pela sorte ou pela oportunidade certa para mudar. Talvez a sorte até possa, em algum momento, beneficiar alguém com certas circunstâncias que facilitam as coisas temporariamente. Mas as verdadeiras histórias de sucesso não têm nada ou muito pouco a ver com sorte ou com oportunidades. Elas são resultado de coragem, ousadia, perspicácia e atrevimento, decorrentes de uma escolha deliberada de fazer da vida o melhor possível.

Essa ideia de que pessoas de sucesso abrem seu próprio caminho para desenvolver seu potencial parece ir contra a nossa intuição. Gostamos de contar a nós mesmos que essas pessoas nascem com dons especiais, que se beneficiam de vantagens ocultas e oportunidades extraordinárias, que esforço é sinônimo de falta de inteligência e talento. Mas, se verificarmos a história real das pessoas que admiramos, veremos que toda genialidade que conduz à riqueza é construída com muito esforço.

No caso de Jessica Simpson, recebemos a informação equivocada de que ela nasceu cantando e teve a sorte de ser filha de um pastor, o que lhe deu a oportunidade de desenvolver seu talento cantando na igreja. Mas o que sabemos sobre sua coragem? Sua determinação? Seu propósito? Sobre manter ardendo o desejo de atingir esse propósito, apesar dos problemas? Sobre a persistência de oito anos para desenvolver a autoimagem certa a fim de obter sucesso no estúdio e no palco?

Ter esse tipo de compreensão é fundamental. Ela abre uma nova perspectiva na nossa vida. Se o sucesso não é o resultado de fatores externos e sim de mecanismos internos sobre os quais temos controle, podemos aprender esses mecanismos e aplicá-los na nossa vida. Você pode começar agora, usando um desses mecanismos: a autossugestão.

Você já vivenciou uma situação em que uma pessoa, na opinião dos outros e de si própria, tinha poucas chances de vencer; mas aí alguém percebeu nela um potencial e acreditou até mais do que ela própria, e com essa atitude mudou essa pessoa radicalmente? O que este capítulo nos diz é que não precisamos esperar que alguém faça isso conosco. Nós mesmos podemos fazê-lo por meio da autossugestão. Compreender que nossas ações, sentimentos e atitudes são o resultado das convicções que nós próprios criamos nos dá um poder extraordinário. Abrimos uma porta para a transformação, entendendo que tudo que precisamos é nos expor a novas experiências, a desafios maiores do que o que acreditamos ser capazes, isto é, precisamos desafiar nossas limitações mentais, descobrir que elas são baseadas em ilusões e substituir limites e desafios maiores.

Se a riqueza tem seu ponto de partida numa autoimagem segura e positiva, como vimos no capítulo anterior, a autossugestão é um ótimo meio para construírmos essa autoimagem. Se tivermos o hábito de dizer a nós mesmos que não somos capazes, que não temos chances, que nos faltam os ingredientes necessários, nunca iremos conseguir realizar nossos desejos. É por meio da autossugestão que construímos a ideia central que temos de nós mesmos. Toda ação se inicia com um pensamento. O resultado dessa ação é definido pela forma e intensidade do pensamento que mantemos na mente. Um pensamento, quando energizado com emoção, assume vida própria e não raras vezes se torna mais forte que a própria pessoa que o criou.

Confabulação não é um evento raro que acontece apenas com os outros. Confabulamos o tempo todo. Cada vez que mantemos uma conversa interior, estamos confabulando. É pelo que falamos para nós mesmos que moldamos nossa autoimagem. Mas há um paradoxo nisso: uma vez que tenhamos uma ideia central estabelecida, ela passa a ser a fonte geradora da confabulação. Ela então se torna repetitiva e involuntária. Nosso pensamento se torna um conceito fechado que não questionamos mais e muito raramente temos consciência de que esse processo ocorre.

Para desenvolver nosso potencial, precisamos entender que nossa mente tem suas regras próprias, bastante rígidas e muitas vezes contrárias à nossa vontade. Por isso, a mudança, quando não é profunda no nível da compreensão, tende a ser inconstante e temporária. Você certamente já leu livros de autoajuda que prometeram inúmeras mudanças na sua vida. Coisas práticas, fáceis, mas superficiais. Você, possivelmente, até se empolgou com eles, seguiu suas instruções por algum tempo, mas logo percebeu que seu modo de agir não era real, dentro de você sua autoimagem exigia espaço. E o que aconteceu? É quase certo que seu pensamento tenha voltado a correr sobre os trilhos do seu velho modo de pensar.

Uma mudança verdadeira requer que você compreenda o modo de pensar que construiu a ideia central que você tem de si mesmo. Essa compreensão, por si só, irá aumentar de um modo extraordinário sua capacidade de mudança. Ela lhe dará a habilidade de encontrar e eliminar as velhas formas de pensar. São essas formas de pensar que detêm o poder sobre suas ações. Ao reconhecê-las e eliminá-las, você será capaz de alterar o curso da sua vida de acordo com seus desejos.

A HISTÓRIA MAL CONTADA QUE VIROU TESE DE PSICOLOGIA

No dia 4 de março de 1964, o *New York Times* publicou um artigo chocante na capa. "Uma mulher do Queens é esfaqueada até a morte na frente de sua casa", dizia a manchete. A notícia se referia ao assassinato de Kitty Genovese, uma mulher de 28 anos, que residia num conjunto habitacional chamado Kew Gardens, no Queens. Conforme o *Times*, Kitty Genovese foi perseguida pelo agressor e atacada três vezes na rua em frente ao seu condomínio, num espetáculo hediondo que durou cerca que trinta minutos, enquanto 38 vizinhos assistiam à cena da janela de seus apartamentos. Nenhum deles, diz o jornal, telefonou para a polícia durante o ataque. "Ninguém sabe dizer por que as 38 pessoas não pegaram o telefone enquanto Kitty Genovese estava sendo atacada", declarou mais tarde Abe Rosenthal, editor do *Times*, que chegou a escrever um livro sobre o incidente chamado *Trinta e oito testemunhas*.

Durante anos, essa foi a principal versão da história. Poucos crimes em Nova York comoveram tanto a população como esse. A cobertura da imprensa foi ampla e constante. "Vinte anos depois do assassinato de Kitty Genovese, a pergunta persiste: por quê?", estampava uma manchete do *New York Times* em 1984, questionando a razão pela qual ninguém havia chamado a polícia. Dez anos depois, no trigésimo aniversário do incidente, o presidente Bill Clinton visitou a cidade. "Esse crime não apenas nos mostrou que estamos em perigo, mas também que estamos sozinhos", ele declarou em seu discurso. Psicólogos criaram teorias para justificar o comportamento dessas 38 pessoas. Malcolm Gladwell, um dos autores americanos mais celebrados dos últimos anos, reavivou a história no seu livro *O ponto de virada*. A história de Genovese aparece como exemplo de comportamento social em todos os dez livros de psicologia social mais populares das escolas americanas.

A fama desse crime faz certo sentido. Afinal, a morte de Genovese aconteceu alguns meses depois do assassinato de John Kennedy, uma época em que a criminalidade explodia nos Estados Unidos, e ninguém parecia ter controle sobre nada. A história ilustra o isolamento e a indiferença nas grandes cidades.

Contudo, há um equivoco na história de Kitty Genovese. A parte crucial do relato, a de que havia 38 testemunhas assistindo passivamente ao assassinato da jovem, não é verdade.

O primeiro a reparar na incoerência entre o fato e a notícia publicada pelo jornal foi um advogado chamado Joseph De May. Ele mora há quase quarenta anos no Kew Gardens. Em 2002, De May decidiu criar um *site* contando a história do condomínio. Ao reler a matéria do *Times*, logo descobriu que havia algo errado. Então, passou centenas de horas analisando documentos e conversando com moradores do bairro.

Sua conclusão final foi alarmante: quase ninguém entendeu, de fato, o que estava acontecendo naquela madrugada na rua em frente ao condomínio.

– Sim, houve um assassinato, ele conta. – Sim, algumas pessoas ouviram algo. Mas a maioria das 38 pessoas, consideradas espectadoras, não viu nada. As que viram ou ouviram alguma coisa dizem ter sido algo que não entenderam, relembrando que o crime ocorreu às três horas da manhã, quando estavam dormindo.

De onde, então, surgiu essa história? Dias depois do assassinato, Abe Rosenthal almoçou com Michael Murphy, um delegado de polícia de Nova York, que lhe contou a história dos 38 espectadores. "Esse assassinato é daqueles que fazem história em livros", Murphy teria dito a Rosenthal. No dia seguinte, a história estava na capa do jornal. Nos anos seguintes, como Murphy havia previsto, ela fez história também nos livros.

O fator verdadeiramente estranho, porém, é que ninguém pareceu se importar em corrigir as incoerências apontadas por De May. E esse fator mostra dois aspectos importantes da autossugestão: o primeiro se refere à nossa tendência de confundir os fatos com a interpretação que criamos deles. Existe uma tendência espontânea e natural de confundir nossa interpretação das coisas com os eventos em si. Nós agimos, sentimos e pensamos de acordo com o que imaginamos ser a verdade sobre nós, os outros e as circunstâncias. Mas aquilo que imaginamos ser a verdade quase sempre não é a verdade. O que vemos do mundo é meramente uma interpretação pessoal. Na realidade, a mente fabrica o mundo que vemos de acordo com a nossa autoimagem. Em vez de ver os fatos como eles são, vemo-los de uma forma que eles não conflitam com a ideia que já temos formada em nossa mente. Esse tipo de confusão é difícil de reconhecer, porque ele ocorre de forma tão espontânea e natural que nem mesmo suspeitamos que esteja ocorrendo. Estamos, em resumo, convencidos de que aquilo que extraímos de um fato é o fato em si. Mas quase sempre não é.

O segundo aspecto é que, uma vez aceita a interpretação, não conseguimos mais agir como se ela não existisse. Histórias como as de Genovese demonstram que, uma vez que aceitamos uma interpretação sobre um fato, não conseguimos mais ignorá-la e continuar vendo o mundo como o víamos antes. Ou seja, cinquenta anos depois, ainda estamos criando teorias sobre uma história que, na realidade, nunca ocorreu. Por que isso acontece? Esses dois aspectos nos revelam o lado trágico da autossugestão: uma vez que, por algum motivo, presumimos que não temos inteligência, talento, sorte ou oportunidades necessárias para obter sucesso, interpretamos todos os eventos que acontecem conosco de forma que eles confirmem nossa crença. Primeiro, através da autossugestão originada pelas nossas próprias conclusões ou por influência de outras pessoas, criamos uma ideia central sobre nós. Uma vez criada, essa ideia central passa a influenciar a nossa autossugestão. A partir desse instante nos tornamos seres reativos. Não agimos mais criativamente, apenas reagimos de forma automática.

Quando caímos nesse círculo vicioso, dificilmente conseguimos nos libertar dele. Porque, para nos libertar, precisamos provocar uma transformação da ideia que temos sobre nós. E essa transformação só é possível através da autossugestão, que já está sob controle da ideia central. É preciso reassumir o controle.

UM NOVO SISTEMA

O primeiro passo para sair desse círculo vicioso é assumir 100% da responsabilidade sobre nossa vida. Quando não somos responsáveis pela nossa vida e pelos nossos resultados, ficamos à mercê de encontrar o responsável e convencê-lo a atender nossos apelos para melhorar nossas condições de vida. Perceba que, mesmo assim, a responsabilidade pela mudança ainda será nossa. A partir de hoje, lembre-se sempre de duas coisas: a responsabilidade não precisa de testemunhas, e a irresponsabilidade não precisa de explicações. Isso quer dizer que ser responsável não é uma virtude, assim como respirar não é uma virtude. Respirar é uma necessidade inquestionável e, se quisermos desenvolver nossas riquezas, o mesmo acontece com assumir a responsabilidade pela nossa vida. Mesmo assim, raramente cumprimos nosso papel.

Vou explicar: imaginemos que você seja um bancário. Um cliente vem e lhe pede um empréstimo. Esse cliente tem um crédito incontestável e você libera o empréstimo. Logo em seguida, outro cliente vem e também lhe solicita um empréstimo. O crédito dele, ao contrário, é duvidoso. A situação financeira dele não é recomendável. Você não autoriza a solicitação desse cliente.

Quem de fato bloqueou o empréstimo? Você ou o próprio cliente? É lógico que foi a pessoa que solicitou o empréstimo. Mas como o cliente interpreta essa negativa? Sua mente lhe dirá: o gerente não liberou o empréstimo. Por que agimos assim? Porque isso faz com que nos sintamos livres de culpa; ela é transferida, nesse caso, para a outra pessoa. Temos essa fantástica capacidade de persuadir a nós mesmos e de nos iludirmos com a história mais conveniente para nos proteger de qualquer culpa .

Essa tendência de interpretar os fatos livrando-nos de qualquer responsabilidade distorce, de maneira crucial, nossa visão do mundo. Mascaramos a verdade e adaptamos a interpretação dos fatos à ideia central que temos de nós. Em outras palavras, justificamos a nós mesmos. Isso nos isenta de assumir responsabilidades sobre nossos atos. Mesmo quando confrontados com provas concretas de que estávamos errados, não admitimos nossos erros. Ver os fatos, não julgá-los e resistir a confabulações negativas é uma atividade trabalhosa.

Pense sobre Philippe Petit e a forma como ele reagiu ao pensamento que lhe dizia que seu sonho era impossível. E Seles, o pai de Nando Parrado, quando suas forças haviam se esgotado e aquela voz espontânea lhe disse que haveria outras provas que poderiam ser vencidas. Como eles reagiram? Mesmo uma única, simples, mas vívida lembrança de um sucesso arquivada em sua memória e ativada no momento certo foi suficiente para bloquear dúvidas, medos, inseguranças e preocupações, redirecionando o pensamento para o propósito que haviam definido para si.

O ato de justificar-se, nos termos em que me refiro, não é o mesmo que mentir ou inventar desculpas propositalmente. Estou falando de algo muito mais poderoso: das convicções que compõem nossa autoimagem e através das quais vemos e julgamos o mundo. Criamos convicções erradas e vivemos uma vida inteira tentando defender e justificar essas convicções, criando racionalizações para nós e para os outros.

Como no caso do assassinato de Kitty Genovese, com o passar do tempo esquecemos a confusão que fizemos entre os fatos e a interpretação desses fatos, entre causa e efeito, e incorporamos essas distorções como verdades. Sabemos que algo não está bem, mas gradualmente passamos a admitir que definitivamente fizemos a coisa certa. Se algo saiu errado, a culpa necessariamente deve ser da conjuntura, da falta de sorte, da oportunidade que não veio, do apoio que não existiu, da inteligência que não temos ou, simplesmente, da outra pessoa.

TRÊS REGRAS PRÁTICAS

O primeiro passo no desenvolvimento das nossas riquezas é reconhecer que somos um produto da ideia central que nós mesmos criamos por meio do nosso pensamento. Em seguida, precisamos assumir o controle sobre nosso pensamento. Somente então, nas etapas seguintes, poderemos aprender como usar nosso pensamento para criar uma imagem mais apropriada, que esteja em harmonia com nosso eu verdadeiro. O processo consiste em entender, praticar e experimentar novos hábitos de pensar, imaginar e lembrar, em busca do desenvolvimento de um sistema mental criativo em substituição ao sistema fixo. Existem três regras que são o ponto de partida desse sistema. A simples aplicação dessas regras nos levarão a um novo patamar de sucesso.

REGRA NÚMERO UM: ASSUMA A RESPONSABILIDADE ABSOLUTA SOBRE SUA VIDA

Existe apenas uma pessoa responsável pela sua vida: você! Se você quer desenvolver sua genialidade e alcançar riqueza, sucesso e bem-estar, precisa assumir a responsabilidade absoluta sobre suas ações, circunstâncias e resultados. E isso significa aceitar que sua condição de vida presente foi criada por você. Seu emprego, seu salário, suas relações afetivas, seu estado físico, sua situação financeira são consequências das suas atitudes, que, por sua vez, são resultados da sua maneira de pensar. Você é responsável por tê-la criado e também é responsável pela sua transformação.

Essa, talvez, seja uma realidade dura de aceitar. Mas, se você não o fizer, essa realidade o manterá longe do sucesso. Assumir responsabilidade total pela vida é uma escolha que você precisa fazer. Lembre-se: somos condicionados a nos livrarmos da responsabilidade. A única forma de nos libertar desse condicionamento é por meio de esforço e de vontade própria. Lembre-se disso cada vez que sentir vontade de criticar alguém ou procurar um culpado para justificar determinada situação.

REGRA NÚMERO DOIS: ELIMINE FATORES LIMITADORES E CRIE A SUPERAÇÃO

A segunda ação diz respeito aos fatores limitadores e a como criar elementos de superação. Pense, por um momento, sobre os fatores que limitavam a possibilidade de escalar as montanhas ou de sobreviver à escalada. O frio, as dificuldades respiratórias em função da altitude, as nevascas, a escassez de ferramentas. Nessas condições, teria sido muito fácil assumir o estado de vítima, o que muitos sobreviventes fizeram, mas não Nando.

Pense sobre sua própria vida. Quais são os fatores limitadores? Falta de talento? Inteligência? Recursos? Sorte? Oportunidades? Não teve a qualificação necessária?

Para cada história que você cria sobre um fator limitador, existem centenas de histórias sobre superação desse mesmo fator. Não são os fatores externos que limitam as conquistas na sua vida. O único fator limitador é você. Seu pensamento. Nós limitamos a nós mesmos pensando de forma limitada, defendendo nossos hábitos destrutivos, fazendo as escolhas erradas e culpando os outros.

REGRA NÚMERO TRÊS: NÃO CONDENE, NÃO RECLAME E NÃO JUSTIFIQUE

Para explicar nosso estado de vítima, agimos de três maneiras: reclamamos, procuramos um culpado ou nos justificamos. Para reclamar de alguma coisa, temos a noção clara de que essa coisa está errada, que aquilo deveria ser de outra forma e que essa forma seria melhor do que a atual. Ou seja: você tem a imagem de que algo poderia ser melhor, mas não quer assumir a responsabilidade de mudá-lo.

Note um aspecto que diz respeito a todas as nossas reclamações: só reclamamos sobre coisas que podemos mudar. Não reclamamos de coisas sobre as quais não temos capacidade de ação. Todas as suas reclamações são sobre coisas que você poderia mudar, mas escolheu não agir e sim reclamar.

A terceira ação consiste em assumir com honestidade nosso papel de agente transformador. Para cumprir esse papel, temos que parar de reclamar, de encontrar culpados ou buscar justificativas para as situações que não nos agradam.

SEJA SEU PRÓPRIO MENTOR

Todos nós temos o poder de controlar nosso pensamento. Desta forma, temos poder absoluto sobre a autossugestão com a qual criamos e alimentamos nossa ideia central. Mas é preciso tomar cuidado com a forma como interpretamos os eventos e as circunstâncias à nossa volta. Pouco tempo atrás, li uma manchete de uma revista que dizia o seguinte: "Pesquisa revela que ser casado é um dos fatores básicos para ser feliz". Nas páginas seguintes, o artigo explicava que um grupo de pesquisadores havia entrevistado dois grupos de pessoas. Um era composto por pessoas casadas e o outro por solteiras. Das casadas, 40% confessaram ser feliz. Já das solteiras, apenas 23% se consideravam felizes. A conclusão a que a revista chegou, a partir desses dados, é de que casar é um fator básico para ser feliz.

Mas será que isso é verdade? Vamos analisar essa questão por outro ângulo. Considere a hipótese de que apenas pessoas felizes sejam capazes de manter relações estáveis. Assim, se você entrevistar pessoas numa relação estável, elas certamente dirão que são felizes. Isso quer dizer que elas são felizes porque estão numa relação estável? Não, mas exatamente o contrário. Essas pessoas estão numa relação estável porque são felizes. Esse é um exemplo prático do erro que cometemos quando confundimos causa com efeito. As consequências desse erro quase sempre são cruciais. Imagine que você, partindo da conclusão da revista, decida que para ser feliz precisa casar. Isso pode parecer um exemplo trivial, mas esse tipo de erro é muito mais comum do que se imagina. Quando ouvimos coisas como "Esse é um mundo cruel onde um devora o outro sem piedade" ou "A única forma de obter sucesso é derrubar o outro antes que ele nos derrube", muitas vezes as assimilamos como verdades. O impacto é ainda maior quando essas coisas se referem diretamente a nós. Como quando alguém nos diz que nunca seremos ninguém na vida ou que não temos a inteligência necessária. Por que acreditamos tão facilmente nessas acusações?

Doris Goodwin é uma conceituada historiadora e analista política americana. Em 1994, ela lançou uma biografia sobre Eleanor e Franklin Roosevelt. Eleanor tinha uma paixão especial pelos pobres e pelas minorias sociais. Ao longo dos doze anos em que Franklin esteve na presidência dos Estados

Unidos, Eleanor tornou-se um ícone dos movimentos de inclusão social. Em determinado ponto do livro, Goodwin questiona o motivo que levou Eleanor a atuar com tanta determinação em defesa dos direitos humanos.

A conclusão de Doris? Ela diz que toda a atividade de Eleanor teve, basicamente, duas origens: compensar a personalidade narcisista da mãe e o problema de alcoolismo do pai. Será? Por que pensamos assim? Nossa mente precisa de algo concreto que possa nos satisfazer. Não nos satisfaz admitir que Eleanor fez o que fez pelo simples fato de acreditar que isso era o certo. É muito abstrato, vago. Talvez o comportamento dos pais até tenha influenciado a personalidade dela. Mas, como vimos, entre influência e causa há sempre uma distância enorme. Talvez esse seja o motivo que nos leva a acreditar, mesmo que não o admitamos de imediato, quando alguém nos agride verbalmente.

No final das contas, tudo se resume ao que vimos até aqui: o direcionamento que damos ao nosso pensamento depende em muito das imagens que temos em nossa mente, assim como da intensidade com que acreditamos nessas imagens. Por isso é tão importante que você tenha um propósito claro e definido, como vimos no capítulo anterior. Se você tiver um propósito definido sobre um desejo específico, seu pensamento agirá de tal forma que suas energias serão canalizadas para ações que transformem esse desejo em realidade, dando pouca atenção ao que não sirva a esse propósito. Por outro lado, se você não tiver um propósito definido, seu pensamento correrá solto, disperso, sem foco. Sua energia será distribuída à revelia. O mesmo ocorrerá se seu propósito for negativo ou mesmo um equívoco.

No capítulo anterior, vimos que todos temos uma ideia central sobre nós mesmos. E que em torno dessa ideia giram todos os acontecimentos, relações e circunstâncias externas que nos afetam. Esse conjunto alimenta nossas atitudes diante da vida. Vimos que criamos nossas atitudes de duas formas: de acordo com a ideia de que somos uma pessoa capaz, ou de acordo com a ideia de que somos uma pessoa comum, limitada e incapaz. Na maioria das vezes, nossa conversa interior é o processo que usamos para harmonizar e adequar o mundo externo à ideia central que temos de nós. No entanto, podemos inverter esse processo e mudar nossa ideia central. Você pode fazer isso assumindo o controle de seu pensamento. Você pode tornar-se seu próprio mentor. E pode começar a fazê-lo agora.

Existem duas coisas que são o objeto de desejo de praticamente todas as pessoas: uma é a felicidade e a outra, o bem-estar proporcionado por certo nível de riqueza. Nenhum desses dois desejos pode ser obtido sem autoconfiança. Tente o quanto quiser, mas você não conseguirá ser feliz se não acreditar em si mesmo. Experimente de todas as formas possíveis e não conseguirá muito mais do que a sobrevivência se não tiver absoluta confiança de que você pode alcançar o que deseja.

A única pessoa no mundo que pode fazer você feliz é você mesmo. Da mesma forma, a obtenção de qualquer nível de genialidade ou riqueza depende exclusivamente de você. No capítulo anterior, vimos que os resultados que você obtém na vida são diretamente proporcionais à imagem que você tem de si mesmo. O primeiro passo no desenvolvimento da autoestima necessária para realizar seu propósito é compreender que você mesmo construiu a imagem que tem de si. Ela não é resultado de fatores externos sobre os quais você não tem controle. Ela é o resultado do seu próprio ponto de vista. Quando compreender isso, você perceberá que seu ponto de vista pode ser mudado e, por consequência, a forma como você vê a si e aos outros também pode ser mudada.

CAPÍTULO 3

O poder de escolha

Quem não mudar seus pensamentos nunca será capaz de mudar a realidade e, portanto, nunca fará progressos.

ANWAR SADAT

NA NOITE DO DIA 23 DE DEZEMBRO DE 1888, na casa que era conhecida como "casa amarela", localizada na Place Lamartine, em Arles, no sul da França, Vincent van Gogh olhou-se longamente no espelho pendurado na parede, logo acima da pia. Era um homem magro e elegante, tinha 36 anos, olhos azuis, cabelos curtos e ruivos e barba por fazer. Sua expressão era extremamente séria. Estava triste e ressentido com seu colega Paul Gauguin. Com uma mão segurou a orelha esquerda e com a outra a cortou pela metade, colocando o pedaço sobre a pia. Aplicou um curativo improvisado sobre o ferimento para estancar o sangue, embrulhou o pedaço da orelha numa folha de jornal, colocou uma boina na cabeça e saiu. Eram onze e meia da noite. Andou mais depressa do que de costume. Foi até um bordel chamado Maison de Tolérance e perguntou por uma prostituta chamada Rachel. Ele e seu amigo frequentavam o local regularmente e ele já era conhecido por ali. Quando Rachel apareceu, estendeu o embrulho de jornal para ela e disse:

– Guarde esse objeto como se fosse um tesouro, e em seguida foi embora.

Na manhã seguinte, o incidente ganhou as ruas. Pessoas falavam com certa excitação, humor e estranhamento sobre o ocorrido. Ainda cedo, a polícia foi até a casa de Van Gogh e o levou ao hospital. Ele viveu mais meio ano. No dia 27 de junho de 1889, decidiu dar fim à sua vida e disparou um tiro em si mesmo. No hospital, quando o médico lhe disse que ele iria ficar bem, respondeu:

– Espero que não, pois teria que fazê-lo outra vez.

Dois dias depois, ele morreu. Tinha 37 anos. Em toda a sua carreira conseguiu vender apenas uma tela das centenas que pintou. Durante a maior parte do tempo, foi incapaz de prover seu próprio sustento. Nunca casou, não teve filhos e morreu sem amigos. Mesmo assim, Van Gogh tornou-se um mito. Ao lado de Picasso, é um dos pintores mais conhecidos do mundo.

Sua história é usada como referência para justificar várias coisas, menos para explicar a incapacidade humana de reconhecer a genialidade no seu estado bruto. Na sua breve vida profissional, suas obras foram ignoradas. Hoje, elas são umas das mais caras e admiradas do mercado. Veja um exemplo: em 1891, dois anos depois da sua morte, um negociante comprou uma de suas pinturas, *Irisis,* por insignificantes 230 francos. Em 1989, menos de cem anos depois, a mesma obra foi vendida por 53 milhões de dólares. *Dr. Gachet*, um dos retratos que Van Gogh fez do médico que cuidou dele, foi leiloado em 1992 por US$ 82,5 milhões. Qual foi o problema de Van Gogh?

A maioria de nós não consegue desenvolver as riquezas em grande parte porque encaramos o sucesso de maneira errada. Desde cedo, somos ensinados a agir de determinada maneira no que se refere ao sucesso. Somos levados a acreditar que o sucesso é resultado da perfeição. Esse ensinamento compõe a autoimagem que tentamos impor ao mundo para impressionar, quando na realidade o verdadeiro sucesso é feito de erros, fracassos e imperfeições que, na maioria das vezes, nunca são completamente eliminados. Quando acreditamos que para sermos reconhecidos e valorizados precisamos ser perfeitos, passamos a lidar com um medo constante de sermos insultados, ridicularizados e humilhados. Em função disso, criamos uma revolta interna. Essa revolta cria ressentimentos com os pais, colegas, amigos e, por último, contra nós mesmos e contra a vida.

O ressentimento torna-se nosso maior aliado. Em certo ponto, ele faz com que nos sintamos importantes. Sentir que somos vítimas da injustiça dos outros passa a nos dar satisfação. A pessoa injustiçada, no seu pensamento, é moralmente superior a quem cometeu a injustiça. Isso nos traz certo contentamento. Nossa missão diante desse contentamento torna-se provar ao mundo que temos motivos para nos ressentir e que estamos certos por senti-lo. Se conseguirmos provar que estamos certos, teremos um ganho real: o de termos razão. Ressentimento sempre é uma resistência, uma não aceitação de um fato que já aconteceu, como não ter nascido nas circunstâncias ideais, não ter oportunidades ou não ter sorte. Nesse caso, não há como vencer, porque estamos lutando contra o impossível, ou seja: mudar o passado.

Enquanto cultivarmos qualquer tipo de ressentimento, não teremos como alcançar o sucesso. Não seremos independentes nem responsáveis pela nossa vida. Passaremos o poder para outras pessoas, eventos e circunstâncias. Elas controlarão nossas emoções e ações. Como não seremos livres, a felicidade e o sucesso irão depender dos outros, serão um favor que eles, Deus ou a vida ficarão nos devendo. Olharemos para o mundo à espera de que ele nos dê o que precisamos para sermos felizes. Quando isso não acontece, nos sentimos feridos e culpamos os outros ou as circunstâncias da vida pela nossa mágoa. Ao acreditarmos que as pessoas nos devem gratidão eterna, apreciação ou reconhecimento, sentimo-nos miseráveis quando isso não acontece. Se a vida nos deve satisfação, nos ressentimos quando não estamos satisfeitos. Logo esse sentimento se torna um hábito. Sentimo-nos como se fôssemos injustiçados, vítimas da própria vida. Levamos em nós um sentimento amargo, que fica à procura de um gancho no qual possa se prender. Fica fácil, a partir de então, encontrar evidências da injustiça.

Quando o ressentimento se torna um hábito, ele facilmente se transforma em autopiedade. E uma vez que ela se aloja na mente, não conseguimos mais viver sem ela. Não nos sentimos bem quando não temos nada a que culpar pela nossa situação. Passamos a procurar por injustiças. Passamos a nos ver como uma pessoa digna de piedade, uma vítima, alguém que nasceu para sofrer.

Nosso ressentimento não é causado por outras pessoas, eventos ou circunstâncias. Ele é causado por nossas próprias respostas emocionais, nossa reação a determinados eventos. Como somos nós que o criamos, somos quem tem controle sobre ele. Podemos controlá-lo se mantivermos a crença firme de que ressentimento e autopiedade não nos levarão ao sucesso, mas, pelo contrário, são caminhos que nos levam para a derrota e o fracasso. Ressentimento, mesmo que esteja baseado em injustiças e erros, não é caminho para a riqueza.

O HOMEM QUE SAIU DA POBREZA E CONSTRUIU UM IMPÉRIO DE US$ 100 BILHÕES

Em 1870, enquanto Van Gogh estudava as obras de artes nas galerias de seu tio em Londres, num pequeno vilarejo da Califórnia nascia Amadeo Peter Giannini. Amadeo era o primeiro filho de um casal de imigrantes italianos pobres. Assim que chegaram aos Estados Unidos, alugaram uma casa numa pequena vila chamada São José, entre São Francisco e Los Angeles, e passaram a alugar quartos. As hordas de imigrantes que se deslocavam para as minas de ouro do oeste transformaram a pousada num negócio rentável. Meio ano depois, o casal ampliou a casa e a transformou em uma pousada com vinte quartos. Pouco tempo mais tarde, tornou-se um dos hotéis mais movimentados da região.

Certo dia, quando Amadeo tinha sete anos, seu pai envolveu-se numa discussão por causa de uma dívida de um dólar e, na presença de Amadeo, foi brutalmente assassinado. Apesar da tenra idade, o menino passou a ser o principal apoio da mãe, que tinha também apenas 22 anos e, além dele, outros dois filhos ainda menores. O tempo passou, as feridas curaram-se e ela casou-se outra vez. Em seguida, a família mudou-se para São Francisco. Lá, Amadeo passou a trabalhar muito. Sua personalidade cativante fez com que ele prosperasse rapidamente. Em 1904, aos 34 anos, juntou todo seu capital e fundou uma pequena instituição financeira que chamou de Bank of Italy. Ele fornecia pequenos empréstimos para produtores rurais e comerciantes de origem italiana que viviam pelas redondezas. Costumava visitá-los pessoalmente, estimulando-os a fazerem melhorias nas suas propriedades com os financiamentos do banco. A instituição progrediu depressa. O volume de empréstimos cresceu, a área de atuação aumentou e, com isso, Amadeo decidiu mudar o nome, passando a chamá-lo Bank of America. Amadeo, apesar do sucesso, continuava a visitar seus clientes e a oferecer-lhes melhorias no estilo de vida. Os resultados foram fantásticos. Em 1980, o banco tinha 1.100 agências operando em mais de cem países, com um capital estimado em 100 bilhões de dólares. Em 1994, quarenta anos depois da sua fundação, o Bank of America tornara-se o maior banco comercial do mundo.

Olhe para a história de Amadeo Giannini e depois para a de Van Gogh. Os dois, cada um ao seu modo, Van Gogh nas artes, e Amadeo nas relações financeiras, transformaram a história da humanidade. Mas o que os diferenciou tanto no desenvolvimento de suas riquezas? Quais são os fatores que tornaram a vida de um heroica e a de outro trágica? O que podemos explorar nessas histórias para a compreensão do sucesso?

Podemos realçar três aspectos muito importantes. Todos eles têm uma ligação direta com a forma como compreendemos o sucesso. O primeiro aspecto é o de que, no fundo, ao se tratar da busca das riquezas, não existe justo ou injusto, somos nós que fabricamos esses conceitos de acordo com a nossa conveniência. Se houvesse justiça no mundo, não seria certo que uma pessoa nascesse num ambiente brutal como o da Califórnia na virada do século XX e visse, aos sete anos, seu pai ser assassinado, enquanto a outra nascia num lar estruturado em um país seguro como a Holanda. Um precisou ajudar a mãe viúva no sustento da casa enquanto o outro foi para uma escola particular. As circunstâncias em que nascemos têm pouco ou nada a ver com nosso futuro. Elas podem nos influenciar de forma positiva ou negativa, mas essa escolha é nossa.

O segundo aspecto é o de que a origem do sucesso está dentro da pessoa que o alcança. O sucesso não está em fatos externos como oportunidades extraordinárias e legados culturais. Podemos tirar essa conclusão de duas premissas básicas. A primeira é a de que, se a causa do sucesso estivesse no ambiente ou nas circunstâncias em que a pessoa cresce, todas as pessoas que crescem no mesmo ambiente ou em circunstâncias similares alcançariam o sucesso. Nesse caso, o sucesso seria uma questão de vizinhança, e sabemos que não é assim. Pessoas que crescem no mesmo ambiente apresentam diversos níveis de riqueza e sucesso. Em certos casos, como no de Giannini, pessoas saem de ambientes conturbados e de extrema pobreza, onde são afetadas por todo tipo de tragédia, e se tornam bem-sucedidas. Noutros, como o de Van Gogh, ambientes bem estruturados geram personalidades conturbadas, inseguras e, muitas vezes, trágicas. A segunda premissa é que a causa do sucesso também não está na genética. Porque se estivesse, todas as pessoas com uma composição genética similar obteriam sucesso. Vemos pessoas muito inteligentes e perspicazes que fracassam, e outras, menos inteligentes, que se tornam sucessos extraordinários. Por isso, os princípios que determinam a origem do sucesso estão num outro fator, inerente à pessoa que o alcança.

Isso nos leva ao terceiro aspecto, o de que o fator que produz o sucesso é a maneira como conduzimos nossos pensamentos. Ou seja: no final das contas, esses dois exemplos – o de Amadeo Giannini e o de Van Gogh – deixam claro que os resultados são muito mais uma questão de pequenas e constantes escolhas do que de qualquer outro fator. Para alcançar sucesso não basta nascer numa determinada circunstância, num lugar ou numa época, nem é suficiente ter um nível de inteligência acima da média, como também não é um obstáculo ter uma inteligência menor. O que é preciso, acima de tudo, é ter a mentalidade para o sucesso. É essa mentalidade a responsável pelas escolhas que resultam nas riquezas. Pense sobre isso porque, apesar de simples, é uma ideia bastante radical e que se opõe de forma drástica a tudo que fomos ensinados a acreditar. Neste capítulo vamos analisar como esse processo de escolha se desenvolve e como criar uma mentalidade que conduza a escolhas que nos levarão ao sucesso.

POR QUE AMADEO GIANINNI VENCEU?

Na madrugada do dia 18 de abril de 1906, dois anos após ter criado o Bank of Italy, por volta das cinco horas, Amadeo Giannini acordou com uma sensação estranha. Tudo à sua volta parecia ter tremido. Em seguida ouviu estrondos, como se um trem houvesse descarrilhado. Segundos depois, sua casa começou a tremer outra vez. Amadeo, na época, morava em São Mateus, uma cidade a dez quilômetros de São Francisco, sede do Bank of Italy.

Assim que o dia amanheceu, Amadeo soube que um terremoto havia destruído São Francisco. Querendo saber o que acontecera com o banco, imediatamente partiu para lá. Com as estradas bloqueadas por escombros, teve que fazer a maior parte da viagem a pé. Quando finalmente chegou ao seu destino, descobriu que o prédio havia sido destruído pelo fogo. A única coisa que restara era o dinheiro que ele mantinha guardado nos cofres. Com a ajuda de dois funcionários, alugou uma carroça carregada de laranjas, escondeu o dinheiro entre as caixas de laranjas e, numa viagem que demorou seis horas, levou-o até sua casa, escondendo-o na lareira.

Na manhã do dia seguinte, Amadeo retornou a São Francisco. Em contato com outros banqueiros, descobriu que eles haviam decidido suspender qualquer empréstimo por seis meses. Qual foi sua reação? Ainda no mesmo dia, entre os escombros do que era o Bank of Italy, apoiou uma tábua larga sobre dois barris e passou a atender clientes, liberando empréstimos com um simples aperto de mão.

– Nós vamos reconstruir São Francisco, ele dizia, olhando nos olhos de seus clientes a cada empréstimo que concedia.

Ao analisarmos atitudes como essas, que conclusões podemos tirar sobre as características da personalidade de Giannini e que o levaram a tomar decisões tão acertadas? A primeira característica clara é que ele tinha um senso de direção definido. Isso facilitava suas decisões. Ele parecia ter uma nostalgia pelo futuro, não pelo passado, o que lhe dava muita vontade de agir. A segunda característica é de que ele via as circunstâncias como fatores externos, sobre os quais ele tinha um claro poder de decisão. Esse tipo de controle dá um senso de confiança, naturalidade e leveza até mesmo diante de uma catástrofe. As pessoas confiavam nele porque ele tinha segurança no que fazia. Não importava a situação, ele aceitava as circunstâncias e agia sobre elas. Não havia ressentimento, não havia estado de vitimização. Quando você elimina a resistência, toda a insegurança, angústia e medo se anulam, a vida passa a fluir com alegria e naturalidade. Vimos isso no capítulo anterior, com Steven Spielberg. O propósito dele de conhecer o chefe da Universal Studios lhe impôs uma série de situações estranhas, mas a confiança, naturalidade e espontaneidade que surgiram do seu propósito fizeram essas situações estranhas parecerem absolutamente normais.

Assim, uma importante característica de Amadeo é que ele parecia absorver o mundo à sua volta, aceitá-lo, aliar-se às circunstâncias e construir uma relação perfeita com elas. Sua confiança, desejo, imaginação e persistência eram os únicos ingredientes que ele tinha à sua disposição, e ele soube como usá-los. Mesmo crescendo nas circunstâncias mais duras e cruéis, essas características o tornaram uma pessoa animada, carismática, de bem com a vida.

No final das contas, a grande lição que Giannini nos passa é a de que não agimos de acordo como as coisas realmente são, agimos de acordo com a percepção que construímos sobre elas na nossa mente. Isso explica por que a mesma situação, sob as mesmas circunstâncias, pode ter efeitos completamente diferentes em duas pessoas em condições absolutamente iguais.

A EMOÇÃO E A LIBERDADE DE ESCOLHA

A ideia de sucesso como uma escolha parece um tanto estranha. Falamos de sucesso como uma coisa que acontece, e não como algo que escolhemos. Por exemplo: se eu tivesse poderes mágicos e me oferecesse para triplicar seu nível de sucesso, você aceitaria, não é? Porém, se o sucesso é um resultado de nossas escolhas, por que então simplesmente não escolhemos triplicar nosso sucesso? O mesmo se aplica à felicidade. Não seria difícil convencer qualquer pessoa de que a felicidade é uma escolha. Mas por que, então, simplesmente não escolhemos ser mais felizes?

Vamos aprofundar essa questão um pouco, retomando o caso de Van Gogh, embora não haja diagnóstico preciso sobre qual foi seu estado patológico e nenhum médico tenha deixado pistas sobre o que poderia ter sido a causa do seu infortúnio. Após sua morte, surgiram várias especulações: esquizofrenia paranoica, alcoolismo e até mesmo o estranho diagnóstico de que o seu cérebro havia sido afetado por sífilis. Tudo isso é incerto. Uma coisa, porém, é certa: sua vida foi triste, dura e talvez até mesmo insuportável. Suponha que, de fato, o problema dele tenha sido a depressão. Será que, mesmo assim, ele teve escolha?

Para responder a essa questão vamos analisar, brevemente, um estudo realizado no início da década de 60 por um psiquiatra da Universidade da Pensilvânia chamado Aaron Beck. Ele fez a mesma pergunta: pessoas com depressão podem fazer escolhas sobre seu estado? Beck, ao tratar de pacientes com depressão, percebeu que quase todos tinham as mesmas características negativas na forma de pensar. A partir dessa constatação, ele começou a suspeitar que a depressão era uma consequência de uma visão distorcida que os pacientes tinham de si mesmos. Ele desconfiava de que poderiam ser os pensamentos dos pacientes que criavam suas emoções negativas.

Beck constatou em suas análises que pessoas depressivas permitem que três padrões mentais criem raízes profundas em sua mente. Esses padrões tornam-se o filtro, a lente por meio da qual elas percebem o mundo. Ele chamou esses três padrões mentais de Tríade Cognitiva da Depressão. A pessoa em estado depressivo pensa que ela não é suficientemente boa, que seu mundo é frio e cinza e que não há esperança no seu futuro. A partir desse ponto de vista, tudo à sua volta é usado para criar argumentos que dão suporte a essas crenças. Isso acontece, principalmente, quando algo de errado acontece. Além disso, há três características básicas em cada um desses padrões de comportamento: personalização, generalização e exagero. Ou seja: a pessoa percebe tudo como se fosse pessoal, como se estivesse relacionado diretamente com ela; generaliza coisas que acontecem uma única vez como se isso sempre acontecesse; e, por último, exagera a dimensão dos fatos.

Em seus estudos, Beck propôs então que se seus pacientes conseguissem perceber esses padrões mentais negativos, identificá-los e isolá-los, eles criariam condições de, aos poucos, substituí-los. Usando a mesma autossugestão que o alimenta, o ciclo negativo poderia ser quebrado e suplantado por um positivo. Beck passou então a ajudar seus pacientes a identificar esses padrões. Em seguida, estimulou-os a desafiá-los.

No início, os pacientes em depressão tinham dificuldade em perceber tais padrões mentais. Com um pouco de esforço e concentração, no entanto, eles passaram a percebê-los e a identificá-los. Beck pediu-lhes que descrevessem aqueles tipos de pensamento cada vez que os percebessem. Depois que cada um dos padrões tinha ficado bem claro, ele instigou os pacientes a alterá-los por padrões mentais positivos. Os pacientes passaram a seguir um sistema que consistia em desafiar os padrões mentais e a agir apesar das reações negativas. Aos poucos, pequenas alterações foram sendo percebidas. Elas, então, foram alimentadas de forma proposital e reforçadas até substituírem de forma definitiva os padrões negativos.

Os detalhes de como Aaron Beck tratou seus pacientes são dignos de nota por três motivos. Primeiro, ele propicia um exemplo claro que, mesmo diante de estados considerados patológicos, temos opções e escolhas. Segundo, são um exemplo inspirador de como aplicar esses princípios nas próprias circunstâncias, ou seja, experiências que induzem emoções positivas afastam e apagam as emoções negativas causadas por outras experiências. E terceiro, nos alerta para um dado importante: o motivo que nos leva a acreditar que não somos livres diante de certas situações é que nossas escolhas, muitas vezes, são feitas por um padrão mental estabelecido ao longo de nossa vida. Quando isso acontece, as circunstâncias nos controlam completamente. Ao constatar que nossa vida está fora de controle, o sentimento de medo, angústia e desespero se intensifica, formando um círculo vicioso que se alimenta do próprio sentimento que produz.

A análise mais convincente da influência desses padrões sobre nossas escolhas talvez esteja no estudo de um grupo de estudantes de Stanford, que decidiu analisar se a influência do preço do vinho é capaz de alterar o gosto do vinho. Para obter essa resposta, eles organizaram um evento no qual disseram que estavam testando o sabor de diferentes tipos de vinhos. O grupo separou três tipos de vinhos com preços e qualidades diferentes. O custo da garrafa variava de cinco a noventa dólares. Os estudantes pegaram os três tipos de vinhos e os separaram em cinco garrafas, repetindo algumas propositalmente. Para os participantes da pesquisa, porém, esse detalhe foi omitido. Isso significa que o mesmo vinho foi colocado em garrafas diferentes, mas com variações no preço declarado. Por exemplo: o primeiro vinho oferecido no teste era o mesmo do da terceira garrafa, mas os preços anunciados eram diferentes. Uma garrafa tinha uma etiqueta de cinco dólares (o preço verdadeiro), e a outra, apesar de o vinho ser o mesmo, ostentava um preço de 45 dólares.

Os estudantes ofereceram o vinho de ambas as garrafas aos voluntários e perguntaram sua opinião sobre os diferentes sabores. Todos, sem exceção, afirmaram que o vinho da garrafa que custava 45 dólares era mais saboroso. A mesma constatação se repetiu em todas as fases da experiência. Mesmo quando o vinho mais caro era colocado em garrafas com preço inferior, os voluntários diziam preferir o vinho das garrafas de preço superior.

Diante desses resultados impressionantes, o grupo de pesquisadores decidiu repetir a experiência. Dessa vez, porém, em lugar de estudantes voluntários, eles escolheram membros do clube de apreciadores de vinho da Universidade de Stanford. Os resultados foram os mesmos obtidos com os voluntários na etapa anterior. Ao identificar o preço do vinho, todos optavam pelo de maior preço, mesmo que tivesse pior qualidade. Isso nos diz que todos os vinhos são iguais? Certamente não. Esses resultados revelam algo bem mais intrigante: o que faz com que alguém seja livre em suas escolhas é bem mais complicado do que parece. Como nos mostra essa experiência, as convicções fazem, na maior parte das vezes, as escolhas por nós. Temos a convicção de que quanto mais caro o vinho, melhor. Quando confrontamos o sabor real com a convicção, o que prevalece é a convicção. Essa convicção faz com que o preço, e não o gosto, determine o sabor.

Que conclusões podemos tirar de tudo isso? Em síntese, as conclusões desse estudo nos levam ao mesmo ponto em que chegamos ao analisar as características de Giannini. Ou seja: nós não somos influenciados pelas experiências, mas pelas percepções que temos das experiências. É nisso que reside nosso poder de escolha. As circunstâncias não dependem de nós, não podemos escolhê-las, mas podemos escolher como agir em relação a elas.

O que vimos no dia a dia é bem diferente, no entanto. A maioria das pessoas que vive insatisfeita e frustrada com seus resultados geralmente é influenciada, com extrema facilidade, pelas circunstâncias e por outras pessoas. Elas permitem que eventos, comentários e a opinião dos outros façam as escolhas por elas. Quando permitimos que circunstâncias e opiniões definam nossas escolhas, perdemos nossa luz própria. Essa é uma das características fundamentais que diferenciou o tremendo sucesso de Amadeo Giannini e o trágico desenrolar da vida de Van Gogh. Quando dependemos de fatores externos, como sorte ou oportunidades, ou mesmo quando colocamos nossa felicidade ou nossas expectativas nas mãos dos outros, perdemos controle sobre nossa vida. Quando nos deixamos afetar por esse erro, como foi o caso de Van Gogh, tentamos controlar as circunstâncias, o que é impossível. Diante dessa impossibilidade, ficamos ansiosos, inseguros e perdemos o encanto pela vida, o que, muitas vezes, nos leva ao desespero total. Nosso refúgio, então, passa a ser muitas vezes o álcool, as drogas ou mesmo o suicídio.

Há mais de dois séculos, Napoleon Bonaparte escreveu que "um general nunca sabe nada com toda a certeza, nunca vê claramente o inimigo e nunca sabe muito bem onde está". Isso parece ser verdade quando nos referimos às nossas escolhas. Elas sempre parecem estar envolvidas pela bruma das nossas convicções. Quando não conseguimos resolver nossos problemas, isso não acontece por falta de habilidades, mas porque não os percebemos, porque somos incapazes de enxergá-los, porque nossa visão é obstruída pelas mesmas convicções que construíram esses problemas. Elas encobrem todas as possibilidades de solução para sua própria conveniência. Não são as circunstâncias externas que impedem nosso sucesso. Somos nós.

O PODER DE ESCOLHA

Qual é a explicação que temos para fenômenos como o de Amadeo Gianni-ni e a criação do Bank of America? Geralmente, vemos esses fatos como o resultado da ação de pessoas que foram beneficiadas com vantagens ocultas, oportunidades extraordinárias e legados culturais que as colocaram em situações altamente privilegiadas. E de histórias trágicas como a de Van Gogh? Atribuímos fatos assim aos caprichos lamentáveis da natureza que se impõem para alguns por meio da sorte e, para outros, por meio do infortúnio. Mas essas razões são superficiais, difíceis de explicar e fáceis de refutar. Elas não estão apoiadas numa compreensão do sucesso. Na maioria das vezes, quando de fato somos estimulados a pensar sobre isso, a resposta a essas questões se torna confusa. É como se simplesmente aceitássemos essa interpretação porque não temos outras.

Fomos treinados a funcionar dentro de um padrão, de uma fórmula, que se tornou nossa ideologia e assumiu a autoridade sobre nós. Essa própria ideologia se tornou nossa amarra e nos impede de desenvolver nossa genialidade, porque não somos livres, estamos presos nessa fórmula. Quando, por exemplo, uma pessoa diz: quero mudar, diga-me o que fazer, ela está em busca de uma autoridade na qual possa depositar a esperança de um futuro melhor. Ela espera que alguém, ou alguma circunstância ou evento, coloque ordem na sua vida. Mas há um problema sério nisso. E esse problema é que uma ordem ou solução imposta vai contra a essência que produz nossa genialidade. E por isso, necessariamente, essa ordem que buscamos traz desordem.

Vamos pensar sobre isso da seguinte forma: se eu lhe der uma fórmula, um sistema, e você o seguir, estará apenas me imitando. Quando você faz isso, nega sua autenticidade, sua integridade e entrega sua autoridade a outra pessoa. Nesse caso, inevitavelmente surgirá o conflito. Você sente que deve fazer isso ou aquilo porque alguém lhe disse, mas será difícil fazê-lo. Você tem sua inclinação particular, suas tendências e pressões que irão conflitar com o sistema que lhe é imposto, o que cria uma contradição. Assim, você irá viver uma vida dupla: a fórmula e sua autenticidade.

Anos atrás, a psicóloga americana Lisa Blackwell realizou um estudo fascinante com um grupo de alunos secundaristas de uma escola de East Harlem conhecida como Live Sciences Secondary School. East Harlem é um dos bairros mais problemáticos de Nova York. Suas escolas apresentam um dos maiores índices de desistência do país. O nível de aprendizagem é um dos mais baixos, e o de violência, um dos mais elevados. Na maioria das escolas do bairro, as portas são munidas de detectores de metais.

Lisa selecionou um grupo de alunos e os dividiu em dois subgrupos. Cada subgrupo recebeu oito aulas de reforço. Para um dos grupos foram ensinadas técnicas de estudo. Para o outro grupo, além de técnicas de estudo, foram dadas explicações sobre como funciona o processo de desenvolvimento da nossa inteligência. Por meio de *slides* e explicações diversas, Lisa mostrou aos alunos como a inteligência pode ser desenvolvida. Ela explicou que a inteligência não é um fator hereditário. Que assim como desenvolvemos habilidade muscular, também podemos desenvolver a nossa inteligência. Lisa insistiu nesse ponto durante todas as oito aulas de reforço.

Nos anos seguintes, Lisa acompanhou o desempenho de cada um dos alunos dos dois grupos. Alguns meses depois, os resultados já eram visíveis: os alunos que receberam as explicações complementares sobre como a inteligência se desenvolve tiveram um desempenho muito superior aos do outro grupo, que não receberam esse tipo de informação.

Veja que a única diferença entre os dois grupos foi uma simples ideia a mais: que a inteligência não é hereditária, que ela pode ser estimulada. Essa ideia alterou profundamente os resultados dos alunos. Por que ela fez tanta diferença? Ao compreender essa ideia, os alunos a incorporaram. Ela passou a fazer parte da forma como eles pensavam. Uma vez que você sabe que a inteligência não é uma característica que você possui ou não, você não pode mais justificar para si próprio seus péssimos resultados dizendo que não é inteligente. Lógico, porém, que isso não é o mesmo que ficar dizendo para si é inteligente. Essa ideia, posta da forma como Lisa a colocou, tem um efeito extraordinário porque ela passa a ser uma compreensão e não apenas um conhecimento superficial. Qual a diferença? A compreensão tem um impacto sobre nossa ideia central, ou seja, quando compreendemos alguma coisa, ela passa a fazer parte da forma como vemos o mundo.

Isso nos coloca diante de um dos pontos mais importantes deste capítulo, o de que a liberdade não é uma posse absoluta. A liberdade se revela ou não em cada escolha. O ser humano, portanto, não é um ser livre. Mas ele possui o poder de escolha, que lhe dá a liberdade. Esse poder de escolha é uma possibilidade permanente. A liberdade, porém, é renovada em cada ação por meio do poder de escolha. O que isso significa é que não somos, como nos é sugerido no caso de Van Gogh, predestinados pela genética a sermos de uma ou de outra forma. O que determina quem somos é a forma como usamos o poder de escolha para criar nossa liberdade. Desenvolver o poder de escolha significa sacrifícios em curto prazo para renunciar valores ilusórios e abrir espaço para que nosso verdadeiro potencial se manifeste. Para abrir espaço, precisamos exercer o que chamo de estágio da consciência.

Pense sobre Amadeo Giannini e sua reação após ver seu banco destruído pelo terremoto. O que ele fez? Ali mesmo, entre os escombros, passou a agir sobre a situação, sem ser afetado emocionalmente por ela. Numa circunstância onde a maioria se sentiria frustrado, Amadeo agiu com naturalidade.

Como pessoas conseguem isso? Elas possuem uma compreensão clara do que separa os fatos da opinião sobre esses fatos. Um terremoto havia destruído o Bank of Italy. Isso era um fato. Mas tudo o mais além disso era uma mera opinião. Pense em todos os obstáculos da sua vida: o que são fatos reais e o que são opiniões sobre esses fatos? Por exemplo: você quer começar seu negócio próprio, mas não pode porque não tem capital. Qual é o fato? Você não tem capital. Qual é a opinião? Que, por causa disso, você não pode iniciar seu negócio. O fato da falta de recurso existe, mas se você o separa da opinião, pode agir sobre ele e mudá-lo, arrumando o capital.

Quando confundimos os fatos com as opiniões, não permitimos espaço para novas possibilidades ou para uma solução. Todas as nossas escolhas serão reações padronizadas definidas pela opinião. É preciso ter claro que não agimos de acordo com o que as coisas realmente são, mas de acordo com a percepção que temos delas, e que essa percepção é resultado da ideia que temos de nós e das coisas à nossa volta. Isso significa que todos os problemas, desafios e obstáculos que se impõem entre nosso desejo, mesmo os mais simples, como felicidade e realização, são externos. A solução, no entanto, sempre parte de uma reação interna, de dentro para fora. Temos que criar um espaço separando-nos das circunstâncias para poder exercer o poder de escolha.

Em outras palavras, entre o fato e a opinião que formamos a respeito desse fato existe um espaço. É nesse espaço que se encontra nosso poder de escolha. Apenas podemos exercer esse poder quando percebemos esse espaço. E para perceber esse espaço, temos que separar nossa vida da nossa situação de vida. Considerando o processo das nossas escolhas dessa maneira – surgindo de dentro para fora, e não o contrário –, podemos compreender o que faz com que pessoas como Amadeo Giannini exerçam controle total sobre suas vidas. Essas pessoas aprendem a controlar suas emoções e sentimentos, focando nos pontos sobre os quais eles podem exercer influência. Falando tecnicamente, essas pessoas canalizam o pensamento e as emoções para coisas práticas. E, embora elas fiquem expostas, essa exposição jamais representa vulnerabilidade.

A mesma coisa não ocorreu com Van Gogh. Ele mesclou os fatos e a opinião sobre esses fatos, confundindo-os. Quando isso acontece, perdemos o entusiasmo, a vibração, o sentido de encantamento pela vida. Por isso podemos dizer que a vida trágica e triste de Van Gogh teve pouco a ver com sua complicada patologia psicológica, mas que aquilo que consideramos uma patologia teve tudo a ver com a forma como ele pensava, sua percepção do mundo. Ao confundir fatos e opiniões, ele criou um ressentimento que resultou numa resistência insuportável. Essa resistência o paralisou e bloqueou qualquer saída para sua situação. Esse bloqueio criou mais resistência, acumulando energia negativa que contaminou suas ações. Esse estado interior negativo despertou e alimentou a negatividade e sua relação com os outros, criando insatisfação, desconforto, isolamento e uma tristeza imensurável que resultou, por fim, no suicídio.

CAPÍTULO 4

A invenção de nós mesmos

Nós inventamos nossas lembranças, o que é o mesmo que dizer que inventamos a nós mesmos, porque nossa identidade reside na memória, no relato da nossa biografia.
ROSA MONTERO

EM 1995, UM CLARINETISTA SUÍÇO CHAMADO Binjamin Wilkomirski publicou um livro chamado *Fragmentos: memórias de uma infância*. No livro, ele conta a história de um homem que, aos cinquenta anos, decide ir em busca de sua verdadeira identidade e descobre uma coisa incrível: ele passou sua infância num campo de concentração. A história não é uma ficção, mas uma biografia, um fragmento da infância do próprio Wilkomirski.

Assim que chegou às livrarias, o livro se tornou um enorme sucesso de crítica e venda. Em menos de três anos o livro já havia sido traduzido para nove línguas. Jornais no mundo inteiro o consideravam uma obra-prima. Wilkomirski tornou-se uma celebridade. Passou a ser convidado para vários eventos nos quais falava sobre sua experiência nos campos de Majdanek e Auschwitz. Recebeu prêmios como o Jewish Quarterly Literacy Prize, da Grã-Bretanha, o National Jewish Book Award, dos Estados Unidos, e o Prix Mémoire de La Shoah, da França.

Aos poucos, alguns estudiosos passaram a questionar a veracidade da obra de Wilkomirski. Em outubro de 1999, três anos depois da publicação, o historiador suíço Stefan Maechler revelou algo que alarmou o mundo: Binjamin Wilkomirski, assim como seu livro, era uma fraude. Wilkomirski, na verdade, não era judeu e nem descendente de judeus. Seu nome real era Bruno Grosjean. Havia nascido em 1941, era filho de uma mãe solteira chamada Yvonne Grosjean e depois foi adotado por um casal suíço. Bruno nunca havia estado num campo de concentração.

Por que Bruno Grosjean criou toda essa história? Do ponto de vista convencional, a resposta parece óbvia. Obras biográficas que envolvem o holocausto têm um impressionante contexto receptivo à sua espera e vendem bastante. Existe todo um aparato cultural e histórico – editoras, imprensa, historiadores e psicólogos – que se dedica a esse tipo de literatura. Por outro lado, textos sobre esse tema despertam nossa curiosidade. Eles tocam as pessoas. São um produto de fácil consumo. E a suposição lógica é que Grosjean teve a intenção de se aproveitar desse aparato para promover, facilmente, a si e ao seu livro.

Mas seria possível que Grosjean estivesse enganado em relação ao seu passado? Esse é um ponto de vista bem menos convencional, mas fundamental para entender como construímos nossa autoimagem. Esse ponto de vista é que faz a compreensão do poder da autossugestão tão importante e decisiva para a busca das riquezas. O que esse ponto de vista nos diz é que Grosjean não criou essa farsa intencionalmente. O que ele fez foi algo sutilmente diferente: na verdade, ele inventou a memória sobre sua infância. Entender esse processo é muito importante para mudar nossa vida. Sabemos, por exemplo, quando falamos a verdade ou quando mentimos. Mas o que estou dizendo é um pouco mais controverso. Estou dizendo que Grosjean não estava mentindo nem falando a verdade. Como isso é possível? É mesmo difícil de entender, mas é aqui que a investigação se torna interessante.

Qual é a compreensão que temos da memória? Instintivamente, temos a tendência de imaginar a memória como se ela fosse um dispositivo de gravação semelhante a, por exemplo, uma pasta do Windows. Acreditamos que assim como quando jogamos um arquivo numa pasta do Windows uma vez que gravamos um fato na memória, ele permanecerá lá tal qual o gravamos. Mas não é. Na verdade, os objetos que mantemos na memória passam por um constante e dinâmico processo evolutivo no qual, involuntária e inconscientemente, adicionamos ou omitimos detalhes cruciais, alterando constantemente o conteúdo do objeto armazenado.

O que isso quer dizer é que nosso cérebro não consegue armazenar tudo o que a visão e os sentidos captam. Apenas gravamos na memória alguns pontos essenciais, aqueles que mais afetam nossos sentidos. Por essa razão, recordar não é como abrir um arquivo no computador. É muito mais como assistir a algumas partes desconexas de uma reportagem e, em seguida, tentar preencher os espaços, criando conexões entre as partes para compor um todo. Nesse sentido, a história de Grosjean não é muito diferente da história de Kitty Genovese, que vimos no segundo capítulo. Parece incoerente dizer que Bill Clinton, Malcolm Gladwell e os psicólogos que elaboraram suas teses sobre a falsa versão da história estavam mentindo. Da mesma forma como parece incoerente dizer que Grosjean quis enganar o mundo com um diário falso sobre sua infância. Nos dois casos, tanto no de Grosjean como no de Genovese, criou-se uma ampla e robusta história sobre uma base falsa. Sem condições de reconhecer esse equívoco, essas pessoas continuaram alimentando a memória desse evento, junto com todas as discrepâncias que ela produziu.

Nesses dois exemplos, existe uma revelação sutil, mas decisiva, de como formamos nossa autoimagem. Da mesma forma como criamos uma história sobre os fatos e as circunstâncias que nos envolvem, também criamos uma história sobre nós mesmos. Portanto, se quisermos entender o que nos faz do jeito que somos, temos que prestar atenção em muito mais coisas do que nossa personalidade e atitudes. Precisamos compreender o que é sutil, o que está implícito. O que isso quer dizer? O cérebro e o sistema nervoso possuem uma capacidade de reação automática. Quando não assumimos um controle consciente sobre nossas escolhas, essa capacidade entra em ação e reage conforme nosso condicionamento. Se quisermos alterar nossos resultados, precisaremos assumir o comando desse processo. Esse é o único caminho para o desenvolvimento das nossas riquezas.

Neste capítulo, vamos fazer uma análise sobre o que define nossa personalidade e por que agimos da maneira como costumamos agir. Ao compreender esses dois pontos, você terá uma noção simples e clara de quem você realmente é. Essa noção é a única chave capaz de abrir as portas para uma transformação radical e instantânea na sua vida. Ao final, você terá em mãos uma ferramenta poderosa para eliminar da sua vida o que deseja eliminar e, ao mesmo tempo, obterá uma visão clara de como conquistar de forma definitiva os dois objetos de seu desejo: felicidade e riqueza.

A MEMÓRIA E A IDEIA CENTRAL

A ideia de que somos nossa memória tem enormes implicações na nossa maneira de compreender o que somos. Ela nos diz que, em última análise, não somos o que pensamos sobre nós, mas somos aquilo que está implícito. Pense nos dois exemplos a seguir: o primeiro trata de uma experiência realizada no início do século 20 pelo médico e psicólogo suíço Édouard Claparède. Ele descobriu uma coisa intrigante sobre a memória. Uma de suas pacientes, que sofria de amnésia, não conseguia lembrar-se de quase nada. Claparède tinha que se apresentar a ela cada vez que a visitava, o que significava várias vezes ao dia. Ele então, propositadamente, passou a visitá-la a cada quinze minutos. Mesmo assim, como era de se esperar, ela não conseguia lembrar quem ele era.

Certo dia, num momento em que iria cumprimentá-la, Claparède colocou um alfinete entre os dedos. Assim que apertou a mão da paciente, o alfinete que trazia entre os dedos a picou. No dia seguinte, quando voltou a visitá-la, como de costume ela não se lembrava dele. Mas quando ele estendeu a mão para cumprimentá-la, a paciente rapidamente escondeu a mão. Quando Claparède perguntou por que ela havia escondido a mão, para sua surpresa, ela não soube o que dizer.

A experiência de Claparède chama a atenção para um fato importante. Ela revela que a memória não é apenas a capacidade maravilhosa que nos transporta para eventos passados. Ela também é uma série de sensações implícitas das quais não temos consciência e que nos influenciam sem que percebamos.

Vejamos outro exemplo que mostra claramente a influência implícita da memória sobre nossas atitudes. Dois pesquisadores, Gary Wells, da Universidade de Ohio, e Richard Petty, da Universidade de Iowa, recrutaram um grupo de alunos para o que eles disseram ser um teste para uma indústria de fones de ouvido de tecnologia avançada. Ao entregar os fones para os estudantes, os pesquisadores explicaram que o objetivo do fabricante era testar o desempenho dos aparelhos quando a cabeça do ouvinte estava em movimento. Os estudantes foram divididos em três grupos iguais, chamados A, B e C. Cada um dos grupos recebeu instruções específicas sobre os movimentos que deveriam fazer com a cabeça enquanto ouvissem o conteúdo do experimento. O grupo A foi orientado a movimentar a cabeça para cima e para baixo; o grupo B deveria mexer a cabeça para os lados; e o grupo C, manter a cabeça imóvel.

Primeiro eles escutaram uma música de Linda Ronstadt, depois uma dos Eagles e, por último, um editorial de rádio que defendia o aumento das mensalidades da faculdade que os alunos frequentavam. O editorial sugeria um aumento dos atuais US$ 587 para US$ 750. Quando os estudantes concluíram o teste, foram convidados a responder um pequeno questionário sobre a qualidade dos fones e o seu efeito com os movimentos da cabeça. Mas havia um gancho: com certa discrição, Wells e Petty inseriram, no final do questionário, a pergunta que de fato lhes interessava: "Em sua opinião, qual deveria ser o valor da mensalidade da faculdade?"

O resultado foi impressionante. Para os estudantes do grupo C, que permaneceram com a cabeça imóvel, o valor atual, de US$ 587, estava bom. Os do grupo B, que mexeram a cabeça para os lados como se fosse um sinal negativo, acharam a ideia do aumento um absurdo. Para eles, o preço ideal seria em torno de US$ 467, US$ 120 a menos do que o preço atual. O grupo A, que mexeu a cabeça para cima e para baixo, como se estivesse fazendo um movimento de concordância, concordou significativamente com o aumento do preço da mensalidade. Para os estudantes desse grupo, o valor ideal da mensalidade deveria ser de US$ 646. Mesmo sem saber que estavam fazendo um sinal que, em outras circunstâncias, significaria um movimento positivo ou negativo, a reação dos estudantes foi drasticamente influenciada por esses movimentos.

Nessas duas experiências – a do caso de amnésia e a dos fones de ouvido – existem pistas claras sobre o quanto os padrões mentais implícitos que compõem nossa autoimagem são decisivos nos resultados que obtemos na vida. A primeira é de que a memória é muito além daquilo que guardamos na nossa mente e que acessamos quando desejamos. Ou seja, nós temos dois tipos de memória: a explícita e a implícita. A memória explícita é fácil de entender, está quase sempre à nossa disposição, de forma consciente: nosso número de telefone, o endereço de nossa casa, a data de nosso aniversário e assim por diante. Muitas das experiências, como o dia em que demos o primeiro beijo, o dia em que aprendemos andar de bicicleta, também fazem parte da memória explícita.

A memória implícita é mais sutil e muito mais insidiosa. Ela é composta de sentimentos, sensações, emoções e acordos que fazemos com nós mesmos, e por isso ela é muito mais poderosa. Pense sobre como você aprendeu a andar de bicicleta. O que nesse processo faz parte da memória explícita e o que faz parte da memória implícita? Quando aprendemos a andar de bicicleta, as instruções, as lembranças de como, onde e quando andamos pela primeira vez compõem nossa memória explícita. Mas só é preciso aprender a andar de bicicleta uma única vez. Depois que você aprende, nunca mais esquece. Em alguma parte do seu cérebro, o resultado do processo de aprender a andar de bicicleta também está registrado. Cada vez que você anda, mesmo que não se lembre de todos os detalhes do processo, a memória aparece e, inconscientemente, assume o controle desse processo. A essa altura, a memória explícita não tem mais importância. Andar se torna um processo involuntário e até inconsciente, ou seja, ele passa a ser coordenado pela memória implícita.

Com o passar dos anos, vamos acumulando lembranças de experiências passadas. Cada vez que essa experiência se repete, reforçamos essa lembrança. Até que elas se tornem parte do conjunto de padrões de pensamento que compõem a ideia central que temos de nós. Com o tempo, nos tornamos um reflexo desses padrões. A partir de então, eles passam a agir sem nossa consciência ou consentimento. Esse tipo de memória, que age sem que percebamos, é a memória implícita. Uma vez que nós tenhamos definido uma ideia sobre nossas capacidades, ela se torna parte da nossa memória implícita e passa a controlar nossos resultados.

A segunda implicação dessas experiências é que de fato somos, em grande parte, o resultado dos acordos implícitos que guardamos na memória. De certa maneira, isso é fácil de entender. Basta lembrar que movimentar a cabeça para cima e para baixo, tanto quanto para os lados, são convenções armazenadas na nossa memória implícita. Para serem compreendidos, esses movimentos requerem a existência de um acordo anterior, que os estabeleça como normas. O segredo e ao mesmo tempo o poder da memória implícita estão no fato de ela arquivar padrões mentais que definem certos tipos de comportamentos. Uma vez que adquirimos esses padrões mentais, passamos a nos comportar de acordo com eles e dificilmente lembramos da sua existência. Da mesma forma como sentamos na bicicleta e saímos andando sem acionar nossa memória explícita, esses padrões mentais nos fazem agir involuntariamente. Por isso confundimos quem somos com esses padrões. Eles assumem nossa identidade e se tornam quem somos. O que isso quer dizer é que somos, basicamente, nossos padrões mentais implícitos. São eles que definem nossa autoimagem.

A terceira implicação dessas experiências, e talvez a mais importante, é a de que, se somos nossa memória implícita e se ela é composta por sentimentos, emoções e acordos acumulados ao longo dos anos, e se somos nós quem construímos essa memória, por consequência construímos a nós mesmos. Isso nos leva a uma conclusão óbvia: se somos nossa própria criação, podemos nos reinventar e nos construir da forma como gostaríamos de ser.

Essas três implicações ajudam a explicar por que, nas últimas décadas, um grande número de psicólogos e estudiosos tem se debruçado de forma cada vez mais intensa sobre o estudo da memória. Aos poucos reconhecemos o poder que a memória implícita, que compõe nossa autoimagem, possui sobre nossa vida. Como escreveu a espanhola Rosa Montero no livro *A louca da casa*: "Nós inventamos nossas lembranças, o que é o mesmo que dizer que inventamos a nós mesmos, porque nossa identidade reside na memória, no relato da nossa biografia". E acrescenta: "Portanto, poderíamos deduzir que os seres humanos são, acima de tudo, romancistas, autores de um romance único cuja escrita dura toda a existência e no qual assumem o papel de protagonistas". O mesmo conceito é defendido por inúmeros teóricos e pensadores, como o renomado cineasta espanhol Luis Buñuel, que se tornou famoso pela sua definição do ser humano: "Somos nossa memória e sem ela não somos ninguém". Quando diz que somos nossa memória, Buñuel fala da memória implícita, que exerce uma forte influência sobre nossas vidas.

OS TRÊS FATORES DA MEMÓRIA

O que determina quem somos? Essa é uma questão fundamental, pois se trata da causa dos resultados que obtemos na vida, isto é, se vivemos nossa genialidade ou se vivemos à margem da verdadeira aventura da vida. Ao compreendermos como é formada a memória implícita e como ela atua sobre nós, temos em mãos a resposta dessa questão. Sabemos que a mente humana está em constante atividade. Ela avalia, critica, elogia, julga, condena e rotula. Como vimos no segundo capítulo, tudo isso acontece num constante diálogo que mantemos com nós mesmos. Mas até onde isso nos afeta? Vamos voltar, outra vez, à questão de Grosjean. O que determinou aquilo no qual ele se transformou: o falso Binjamin Wilkomirski?

Existem apenas três possibilidades reais: a herança genética, o meio no qual ele cresceu ou suas decisões pessoais. Essas são, no fundo, as únicas influências possíveis na constituição da personalidade. Se eu lhe perguntasse qual desses três fatores é o mais influente naquilo que você é, você certamente ficaria em dúvida entre os dois primeiros: a herança genética e a herança cultural. Mas o que a história de Grosjean nos mostra é algo bem diferente e que vem confirmar o que vimos no capítulo dois, sobre autossugestão. Está bastante claro que ele sofreu certa influência genética e que ele foi afetado pelas circunstâncias nas quais foi criado. Mas quem determinou o rumo e a intensidade dessas influências?

Para compreender isso vamos nos aprofundar um pouco mais na história de Grosjean. Até os quatro anos de idade, ele teve uma vida instável. Era levado de um lugar ao outro, e sua mãe o visitava apenas de vez em quando. Até que, certo dia, ela o abandonou de vez e ele foi parar num lar para crianças abandonadas. Ali permaneceu até ser adotado por um casal suíço. Na vida adulta, enfrentou problemas como angústia, ansiedade e depressão. Teve constantes pesadelos e ataques de pânico. Sem uma razão específica e compreensível para esses sintomas, suspeitou que eles fossem uma sequela dos traumas de sua infância. Na medida em que sua suspeita foi sendo alimentada pelo seu pensamento, ele iniciou um processo de catarse. Ele decidiu, por opção, esmiuçar suas memórias em busca daquilo que estava, em sua opinião, causando aqueles sintomas.

No início, suas lembranças eram vagas. Como ele nascera em 1941, sua infância estava relacionada aos eventos da Segunda Guerra Mundial. Tudo que ele lia sobre os anos em que ele tinha sido levado de um canto a outro até ser adotado estava relacionado à turbulência da guerra. A guerra, por sua vez, estava relacionada aos campos de concentração. Grosjean começou a ler sobre o holocausto. Logo, ele criou uma identificação com o sofrimento dos judeus e presumiu que ele era judeu. Colocou um mezuzá na sua casa e adotou outros costumes judaicos.

Aos 38 anos, conheceu um psicólogo israelense que residia em Zurique. Os dois se tornaram amigos e juntos tentaram desvendar os anos perdidos na memória de Grosjean. O dia decisivo aconteceu numa viagem que ele, seus pais adotivos e um grupo de amigos fizeram às ruínas do campo de concentração de Majdanek. Assim que chegaram ao campo, Grosjean começou a chorar:

– Esse era meu lar!, ele disse. – Aqui eles colocavam as crianças à espera.

Quando retornou, começou um tratamento com uma psicanalista. Ela analisou os sonhos de Grosjean e passou a usar técnicas terapêuticas não verbais, como desenho e escrita. A psicóloga sugeriu que, como um exercício terapêutico, Grosjean mantivesse um diário onde escrevesse tudo de que se lembrasse. Na medida em que ele foi escrevendo, as memórias resgatadas foram reaparecendo. Mesmo irreais, elas assumiram um papel real na imaginação de Grosjean. E cada dia ele acrescentava detalhes ao que supunha serem suas lembranças ocultas da infância, fazendo com que elas se tornassem cada vez mais consistentes e claras.

O que a história de Grosjean nos mostra? O que ela nos revela é que, não importa o grau da influência genética e do meio no qual crescemos, temos a opção de nos transformar, deliberadamente, naquilo que desejamos. E, se temos essa opção, não somos resultado da herança genética e cultural, pois se nos tornamos o resultado dessas influências é porque, voluntária ou involuntariamente, o permitimos. A herança genética e cultural talvez tenha influenciado a pessoa em quem Grosjean se transformou. Porém, foi através da sua atitude mental que ele se transformou em Binjamin Wilkomirski.

Percebo que costumamos ser cautelosos com esse tipo de afirmação, e por bons motivos. Afirmar que não somos um produto da genética e do meio joga toda a responsabilidade sobre nós. E não queremos assumir esse compromisso. Mas a verdade exposta em todas as histórias de sucesso é essa: a herança genética não determina nosso comportamento. Talvez ela seja o ponto de partida na composição da nossa personalidade e, como tal, nos dê uma inclinação para determinadas direções. Mas ela não é um fator determinante. O mesmo ocorre com nossa herança cultural. Ao longo da vida, e principalmente nos primeiros anos, sofremos influência do meio que nos cerca. A influência da herança cultural se soma à de nossa herança genética e, juntas, compõem boa parte da nossa personalidade. Esse conjunto, porém, não define necessariamente o que somos.

Não estou dizendo, portanto, que a herança genética e cultural não são dois estágios importantes na composição da nossa personalidade. Isso é inquestionável. O que estou dizendo é que há um terceiro estágio: o da consciência. Esse estágio nos dá a capacidade de assumir o controle sobre nossa genética e nossa herança cultural e modificar, deliberadamente, quem somos. É nesse estágio que se encontra nossa liberdade: a de escolher que respostas nós daremos às circunstâncias apresentadas pela nossa herança genética e cultural.

Joseph LeDoux, renomado cientista do departamento de neurociência da Universidade de Nova York, coloca isso da seguinte maneira: "Mesmo que o rato, por natureza, tenha medo de gatos, ele viverá mais tempo se aprender onde, em seu mundo particular, há maior probabilidade de encontrar gatos, e qual ruído ou cheiro identifica sua presença". E acrescenta: "O rato que tiver esse tipo de informação estocada em sua mente estará em muito melhor situação do que outro que não a tenha".

Essa informação, a que LeDoux se refere, estocada em nossa mente pode ser adquirida por escolha voluntária. Ela não depende de genes nem de cultura. Dessa forma, o que você é, como você pensa, sente e faz são fatores determinados pelos padrões mentais que você tem estocados em sua mente, que, repito, podem ser influenciados pela genética e pela herança cultural, mas que são determinados pelas suas escolhas. Nossa liberdade e, portanto, responsabilidade consiste em mudar esses padrões mentais de acordo com os nossos desejos.

Pense outra vez sobre a experiência dos fones de ouvido. Vimos que a reação dos estudantes foi drasticamente influenciada pelos movimentos que eles faziam com a cabeça, e que essa influência foi resultado das convenções preestabelecidas que eles tinham sobre esses movimentos. Isso nos coloca diante de uma questão: em que circunstâncias esses movimentos não teriam poder de influência sobre os estudantes? A resposta é bastante simples: primeiro, bastaria que eles não tivessem conhecimento implícito do que esses movimentos significam. Se, por exemplo, eles não soubessem que movimentar a cabeça para os lados significa um sinal de negação, não haveria probabilidade de o movimento influenciá-los. Segundo, bastaria que eles tivessem a consciência clara do que estavam fazendo. Se no início da experiência os pesquisadores tivessem dito aos estudantes que eles queriam verificar se os movimentos influenciariam a opinião deles sobre o preço da mensalidade, essa influência se dissiparia. Bastaria que eles compreendessem a situação para que a memória implícita perdesse seu poder sobre eles. É essa condição que nos interessa mais, pois é ela que representa o estágio da consciência. Ela contém um segredo que pode abrir possibilidades de mudanças radicais na nossa vida.

O PODER DA AUTOSSUGESTÃO

A história de Bruno Grosjean mostra claramente o quanto nossa memória é influenciável pela sugestão. Grosjean não tinha uma intenção premeditada de se beneficiar de uma mentira, tendo sido ele próprio enganado. Nós fazemos isso o tempo todo. Pense sobre suas limitações mais evidentes. Até onde elas são reais? Suponha, por exemplo, que você não acredita ser uma pessoa inteligente. Qual é o seu argumento para explicar essa convicção? Certamente você dirá que percebe isso pelos resultados práticos que obtém na vida. Mas será que esses resultados não são limitados pela escolha que você fez de firmar um acordo consigo mesmo de que não é muito inteligente? É por meio da autossugestão que dizemos a nós mesmos se somos capazes ou incapazes de desenvolver nossa genialidade e criar a vida que queremos.

Renée Fleming é uma das sopranos mais celebradas do mundo. Não muito tempo atrás, ela fazia uma temporada no teatro Lyric Opera, de Chicago, no estado de Illinois. O espetáculo era a peça *As bodas de Fígaro*, uma das obras-primas de Mozart. Como sempre, o teatro estava lotado. Para Renée, essa seria, porém, apenas mais uma noite no seu currículo de sucessos. Numa parte da peça, Renée cantava a ária *Dove sono*, no papel da Condessa Almaviva. A *performance*, como sempre, foi perfeita.

Quando se aproximou da parte mais difícil da ária, Renée sentiu uma vaga e repentina insegurança. Era um sentimento estranho que, em toda a sua carreira, ela nunca havia sentido. Era como se alguém a avisasse para tomar cuidado: talvez não conseguisse manter o tom certo. "Essa ideia me apanhou de surpresa", ela escreveu mais tarde. "Essa parte nunca foi a mais fácil. Mas era, com certeza, a parte com a qual eu tinha mais experiência. Eu a havia praticado durante anos. Não havia motivo para sentir essa insegurança", ela conta. *Dove sono* fazia parte do seu primeiro álbum, lançado dez anos antes. Era o símbolo da sua carreira.

Mesmo assim, ali estava ela: uma das sopranos mais importantes e celebradas do mundo, suando no palco por um motivo muito estranho: medo. Depois daquela noite, as coisas pioraram. Ela não conseguiu mais se livrar da ideia de que, a qualquer momento, sua voz poderia falhar, ela poderia errar o tom e transformar-se num fiasco no palco. As pessoas pagavam pequenas fortunas para vê-la. Ela não poderia correr esse risco. A tensão foi crescendo. Cada apresentação tornou-se uma tortura. Sentimentos como ansiedade, nervosismo e insegurança, dos quais ela havia se livrado anos antes, agora ressurgiam. "Estava sendo dominada por uma voz negativa", ela escreveu no seu livro de memórias. "Um sussurro constante me dizendo para não fazer isso ou aquilo. Sua respiração está ofegante... o palato está baixo... sua língua está pesada... seus ombros estão tensos". Com sérias dificuldades para se libertar desses pensamentos, Renée cogitou seriamente desistir da carreira.

De onde vem esse tipo de pensamento que abalou a autoconfiança da experiente e talentosa Renée Fleming já na fase madura de sua carreira? Em tudo o que fazemos sempre há a possibilidade de falhar. No caso de Renée, não há dúvidas de que realmente havia uma possibilidade de sua voz falhar. Isso acontece na hora do jogador de futebol bater o pênalti decisivo, quando você decide convidar aquela pessoa especial para jantar, pedir um aumento ao chefe ou, simplesmente, ao apresentar um trabalho de colégio para seus colegas de classe. Todos nós já vivenciamos situações assim. Nossa mente, na melhor das intenções, sempre tenta nos alertar desses perigos. Refiro-me a uma espécie de reflexo, uma habilidade fisiológica natural que é fundamental para nossa sobrevivência e da qual mal temos consciência. Como, no entanto, decidimos se esse tipo de alerta nos intimida e prejudica ou nos beneficia?

A resposta é simples e direta: depende da maneira como escolhemos nos relacionar com ela. Quando a razão, por meio do nosso monólogo interior, tenta nos convencer de que nosso desejo é impossível, de que não temos a capacidade necessária, precisamos assimilar a informação, abandoná-la e nos apegar à fé. Não à fé num sentido religioso, como uma escolha racional, mas num sentido bem restrito, pois a fé dá vida a tudo aquilo em que decidimos acreditar. Como é difícil ter certeza de algo que já não é uma convicção apenas por meio do nosso monólogo interior, investimos em nossa fé para criar acordos pessoais. Nós decidimos o que faz sentido ou não, com base nas convicções que já possuímos. Quando aceitamos determinado pensamento através da autossugestão, é como se firmássemos um acordo com nós mesmos sobre esse pensamento. Uma vez que um acordo é estabelecido, passamos a aceitá-lo sem dúvidas ou restrições, e ele se torna parte de quem somos.

O oposto também acontece. Se não concordarmos com determinada ideia, aos poucos a deixaremos de lado e nada acontecerá. A fé para dar vida àquela ideia não estará lá. Em seguida nós a excluiremos da memória. Essa assimilação, ou percepção, é uma escolha racional que fazemos.

Com fé e consciência, temos o poder de desenvolver nossa capacidade mental. E esse poder é ilimitado. Cada um de nós tem o impulso natural de crescer e se desenvolver de acordo com seus desejos, e não há limites para as possibilidades desse crescimento. Mas nossa tendência de criar razões para justificar nossas impossibilidades – e reforçá-las através da autossugestão – desvia nossa atenção desse poder, anula nossa autoconfiança e cria limites estreitos. Como não há limites para nossa capacidade, nós os criamos por meio da fé.

Como vimos no capítulo anterior, uma vez que tenhamos chegado a uma opinião, mesmo com evidências fracas ou falsas, teremos dificuldade de interpretar as informações subsequentes que contradigam essa opinião, ainda que essa nova informação seja obviamente mais acurada. Tratamos nossas opiniões como posses. É duro abrir mão delas. Uma vez que as consideremos nossas, passamos a agir de maneira a sustentá-las. Arranjamos justificativas e explicações para defendê-las. Nesse caso, desafiar nossas opiniões é ameaçar nossa autoimagem, pois passamos a desafiar quem pensamos ser e, mesmo que isso nos custe a honra, a dignidade ou a felicidade, nós preferimos mantê-las.

Tudo isso nos coloca diante de uma questão crucial: como agir adequadamente apesar da nossa autoimagem atual? Não há uma maneira mágica, como alguns pretendem, de invadir nossa memória, analisar seu conteúdo e, através de uma catarse, regressão ou terapia, eliminar esse conteúdo. Foi isso que Grosjean fez, e vimos o resultado. Como sabemos, não podemos nem mesmo confiar na memória porque não temos certeza do que é real e o que é fruto da nossa criação. O que fazer então? Será que temos alguma saída?

Sim. Para entender nossas alternativas, é importante fazer uma rápida síntese dos dois capítulos anteriores. Vimos que toda história de sucesso começa com um desejo ardente que se transforma numa ideia. Essa ideia, por sua vez, é transformada num propósito definido, que é acompanhado de uma ação incansável até que se transforme em realidade. Perceba que todos os passos desse processo se originam e acontecem no nosso cérebro, pelo pensamento.

O método é mais simples do que parece. Pense na história de Jessica Simpson. Como ela descobriu as deficiências na sua voz e na sua maneira de se conectar com o público quando estava no palco? Como ela as corrigiu? Definindo o propósito de se tornar uma cantora de sucesso. O mesmo se passou com Philippe Petit e George W. Bush. A saída, então, é definir um propósito claro e específico para sua vida. Essa é a única forma possível de desafiar e alterar a autoimagem.

Por que o propósito definido é tão importante? Estabelecendo um propósito definido, nos expomos a situações novas e, certamente, desafiadoras. Fazendo isso, exigimos uma reação da nossa autoimagem. Se, por exemplo, você pensa que não tem a inteligência necessária para realizar seu desejo, essa é sua situação atual. Ao transformar esse desejo num propósito definido, você irá estabelecer limites além dessa situação atual. Na medida em que você age na busca da realização desses propósitos, necessariamente irá sair da sua situação atual, rompendo com sua autoimagem.

Quando Philippe Petit decidiu que andaria sobre um cabo de aço estendido entre o topo das duas torres do World Trade Center, a meio quilômetro de altura, ele não estava em condições de fazê-lo. Ele precisou agir na fé. Ele levou oito anos para adquirir o conhecimento, a técnica e a prática necessária para adaptar sua autoimagem, até que a tornou maior do que o seu próprio propósito.

Nossa reação diante das experiências é causada pela nossa autoimagem. Quando, ao ir pela primeira vez ao topo do World Trade Center, a autossugestão disse a Philippe Petit que seu sonho era impossível, sua autoimagem assumiu o comando e provocou uma reação. Qual foi essa reação? Veja a resposta nas palavras do próprio Philippe:

– De repente, aquela soma de altitude e isolamento me encheu com um arrogante senso de posse. Apesar de tudo, pensei, o céu é o meu domínio, ele diz. – Algo dentro de mim dizia: sei que é impossível, mas também sei que vou fazê-lo.

Claro. Ele já havia rompido outras barreiras que também pareciam impossíveis, como as torres da Catedral de Notre Dame e a ponte de Sydney. Sua autoimagem já era maior do que seu próprio propósito. Sua reação diante do novo já estava dominada. Suas convicções já estavam rompidas.

Nossa autoimagem é feita de convicções. Toda convicção, quanto confrontada, cria resistência. Para detectar suas convicções, atente para a resistência que você sente diante de um fato, ideia ou situação. Ter consciência dos nossos padrões condicionados é perceber a resistência que eles causam. Essa resistência se manifesta em ações típicas como julgar, criticar, culpar, condenar, avaliar ou comparar. Alguém ameaça um padrão mental e você ataca verbalmente essa pessoa, se defendendo, ou deixa que uma emoção negativa o afete. Ambas as atitudes são uma forma de resistência. Fomos treinados a agir dessa forma e acreditamos que isso é normal, mas não é. Essas reações são uma forma de resistência causada por ameaças ao nosso sistema de padrões mentais.

É sobre nossa reação ao novo que podemos agir e, por consequência, alterar nossos padrões mentais. Essa é a única forma de mudança possível. Esse tipo de interação funciona o tempo todo, esteja você no comando, como no caso de Philippe Petit, ou não, como no caso de Grosjean. Perceba que Grosjean também tinha um desejo ardente: descobrir quem ele era. Na busca desse desejo encontrou uma ideia: a de que era judeu. Por meio da fé transformou essa ideia numa convicção, que passou a fazer parte da sua memória implícita, confundindo-se com sua identidade.

E se você realmente possui limitações intelectuais? Seria possível alterar nossa composição cerebral? Para responder a essa questão, vamos analisar uma experiência muito interessante. Num estudo recente, cientistas queriam constatar se, após certa idade, a estrutura cerebral ainda se alterava. Ao escanear[1] o cérebro de pessoas com sindactilia cutânea, uma anomalia que faz com que com dois dedos nasçam colados, os cientistas descobriram que essas pessoas possuíam uma única área no cérebro responsável pela coordenação motora dos dois dedos. Por meio de uma cirurgia, eles corrigiram a anomalia, separando os dedos, e viram que os pacientes passaram a usar os dedos, antes juntos, de forma isolada. Semanas depois, ao escanear o cérebro deles outra vez, os cientistas constataram que o cérebro agora tinha uma área responsável para cada dedo. O cérebro havia se reestruturado para atender às novas demandas da mão.

Esse mesmo processo se repete quando você exige do cérebro níveis mais elevados de inteligência. É importante, porém, saber que esses fenômenos não ocorrem como consequência de um simples desejo. É preciso que haja um

---

1 Esse tipo de escaneamento do cérebro é feito com um aparelho de ressonância magnética funcional por imagem, conhecido como FMRI.

processo de contínua e intensa ação desenvolvido na busca da realização desse desejo. Por isso é fundamental que você siga todos os passos descritos neste livro. Para segui-los, primeiro você precisa de uma compreensão completa de todos os processos. Em seguida, precisa passar a colocá-los em prática. Os resultados serão inevitáveis.

Observar nossas resistências não é fácil, e há um motivo para isso: temos que usar o mesmo sistema que criou os padrões, a autossugestão, para alterá-los. Esse é o paradoxo que torna o autoconhecimento tão difícil. Embora sejamos condicionados pelo nosso pensamento, somente o pensamento pode perceber nosso condicionamento e libertar-nos dele.

CAPÍTULO 5

Desenvolva sua paixão

Descansar? Descansar de quê?
Eu, quando quero descansar, viajo e toco piano.
ARTHUR RUBISTEIN

A VOLTA DA FRANÇA É UMA COMPETIÇÃO DE ciclismo realizada todos os anos, desde 1903, durante o verão europeu. O percurso, que representa uma volta em torno do território da França, tem cerca de 3 mil quilômetros. A prova dura três semanas, e o roteiro é dificultado ao extremo para testar a composição física dos atletas. A rota, que corta os Alpes e os Pirineus, é irregular e montanhosa, exigindo que os ciclistas, nos principais dias da prova, consumam até 10 mil calorias diárias. Analistas gostam de dizer que participar da Volta da França é como correr vinte maratonas em vinte dias corridos.

Imagine o seguinte cenário: um ciclista de desempenho razoável aos 25 anos de idade é diagnosticado com câncer testicular. Numa análise mais meticulosa descobre que o câncer maligno já se espalhou, propagando-se principalmente num dos pulmões e no cérebro, e que o tratamento exigirá intensa quimioterapia. Pensando de uma forma racional, qual a chance que esse ciclista teria de algum dia vencer a Volta da França? Em 1996, pouco antes de completar 25 anos, o ciclista americano Lance Armstrong recebeu a notícia de que estava com câncer. O diagnóstico mostrou que a situação era grave: o tumor já havia se alojado nos pulmões e no cérebro. Nos meses seguintes, ele sofreu cirurgias no cérebro, no pulmão e nos testículos. Durante semanas, ficou entre a vida e a morte.

Três anos depois, em 1999, Lance venceu a sua primeira Volta da França. Façanha que ele repetiu também nos seis anos seguintes, tornando-se o único ciclista, durante os cem anos do evento, a vencer a prova sete vezes seguidas. Qual é o segredo de Lance Armstrong?

TALENTO

Como pessoas, como Lance Armstrong, conseguem isso? Como explicar a incrível capacidade de alguns poucos de superar os obstáculos mais adversos diante da incapacidade generalizada da maioria de superar os desafios corriqueiros da vida? A explicação mais simples é a de que a forma como a maioria das pessoas encara a vida é errada. Adolescentes aprendem que, para alcançar sucesso na vida, devem fazer muito dinheiro. E dinheiro se obtém com trabalho. A partir dessa concepção, o fundamento sobre o qual estruturamos nossa vida é nossa relação profissional. É dela que resulta o resto. Como escolhemos nossa profissão? Geralmente, tomamos essa decisão sobre três premissas equivocadas: primeiro, olhamos em torno, vemos o que parece ser uma profissão rentável e segura. Segundo, acreditamos que podemos nos tornar bons o suficiente para obter um bom desempenho em quase tudo. Por último, pensamos que o problema que nos impede de crescer está nos nossos pontos fracos e que para atingir o sucesso precisamos focar neles e corrigi-los.

Ficamos tão absorvidos pelos detalhes dessas três premissas que esquecemos o que temos de mais valioso: nossos pontos fortes. Quanto mais tempo demoramos para escolher nossa profissão, maiores são as chances de irmos na direção errada. Quando você tenta encontrar seu rumo se guiando pela vida de outras pessoas, passa a não saber quem você é. Essa é a distinção básica das pessoas de sucesso: elas definem sua carreira a partir da atividade na qual está seu talento, depois definem um propósito a respeito desse talento. Esse processo, embora seja uma escolha lógica, não é uma atividade racional. Ao contrário, é muito mais impulsivo e passional.

Lance venceu a Volta da França sete vezes porque escolheu um propósito definido, colocou toda a sua vontade e empenho para atingir esse propósito. Ele não venceu por acaso, nem tampouco disse para si: "Vou tentar. Se não vencer, ninguém vai me condenar. Afinal, acabei de escapar da morte numa circunstância que poucos conseguem!" Isso seria racional. Mas não há nada de racional no rumo que Lance deu à sua vida. Mesmo durante o tratamento, ele não abriu mão do seu propósito. Pálido, magro, sem cabelos, sempre que podia chamava um ou dois amigos, subia na bicicleta e andava até quase cair, voltando escoltado por eles e mal parando em pé. Você não age dessa forma por força de vontade ou disciplina. Isso só é possível quando se tem paixão autêntica por aquilo que se faz.

Para qualquer pessoa, Lance pode parecer um louco, mas não para si e seus amigos mais próximos. Estes conheciam a paixão que ele tinha pelo ciclismo. Não havia loucura em suas atitudes, apenas paixão. Essa paixão o transformou num vencedor muito antes de ganhar sua primeira competição. Então, qual o segredo que distingue Lance Armstrong da massa? Como todas as pessoas que conseguiram riqueza, ele encontrou um meio de cultivar o seu talento, descobrir sua paixão e transformá-la num propósito definido. Sua paixão era o o ciclismo, seu propósito era a Volta da França. Ele desenvolveu seu talento de maneira paciente, prática e confiante. Refinou-o, aperfeiçou-o e manteve-se fiel a ele mesmo depois de quase morrer por causa de um câncer. Seu foco é a única causa do seu sucesso e, segundo ele conta, também a causa da sua felicidade. Ele praticamente não venceu outras competições. Nunca venceu uma olímpiada. Mas ganhou sete vezes a Volta da França.

Lógico que dizer que os resultados de Lance são uma consequência da sua paixão seria simplista e redutivo. Mas a sua paixão definiu o modo como ele encarou o risco, como se conectou com a sua equipe e as outras pessoas, como fez suas escolhas e tomou suas decisões, como ele se satisfez com o seu trabalho. Ele não deixou nada disso por conta do acaso. Tudo fez parte de um sistema planejado, de um padrão singular que ele criou para desenvolver seu talento. O que o tornou especial foi a forma como criou esse sistema. Primeiro, Armstrong olhou para dentro de si e teve a sensibilidade de perceber seu talento. Essa sensibilidade, em contato com o talento, revelou-lhe sua paixão. Muitos de nós falhamos ao ignorar esse ponto básico. Uma vez tendo percebido seu talento, ele não deu ouvidos a outras pessoas. Ao contrário: estreitou laços e relações com quem acreditava nas mesmas coisas que ele, reforçando seu estímulo pelo esporte. Isso entrelaçou seu talento e sua paixão com conhecimento, prática e técnica, transformando-o no impressionante atleta que se revelou nas pistas.

Por fim, Lance Armstrong é importante aqui não só pelas suas extraordinárias conquistas, mas porque entendeu uma coisa que pode servir de guia prático para todos nós. Os grandes vencedores não nascem feitos, eles se constroem passo a passo. O problema, porém, está no fato de que raramente vemos esse processo de construção. Quando nos deparamos com um vencedor, experimentamos o poder desse processo já no seu estado de perfeição. Esse poder nos intimida e nos faz sentir distantes dele. Entretanto, olhe para sua infância, tente identificar aquilo que você mais gostava, reviva aquela atividade especial, aquela tarefa que fazia você se perder no tempo, isole-a na memória e imagine-se, ao longo dos anos, reforçando-a com acúmulo de conhecimento e técnica. Acrescente oito ou dez anos de prática intensa e responda: se você tivesse feito isso na sua vida, apenas isso, como estaria hoje? Para mudar nossos resultados temos que mudar nossas suposições sobre nossa relação profissional. Temos que nos libertar do plano tradicional de comparações e adotar um plano criativo. Aquilo que representa uma carreira de sucesso para um pode não representar o mesmo para o outro.

Depois disso, temos que entender que corrigir nossas fraquezas jamais nos levará a um desempenho extraordinário. O sucesso está na busca da atividade para a qual temos talento especial e desenvolvê-la ao extremo por meio da busca de conhecimento, técnica e prática. Pense, por exemplo, sobre a seguinte questão: será que Mozart, por mais que tivesse se esforçado e se dedicado à prática de ciclismo, teria se tornado um ciclista genial como Lance?

E se Lance tivesse se dedicado à música, será que teria se tornado um músico com o mesmo nível de desempenho que atingiu no ciclismo?

Primeiro, para que uma atividade seja o seu talento natural, você deve ter uma curiosidade instintiva sobre ela. Você só tem curiosidade genuína sobre áreas do conhecimento onde há uma codificação genética estimulando esse interesse. Não há como ter enorme curiosidade sobre o sítio arqueológico do Castelo de Silves se você não tiver talento para arqueologia ou história. Se você não possui uma inclinação natural para arqueologia, é pouco provável que se aventure numa expedição para escavar o solo em busca de artefatos, construções ou evidências de atividades humanas ocorridas há milênios. Nem tampouco veria sentido em dedicar anos à observação e ao estudo para determinar a idade de um pedacinho de carvão vegetal, elaborar provas científicas sobre os dados coletados e publicá-los em revistas que pouquíssimas pessoas leem. No entanto, existem pessoas que doam sua vida a essa atividade. Elas possuem verdadeira paixão por ela. Elas nasceram com talento para esse tipo de atividade. A curiosidade é um dos elementos mais importantes na busca do conhecimento. Não há nada que estimule mais a criatividade do que a curiosidade.

Segundo, você deve ser capaz de executar de forma consistente e ininterrupta. Por exemplo: se você quer vender seu carro, pode se dedicar com extremo empenho, encontrar um comprador perfeito e fazer uma venda extraordinária. Mas isso não significa que você tenha talento para vender, a menos que você queira vender muitos carros e coisas.

Por último, você precisa querer evoluir no desempenho desse talento. As pessoas que atuam na área do seu talento são impulsionadas pela busca constante de progredir em sua atividade. Muitas vezes, a maestria chega somente após longos anos de esforço. Esse ponto é muito importante. Há uma grande diferença entre fazer algo que é agradável e fazer algo porque, por meio da prática constante, aprendemos a executá-lo bem, com esforço deliberado no sentido de evoluir até atingir o nível máximo de perfeição.

Pessoas que alcançam suas riquezas descobrem seu talento e estabelecem um propósito que desenvolve esse talento. Elas descobrem sua paixão e fazem aquilo pelo qual sentem curiosidade e estímulo naturais. Geralmente fazemos o contrário. Por meio da razão, caímos num sistema comparativo, onde olhamos em torno, observamos o que as outras pessoas fazem e seguimos o exemplo delas. Pessoas de sucesso seguem um caminho inverso: elas estabelecem seu propósito sobre seu ponto forte e conduzem a vida por um sistema criativo.

TODOS POSSUEM UM TALENTO?

Há séculos entendemos o talento a partir de uma convicção única: um misterioso fenômeno que privilegia uns poucos, elevando-os ao topo, e que os distingue da massa. Os que estão no topo foram os escolhidos pela sorte ou pelos deuses. De acordo com essa teoria, uma minoria privilegiada é constituída de seres especiais, que não dependem de qualquer circunstância. Seu desempenho é o resultado mágico de fatores incompreensíveis e fora do nosso alcance. Visto sob esse filtro, pouco resta para nós, a não ser contar com a sorte. Mas isso não é verdade.

Em um de seus livros, Wallace Wattles relata que certa vez encontrou um menino sentado diante de um piano. O menino estava angustiado, tentando, em vão, criar harmonia com as notas. Wallace, ao perceber que o garoto estava contrariado pela sua inabilidade de tocar, perguntou a causa da sua frustração.

– Eu posso sentir a música em mim, mas não consigo fazer minhas mãos tocarem a nota certa, o menino respondeu.

A música que o menino sentia em si é o talento exigindo sua reverência. Todas as energias vitais têm essa força. A incapacidade de tocar piano não nega o talento; pelo contrário, revela sua existência. O processo da construção do sucesso se resume a aperfeiçoar esse talento com a busca de conhecimentos específicos, técnica e muita prática. Não há nada mais seguro na vida do que o sucesso se você for capaz de descobrir seu talento e desenvolvê-lo com conhecimento, técnica e prática. Descobrir nosso talento significa ter a sensibilidade necessária para detectar essa aptidão ou capacidade natural que o menino sentiu diante do piano. Todos temos um ponto forte, uma área onde sentimos facilidade maior para aprender. O que cria em nós essa aptidão natural especial? Ela é um resultado das conexões em nosso cérebro. Vamos examinar isso melhor.

Você já se perguntou por que pessoas que aprendem uma segunda língua, depois de certa idade, ficam com um sotaque carregado, enquanto que uma criança, que aprende duas línguas ao mesmo tempo, raramente fica com sotaque? Distintas áreas do cérebro têm diferentes períodos críticos nos quais essa área se desenvolve. Um período crítico é um espaço de tempo na nossa infância durante o qual desenvolvemos a base da estrutura sináptica do nosso cérebro. Nesse período, o cérebro intensifica a formação sináptica de certas áreas, que se tornam extremamente sensíveis para a aprendizagem, tornando-a rápida e intensa. No caso da linguagem, o período crítico começa na infância e se reduz a partir dos oito anos até o fim da puberdade. Após essa idade, o período crítico da linguagem se fecha. A partir de então, a habilidade para aprender uma segunda língua se reduz, e aprendê-la sem sotaque é difícil. Por quê? Se você aprende uma segunda língua em idade adulta, como o período crítico já se fechou, esse aprendizado não é mais processado na mesma área onde foi processada a língua materna. O cérebro irá utilizar outra área, que pode ser chamada de secundária, para processar esse conhecimento. Quando uma criança, durante a infância, aprende duas línguas ao mesmo tempo, o cérebro processa as duas línguas na mesma área, por isso o sotaque, se existir, é quase imperceptível.

O que isso nos diz em relação ao talento? Assim como temos um período para aprender a falar uma língua sem que o cérebro ofereça resistência, também temos uma aptidão natural para executar determinada atividade. O cérebro terá uma resistência muito menor em aprendê-la.

Existe uma constante disputa de espaço em nosso cérebro. Quando paramos de praticar determinada atividade, não nos esquecemos como fazê-la. Mas com o desuso, o cérebro ignora essas conexões e se ocupa em reforçar as áreas das atividades que estamos exercendo. Se você tocava violão na sua infância, por exemplo, ao retomar essa atividade anos depois, embora conheça as noções, verá que seus dedos estão duros e a velocidade dos movimentos caiu porque as conexões cerebrais dessa área diminuíram. Com a prática, você irá reaprender. No entanto, isto quer dizer que o talento lhe dá a habilidade;

a paixão fornece a energia; e a prática transforma a habilidade e a energia em resultados.

Nosso talento é permanente e único. Dizer que o talento é resultado da nossa constituição sináptica não é o mesmo que dizer que algumas pessoas nascem com talento e outras não. Seres humanos, desde o seu nascimento, são imersos num mundo complexo, variado e imprevisível. Você não pode produzir determinado talento em determinada pessoa provocando estímulos. Dizer que todos nós temos um talento, porém, não é dizer que todos nós temos o mesmo potencial. Temos, na verdade, a mesma capacidade para desenvolver nosso potencial, seja ele qual for. A genialidade não é medida por meio do impacto de nossos resultados externos e sim através do nosso estado de espírito, ou seja, a genialidade não está relacionada aos resultados produzidos pelo seu talento, ela está relacionada com a intensidade com que você o desenvolve, seja ele do tamanho que for.

COMO DESCOBRIR NOSSO TALENTO

"Ser o que somos e nos tornarmos o que somos capazes de nos tornar é o único objetivo da vida", escreveu o filósofo Baruch Spinoza. Todas as pessoas anseiam por prestígio. Nosso grande erro está em não perceber que nem todas as pessoas anseiam pelo mesmo tipo de prestígio. Só esperamos reconhecimento verdadeiro naquilo em que somos bons, naquilo que sabemos fazer melhor. Imagine que você possa se conectar a uma máquina mágica e que esta lhe proporciona todos os sentimentos positivos que você quiser, sem que haja qualquer efeito colateral. Entretanto, há um limite de três emoções à sua escolha. Que tipo de emoções escolheria? Se você é como a maioria das pessoas, é provável que escolhesse alegria, paixão e entusiasmo pela vida. Afinal, que outros sentimentos poderia querer? A questão é que não queremos esses sentimentos dados por uma máquina. Queremos obtê-los de forma natural. Por isso, atalhos como drogas, festas, comida e compras não passam de escapes temporários. Essas atividades não preenchem o vazio que existe em nós. Essa é a razão pela qual existem tantas pessoas ricas e famosas com uma tormentosa carência espiritual. Queremos sentir essas emoções, mas queremos ser dignos delas. Só há uma forma de dar sentido à nossa vida: por meio do exercício do nosso potencial.

Fomos ensinados a funcionar dentro de um padrão, a adaptar tudo a uma fórmula. Por isso a tendência natural é que tentemos buscar uma fórmula para descobrir nosso talento. O propósito é outro. Para fugir dessa espiral de negatividade a que estamos amarrados, precisamos mudar nossos pensamentos. Comece com as ideias certas, e tudo que derivar delas se ampliará. O talento é aquilo que há de mais profundo em nossa personalidade. Se nos empenharmos numa busca interior, não há como nos confundirmos. Lógico que cada um de nós gostaria de ser o melhor em algo, mas poucos percebem com clareza aquilo no qual têm o potencial de ser o melhor. Isso é o que separa as pessoas que alcançam o sucesso das demais. Talento não é o mesmo que competência. Você pode ser competente em alguma atividade, mas não ter talento. Ou seja: você não é geneticamente codificado para aquilo. Seres humanos são flexíveis e podem tornar-se competentes em praticamente qualquer atividade. Mas você precisa ser geneticamente codificado para se tornar genial. Talento é a capacidade que você tem de fazer uma coisa com uma facilidade natural superior à das demais pessoas. O que é isso? Pense sobre sua infância: o que lhe aprazia fazer? De que brinquedos gostava sem estímulo externo, por puro impulso? Talento, portanto, precisa ser percebido. Tente, em meio à confusão criada pelo sistema de pensamento convencional, perceber a chama que arde em você. Faça disso uma missão, sinta.

Um sistema que nos ajuda é distinguir as atividades profissionais em três categorias: emprego, carreira e vocação. Quando você tem um emprego, trabalha pelo salário, desenvolve uma atividade pelo dinheiro. Segunda-feira é um peso. Sexta-feira, um alívio. O tempo se arrasta e você não vê a hora de chegar à noite ou os finais de semana para se divertir, ter prazer, viver a vida. Carreira é um emprego com metas, objetivos e propósito. O trabalho ainda é motivado pela remuneração, mas outros fatores como ambição, *status* e poder também estimulam. A vida é estressante, mas tem um senso de importância que vai além do que seria simplesmente um emprego. Vocação, ao contrário, é atender a um chamado interior, é descobrir e desenvolver seus pontos fortes. A atividade desenvolvida é motivada por um instinto natural de curiosidade. Uma vez que você descubre essa atividade, ela se torna, de forma espontânea, o centro da sua atenção em todos os momentos da sua vida. Ela se mescla com sua vida. Ela se torna a vida. Ela se move com você, não de maneira obcecada, mas natural. Sua atividade flui naturalmente. Não há mais distinção entre viver, descansar e trabalhar.

A principal diferença entre uma carreira e uma vocação é que, numa carreira, você tem um rumo e o segue, mas não consegue mudá-lo. Para criar seu próprio rumo você precisa atuar sobre seu talento. Uma pessoa pode tornar-se competente em quase tudo, mas ela não pode se tornar genial fora da área onde está seu talento natural. Ninguém consegue atingir a genialidade num emprego ou numa carreira. Você só desenvolve a sua genialidade quando foca no seu talento, na sua vocação natural. É ali que está o seu potencial. Lógico que, no início, parece mais fácil optar por um emprego ou por uma carreira. É possível ter um emprego ou uma carreira medíocre. Mas não é possível ser medíocre quando se atua sobre o talento natural. Quando você descobre o trilho do seu talento e o segue, uma força interna passa a conduzi-lo. Descubra qual é essa força e você saberá qual é o seu talento.

O HOMEM FUNCIONAL

Desde os gregos antigos fomos orientados a tomar nossas decisões e a fazer nossas escolhas usando a razão. Ser racional, geralmente, significa analisar de forma deliberada os prós e os contras e tomar uma decisão a partir dessa análise. Essa ideia levou filósofos como Platão e, posteriormente, Descartes a se tornarem ícones a partir dos quais, durante séculos, construiu-se todo o conhecimento ocidental. A ideia é essa: o que nos separa das demais espécies é nossa racionalidade e, quando agimos de forma irracional, somos semelhantes a animais. Mas até onde essa racionalidade funciona?

Platão imaginava a mente humana como uma charrete puxada por dois cavalos. A razão, dizia o filósofo, precisa segurar as rédeas e conduzir os cavalos, que são nossas paixões. Sempre que nossa paixão quiser andar por conta própria, a razão, com o chicote numa mão e as rédeas na outra, precisa conter os cavalos e retomar o controle. Platão dizia que um cavalo era negro, teimoso, de pescoço duro. Ele representava nossas paixões mais selvagens. O outro era mais manso, representando as paixões boas. Era necessário que a razão mantivesse os dois num único compasso. De acordo com essa teoria, quando a razão e paixão diferem em suas vontades, a razão é a que está correta. Segundo Platão, é a ela que temos que obedecer. "Se a razão conduzir nossas ações, nossa vida será em harmonia e felicidade, e teremos capacidade de nos tornamos mestres de nós mesmos", dizia. Essa ideia é a principal herança de Platão.

A questão é intrigante e tem seu mérito, afinal foi ela que orientou toda a concepção filosófica e científica do ocidente. Porém, se existe dualidade entre razão e emoção e se as duas partes são rivais, como podemos fazer uma escolha? Se razão e emoção estão em constante desacordo, como podemos ser felizes negando uma e afirmando outra? Pense, por exemplo, nas três escolhas que, certamente, são as mais importantes da sua vida: sua profissão, seu cônjuge e se terá filhos ou não. Em qual delas você acredita que podemos ser plenamente felizes se fizermos uma escolha puramente racional? Ao ignorar as emoções, ignoramos uma parte essencial do ser humano. Ao construir o ser humano racional, na verdade construímos o ser humano funcional, que trabalha pelo salário e nega o seu talento, sua paixão.

Em 1996, um médico chamado António Damásio fez uma descoberta que revolucionou a neurociência. Damásio estudou pacientes que, por algum motivo, tinham sofrido lesões na parte do cérebro conhecida como córtex ventromedial. Essa parte do cérebro fica na altura do topo do nariz e é responsável por desempenhar um papel fundamental na tomada de decisões. Ela organiza as informações que recebemos do mundo exterior, atribuindo prioridades e classificando-as de acordo com sua importância. Quando uma pessoa sofre lesões no ventromedial, ela perde a capacidade de sentir emoções, tornando-se completamente racional. Ela mantém sua inteligência e funcionalidade, sem, no entanto, conseguir avaliar a importância que cada informação tem no contexto de seus desejos. Se Platão, Descartes e outros filósofos estivessem certos, pessoas com esse tipo de lesão, sem o impacto produzido pelas emoções, deveriam ter uma facilidade extraordinária de fazer escolhas acuradas. O que Damásio descobriu?

Exatamente o contrário. Essas pessoas, sem a influência das emoções, eram incapazes de fazer as escolhas mais simples, como decidir que roupa usar. Suas vidas eram um caos completo. Uma pessoa puramente racional – livre de qualquer emoção e sentimento – é incapaz de tomar qualquer decisão. Ela passa o dia inteiro avaliando, de maneira infrutífera, as escolhas mais comuns. Damásio sugeriu, por exemplo, duas datas alternativas para o próximo encontro das sessões. Ambas as datas eram para o mês seguinte e com apenas alguns dias de diferença. "O paciente pegou sua agenda e começou a consultar o calendário", conta Damásio. "O comportamento que se seguiu, testemunhado por vários investigadores, é digno de nota. Durante quase meia hora, o paciente enumerou razões a favor e contra cada uma das duas datas: compromissos anteriores, proximidade de outros compromissos, possíveis condições meteorológicas, virtualmente tudo o que se possa pensar a respeito de uma simples data. Ele nos fez passar por uma cansativa análise de custo e benefício, uma interminável lista de comparações inconclusivas entre as opções e as impossíveis consequências."

Ao olhar para determinada situação, essas pessoas viam uma infinidade de opções, mas não tinham o mínimo de discernimento. Não havia, por exemplo, a distinção entre "o que me satisfaz" e o "que não me satisfaz". Mesmo avaliando todos os prós e contras, faltava-lhes o motivo pelo qual deveriam escolher entre uma coisa e outra. No processo de escolha, as emoções são muito mais importantes do que poderíamos imaginar. Quando olhamos para o mundo à nossa volta, a emoção imediatamente nos diz o que queremos. Cabe a nós usar a razão para conquistar, para desenvolver nossa paixão e fazer bom uso dela. Quando atuamos de maneira puramente racional, nos tornamos muito meticulosos, ansiosos e com uma excessiva preocupação com os resultados, fazendo com que a vida perca a graça e o encanto. Pessoas felizes e que acumulam grandes fortunas seguem suas emoções, os impulsos de seus desejos. O ponto de partida de suas jornadas é a paixão e, ao longo do caminho, elas usam a razão para desenvolver sua paixão. Elas sabem que a paixão é o fogo do desejo que dá o impulso necessário para agir e é a força que mantém a disciplina e o esforço necessário para desenvolver o sonho.

PRÁTICA DELIBERADA

A brasileira Moema Umann é uma atriz e diretora de cinema que reside em Nova York. Tem 29 anos e nasceu em Barra das Garças, Mato Grosso. Aos quatro anos, ficou órfã de pai e mãe. Foi criada por sua avó e suas tias. Não há razões externas, vantagens ocultas ou circunstâncias favoráveis para que Moema tenha se tornado um sucesso. A única razão para o espaço que ela vem conquistando é a sua vontade, seu desejo e sua determinação. Moema, de uma forma extraordinária, vai abrindo caminhos, dia após dia, onde a maioria de nós apenas veria dificuldades.

Ela dá, ainda, uma lição importante: os dons das pessoas que alcançam o sucesso não são aquilo que pensamos. Ela decidiu desde cedo o que queria da vida: ser atriz. Essa era sua paixão. A partir daí, não mediu esforços para realizar esse desejo e não havia nada, ou muito pouco, que a distinguisse de seus amigos de infância ou seus colegas de aula, a não ser esse desejo. Ela não tinha nenhuma condição especial que a colocasse numa situação privilegiada. Não havia nada, além do seu sonho, com o qual ela podia contar. Quando a encontrei num café no Chelsea Market, em Nova York, não resisti e perguntei:

– Você é inteligente?

Ela riu.

– Sou. Eu comecei a construir minha inteligência desde cedo. Fui forçada a construí-la pelas minhas circunstâncias.

Moema é inteligente? Sim. Ela possui o mesmo tipo de inteligência que discutimos lá atrás, no início do livro, quando falamos do George Bush. Moema tem uma inteligência prática fora do comum que ela se dispôs a cultivar ao longo dos anos. Essa inteligência é o resultado da sua curiosidade que nasceu do seu desejo, da sua paixão. Hoje, essa característica é fundamental para seu sucesso no palco ou quando está na direção das cenas. Moema é um exemplo de tudo que venho falando neste livro. O segredo do sucesso dela reside na inteligência de descobrir sua paixão e organizar sua vida para que essa paixão seja aplicada no trabalho.

Existe uma fórmula para fazer isso. Essa fórmula é o que o psicólogo Anders Ericsson chama de prática deliberada. Para Ericsson, a prática deliberada é uma atividade projetada com o objetivo específico de melhorar nosso desempenho. É uma questão prática: você define um propósito e, por meio da realização desse propósito, pratica, aprende e aperfeiçoa. É de natureza pragmática e, acima de tudo, é um esforço de foco e concentração. Precisamos ter um objetivo claro, que ainda não atingimos e que esteja além da nossa capacidade do momento, e buscar, continuamente, alcançar esse objetivo, avaliando e corrigindo os elementos do desempenho que ainda não estão satisfatórios.

Quando estabelecemos um propósito para além da nossa habilidade momentânea, reconhecemos a nossa falta de conhecimento, preparo e técnica e damos início à disciplina diária da busca de suprir essas deficiências, o que nos levará ao crescimento pessoal. Prática deliberada não é fazer um curso ou ler um livro ou assistir a uma palestra. Todas essas coisas são acontecimentos. Podem até encorajar decisões, motivar pessoas, mas não as estimulam a uma evolução monitorada e contínua. Prática deliberada é um processo que começa com paixão, definição de propósito, e tem sequência na busca monitorada de conhecimento, prática e técnica, o que quase sempre exige esforços enormes da capacidade intelectual ou física.

Vejamos o exemplo de dois grandes atletas do esporte americano: o rebatedor Ted Willians, um dos maiores astros do beisebol, e Pete Maravich, jogador de basquete considerado um dos cinquenta melhores da história da NBA. Willians praticava o rebatimento até seus dedos sangrarem. Maravich ia para o ginásio quando ele abria, às sete da manhã, e praticava arremessos até a hora de fechar. Isso significava cerca de catorze horas diárias.

Quando fazemos apenas o que já sabemos fazer, não há progresso. Isso explica por que tantos de nós trabalham duro durante décadas e nunca se tornam notáveis. A maioria de nós simplesmente faz as coisas por fazer. Não só não melhoramos naquilo que fazemos, como também não nos tornamos melhores do que éramos quando começamos. Quando nos tornamos ultrapassados e perdemos clientes, o que colocamos nos anúncios para captar novos clientes? Que somos profissionais com vinte anos de experiência. Estudos mostram, porém, que profissionais com longos anos de prática não são, necessariamente, mais experientes. Apenas a prática deliberada pode fazê-los mais experientes.

Veja o exemplo de Moema Umann. O que a move em seu caminho é a paixão. Isso é muito diferente de dizer que ela nasceu uma atriz. Você não nasce uma atriz, um pintor, um vendedor, um advogado ou um pianista. Ninguém nasce um profissional competente. Nascemos com habilidades para melhor desenvolver certa atividade do que outra. Pessoas que alcançam desempenhos extraordinários descobrem essas habilidades e as desenvolvem de forma incansável. Quando a prática deliberada tem como base a paixão, ela amadurece as pessoas. Elas iniciam um processo de aperfeiçoamento e se mantêm nele, se realimentando do próprio processo. Mas quando a prática não tem como base a paixão, a repetição excessiva drena nossa vitalidade. Na prática deliberada, o objetivo de cada dia deve ser melhorar em relação ao dia anterior. O processo de aprendizado é contínuo, resultante da disciplina e perseverança. Quase sempre, a prática deliberada é difícil e até dolorida. Mas seus resultados são inevitáveis. Para ter essa disciplina e perseverança, você precisa ter paixão pelo que faz.

OS CINCO NÍVEIS ATÉ A GENIALIDADE

Você tem a oportunidade de fazer bem feito o que faz no seu trabalho? Você só pode ter alegria, paixão e entusiasmo pela vida fazendo o que gosta. Você passa no mínimo quarenta horas por semana, durante décadas, no seu ambiente de trabalho. Se você não gosta do que faz, que chances tem de ser feliz? Você precisa ser racional o suficiente para submeter sua razão ao desejo da paixão quando necessário. Quando a razão nos impõe limites, a paixão é a única força que pode empurrar a razão para o lado e abrir caminhos novos. A biografia da genialidade está repleta de histórias nas quais a paixão faz a diferença.

Fazer aquilo pelo qual você tem paixão é a razão principal da vida. Não existe satisfação em viver se somos forçados a fazer algo de que não gostamos. É certo que você deseja fazer aquilo pelo qual possui paixão. E o desejo que existe em você é a prova de que tem dentro de si o poder necessário para fazê-lo. Você precisa desenvolver esse poder. Desejo é a manifestação do poder oculto. O desejo de pintar, por exemplo, é o poder de pintar que existe em você pedindo para ser descoberto e desenvolvido. Pense sobre o número de coisas que existem e pelas quais você não sente o menor desejo. Elas não despertam desejo porque você não tem em si o poder ou a capacidade natural de desenvolvê-las. Existe um motivo pelo qual você tem os desejos que tem. Esse motivo nem sempre é levado em conta pela razão. A razão é analítica, e qualquer análise é comparativa. Você analisa um fator em relação a outro. A paixão, ao contrário, é criativa, pois se desenvolve por si só. Ela é uma expressão autêntica do que há de melhor em si.

Veja o caso de Lance Armstrong. A razão facilmente o convenceria de que seria impossível vencer a Volta da França. Somente atletas com o melhor preparo físico do mundo, no auge de sua carreira, têm chances reais de vencer essa competição. Nunca alguém que dois anos antes havia sido diagnosticado com câncer havia sequer ousado pensar em vencer essa competição.

Não importa suas circunstâncias atuais. Você não é obrigado a fazer o que não gosta. A não ser como algo temporário e que o levará ao campo da sua paixão. Se você sente que não está na atividade correta, não tome uma decisão brusca de mudar. A melhor forma de fazer isso é por meio de uma mudança gradativa, com desenvolvimento da sua paixão. Apenas tome uma decisão de mudança brusca quando a oportunidade aparecer.

Quando você desenvolver sua paixão, vai notar que não haverá mais competitividade externa. A única coisa com a qual você terá que competir será você mesmo. Quando isso acontecer, verá que ninguém poderá derrotá-lo, exceto você mesmo. Derrotas são consequências de agir com medo, em estado de dúvida, ou por não saber o real motivo pelo qual se está agindo. Dúvida, incerteza e medo são resultados da razão, não da paixão. Se você não conseguir atingir uma meta estabelecida é porque algo está errado. Você analisa a situação, descobre o erro e tenta outra vez. Esse é o princípio da prática deliberada. Ela só é possível se você estiver atuando na área do seu talento. Ninguém tomará o lugar que é seu. Ele ficará aberto e você o ocupará na medida em que for desenvolvendo seu potencial.

Toda genialidade começa com a definição de propósito. A definição de propósito precisa ser estabelecida sobre o que, no livro *O óbvio que ignoramos* (Lua de Papel, 2010), chamei de Lei da Tripla Convergência. Essa lei leva em conta três fatores básicos: talento, paixão e renda. Já vimos os conceitos de talento e paixão. Agora veremos o terceiro e, sem dúvida, o mais complicado: renda. A partir do momento em que uma pessoa adquire consciência do mundo que a cerca, essa concepção é impactada pela noção de riqueza. Uma criança concebe a riqueza e as implicações que ela tem na vida muito antes de conceitos como felicidade, amor ou virtudes morais. Essa concepção, em vez de nos impulsionar no desenvolvimento das riquezas, torna-se o maior obstáculo.

Focados na busca da renda, muitas vezes negligenciamos nosso talento e deixamos de desenvolver nossa genialidade. Raramente saímos do primeiro nível da pirâmide do sucesso, que é a competência. O profissional competente aprimora um tipo de atividade com experiência, prática e conhecimento, mas ignora seu talento. O profissional do segundo nível avança um passo significativo e alcança um desempenho razoável, tornando-se um profissional de sucesso. Ele desenvolve uma atividade sobre a Lei da Tripla Convergência. Descobre seu talento, sua paixão e transforma ambos numa fonte de renda. Poucas pessoas conseguem avançar para o terceiro nível: o nível da liderança. O líder é um profissional de sucesso que desenvolve técnicas de relacionamento pessoal e tem uma posição ideológica definida. Pessoas o seguem por ideologia ou interesse pessoal. No conflito de interesses, o abandonam. Somente um líder pode subir na pirâmide e se tornar um mestre: alguém que lidera com exemplos. Um mestre está sempre em busca da verdade. Suas ações influenciam e inspiram outras pessoas, que o seguem por dedicação autêntica.

Por último, no topo da pirâmide, está a pessoa que desenvolve sua genialidade. Gênio é um mestre com uma causa específica. Seus princípios e valores estão em harmonia. Possui disciplina constante, amor condicional, simpatia profunda e vive em um constante estado de gratidão. As pessoas não apenas o seguem, mas têm um desejo autêntico de participar e contribuir com a sua causa. Um exemplo de genialidade é Madre Teresa de Calcutá. Ao longo de sua vida, ela criou uma organização chamada Missionárias da Caridade. Enquanto outras ordens da Igreja Católica perdiam força, ela chegou rapidamente a quatro mil membros. Como ela conseguiu isso? Lucinda Vardey, que passou grande parte da vida ao lado de Madre Teresa, explica: "Ela é uma empreendedora enérgica que identificou uma necessidade e fez algo em relação a isso, criou uma organização contra todas as probabilidades de sucesso, estabeleceu princípios e conseguiu uma instituição que se espalhou pelo mundo".

LIVRE DA IDEIA CENTRAL	NÍVEL 5	GÊNIO	É um mestre com uma causa específica. Seus princípios e valores estão em harmonia. Possui disciplina constante, amor condicional, empatia profunda e vive em um constante estado de gratidão. As pessoas não apenas o seguem, mas tem um desejo autêntico de participar e contribuir com a sua causa.
IDEIA CENTRAL POSITIVA	NÍVEL 4	MESTRE	É um líder que lidera com exemplos. Está sempre em busca da verdade. Suas ações influenciam e inspiram outras pessoas, que o seguem por dedicação autêntica.
	NÍVEL 3	LÍDER	É um profissional de sucesso que desenvolveu técnicas de relacionamento pessoal e possui uma posição ideológica definida. Pessoas o seguem por ideologia ou interesse pessoal. No conflito de interesses, o abandonam.
IDEIA CENTRAL OSCILA ENTRE POSITIVA / NEGATIVA	NÍVEL 2	PROFISSIONAL DE SUCESSO	Desenvolveu uma atividade sobre a Lei da Tripla Convergência. Descobriu seu talento, sua paixão, e transformou ambos numa fonte de renda.
	NÍVEL 1	PROFISSIONAL COMPETENTE	Aprimorou um tipo de atividade com experiência, prática e conhecimento, mas ignorou seu talento.

Imagem por Giovani Baú

OS EFEITOS DA GENIALIDADE EM NOSSA VIDA

Lance Armstrong, Moema Umann e Madre Teresa, é claro, não são os únicos que perceberam o segredo de construir sua vida em torno de uma atividade que foca seu talento. Veremos esse segredo se pesquisarmos um pouco as pessoas bem-sucedidas e felizes que conhecemos.

Richard Schulze, fundador da Best Buy, a maior rede de eletrodomésticos dos Estados Unidos, por exemplo, é outra pessoa que cresceu em circunstâncias nas quais muitos teriam sucumbido. Ele tinha uma pequena loja de eletrodomésticos em Roseville, uma cidade no estado de Minnesota, e outras duas filiais em cidades vizinhas. Em Roseville, tornados não são muito comuns. Por isso, quando o sistema de meteorologia anunciou a possibilidade de a cidade ser atingida, seus habitantes deram pouca importância. Afinal, a última vez em que um tornado havia passado pela cidade fora em 1965. Trovões e uma chuva forte pela manhã distraíram ainda mais a atenção dos moradores. Às 3h49, o tornado tocou o chão da cidade de Edina, a poucos quilômetros de Roseville, e rapidamente varreu a cidade. O gigante redemoinho de vento arrasou a loja de Schulze, deixando intacto, porém, o depósito. Com seu patrimônio espalhado pelo chão, ele teve a ideia de fazer um torra-torra no que sobrou do estacionamento da loja. Investiu todo o orçamento que pode em *marketing* para divulgar o evento, que chamou de *tornado sale*, liquidação do tornado. No dia do torra-torra, a surpresa: um engarrafamento de três quilômetros e a liquidação quase que imediata do estoque. Para não frustrar os clientes, Schulze decidiu trazer para o estacionamento o estoque de suas filiais que não haviam sido atingidas.

O sucesso do evento lhe trouxe um novo conceito de negócio, que chamou de *best buy*, melhor compra. Seu conceito era muita divulgação, preços baixos e marcas famosas expostas como numa feira. Schulze e seu sócio investiram tudo o que tinham nessa ideia. Dois anos depois, transformaram a ideia numa empresa chamada Best Buy. Nos seis anos seguintes, entre 1982 e 1988, a Best Buy abriu quarenta lojas na região. Hoje é a maior rede de eletrodomésticos dos Estados Unidos, com operações também no Canadá, México e Reino Unido.

Assim, com mais esse exemplo de vitória, espero dissipar neste livro a crença de que gênio é alguém puramente racional. Uma pessoa apaixonada pelo seu trabalho é uma pessoa apaixonada pela vida. A paixão é contagiante e magnética. Ela possui um poderoso impacto e uma forte influência sobre as outras pessoas. Ao lado delas, temos a sensação de que estamos em contato com algo real, verdadeiro e poderoso, e de que estamos sendo influenciados por esse poder. Por outro lado, uma pessoa que pretende ser puramente racional se torna fria, calculista e meramente funcional.

CAPÍTULO 6

O poder da percepção

Até de noite, quando faz amor, não é ela que ama,
mas a máquina que vive nela.
JEAN PAUL SARTRE[2]

NO INÍCIO DA DÉCADA DE 1950, APÓS O FIM da Segunda Guerra Mundial, um jovem engenheiro japonês chamado Masaru Ibuka tomou conhecimento de um delicado componente eletrônico recém-inventado por uma equipe do Laboratório Bell. O componente, chamado transistor, era um resistor de transferência capaz de amplificar e chavear sinais elétricos. Na época, Ibuka trabalhava com outros cinquenta cientistas e engenheiros numa empresa recém-criada, hoje conhecida mundialmente como Sony. A atividade principal da Sony

2 A propósito de uma operária da linha de montagem. Retrata com perfeição a pessoa que confunde sua vida de forma extrema com sua condição de vida, negando sua essência.

era consertar rádios de ondas curtas, um dos expoentes tecnológicos da época. Em projetos paralelos, a equipe trabalhava na pesquisa e invenção de outros equipamentos.

Ibuka, no entanto, tinha uma verdadeira obsessão com o transistor. Ele via nele um inestimável potencial para o futuro. Mesmo com extremas dificuldades financeiras, ele tentou licenciar a invenção da Bell. Após várias tentativas frustradas, em 1953 conseguiu fazê-lo. Ainda assim, ninguém acreditava que a Sony tivesse capacidade de administrar uma tecnologia tão delicada.

O próximo passo foi ainda mais audacioso. Ibuka e sua equipe queriam fabricar um rádio cuja base tecnológica fosse o transistor. Imagine o avanço que isso representava: em vez daquelas enormes caixas pesadas de madeira do tamanho de um balcão, o rádio se tornaria portátil. Qualquer um poderia carregá-lo consigo, até mesmo no bolso do casaco. Para a época, isso era algo completamente inconcebível. Até mesmo os engenheiros da Bell, que haviam inventado o transistor, não acreditavam na possibilidade de criar um rádio baseado naquela tecnologia. Mas Ibuka estava convencido de que sua ideia tinha potencial.

O projeto de Ibuka transformou a Sony. Cientistas e engenheiros começaram a sonhar com um rádio portátil, livre daqueles grandes e ineficientes tubos a vácuo que os tornavam peças de mobília. Ibuka e sua equipe trabalharam de forma incansável na realização desse propósito e, em 1957, o que ninguém achou possível, se tornou uma realidade. A Sony colocou no mercado o TR-55, o primeiro rádio portátil do mundo. Surpreendentemente, ele cabia no bolso.

Agora tente responder à seguinte questão: qual é a nossa qualidade intelectual mais impressionante, isto é, qual é o maior potencial do ser humano? Ver, lembrar ou imaginar? Pense nos edifícios maravilhosos do homem – desde as pirâmides do Egito até as modernas construções de Dubai. Não será nossa maior qualidade a habilidade de imaginar coisas que ainda não existem?

Vamos analisar isso mais a fundo. O que é ver? Ver é sentir o mundo como ele é. E recordar? Recordar é ver as coisas como elas foram. Imaginar, porém, é ver o mundo como ele pode ser. Sem essa habilidade não haveria progresso. Construir o futuro é a função mais importante do cérebro e uma das principais características que nos torna humanos. Pessoas, famílias, empresas e organizações existem por um único motivo: a nossa capacidade de moldar o futuro. Elas não se formam sem um propósito que esteja vinculado ao futuro. Mesmo quando esse propósito é preservar o passado, ele ainda está voltado ao futuro.

Observe como Ibuka, com a imaginação, concebeu a ideia de um objeto que ainda não existia. A imaginação é a oficina ou o laboratório onde o desejo ardente é transformado numa ideia. Todas as ideias criadas pelo homem nascem da imaginação. Vejamos outro exemplo: em 1994, poucos dias depois de completar 22 anos, Ray LaMontagne decidiu que queria ser músico e compositor. Ele morava numa pequena cidade chamada Lewiston, no gelado e montanhoso estado do Maine, na costa leste dos Estados Unidos. Quando tomou essa decisão, numa fria manhã de março, ele trabalhava cerca de quarenta horas semanais numa fábrica de calçados. Sua experiência com o mundo artístico e musical ainda era muito pequena. Também não tinha dinheiro para cursar uma faculdade de música que, muitas vezes, é o caminho natural para esta carreira. Ray pensou alguns dias e tomou uma decisão estranha: desistiu do emprego, comprou alguns álbuns usados dos seus músicos preferidos e foi para casa.

Nos dias, meses e anos seguintes, Ray passou trancado em seu apartamento ouvindo esses álbuns, cantando e analisando as músicas de seus intérpretes preferidos. Durante um longo período viveu com o seguro desemprego. Aos poucos passou a fazer apresentações em bares e clubes noturnos. Oito anos depois de ter tomado a decisão de se tornar músico, gravou seu primeiro trabalho, vendeu meio milhão de cópias e se tornou um astro. Como pessoas, assim como Ibuka e Ray, conseguem projetar sua vida no futuro com tanta segurança nos resultados? É isso que veremos neste capítulo. Analisaremos os hábitos necessários para cultivar o poder da imaginação. Compreender os princípios que envolvem esse poder nos ajudará a identificar os fatores que nos limitam e inibem, além de eliminar emoções indesejáveis e distrações que bloqueiam a criatividade e a exploração máxima do potencial.

O PODER DA IMAGINAÇÃO E A IDEIA QUE DEU ORIGEM À LUXUOSA REDE DE HOTÉIS HILTON

O que podemos tirar dos dois exemplos acima? Tanto Ibuka quanto Ray LaMontagne projetaram no presente situações futuras que não existiam e que eram vistas por muitos como impossíveis. Com o passar do tempo, transformaram, por meio de suas ações, essas projeções em realidade. Pessoas de sucesso usam o poder da imaginação para alcançar sucesso e desenvolver suas riquezas. Napoleão Bonaparte, por exemplo, imaginava-se num campo de batalha muito antes de estar numa guerra de verdade. Ele se via um comandante, elaborava estratégias, desenhava mapas com táticas de posição e ataque como se eles fossem reais.

Conrad Hilton, fundador da luxuosa rede de hotéis Hilton, dizia que se imaginava operando um hotel muitos anos antes de ter adquirido o primeiro estabelecimento. Quando criança, costumava brincar que era um dono de hotel. Mais tarde, iniciou suas operações nesse ramo comprando propriedades usadas e de pouco valor e transformando-as em hotéis de luxo. Como? Ao visitar essas propriedades, ele criava, na sua imaginação, uma imagem vívida de como essas propriedades ficariam depois que ele as adaptasse às suas necessidades.

Por que o poder da imaginação é tão importante? Para compreender a resposta dessa questão, precisamos nos aprofundar um pouco na forma como nosso cérebro se relaciona com o tempo. Nosso cérebro não consegue criar uma imagem mental sobre conceitos abstratos como o tempo. Por isso não conseguimos perceber o tempo como realmente é. O tempo não é um objeto, como uma casa ou uma pessoa. Não há uma imagem dele arquivada em nossa mente. O tempo é algo absolutamente abstrato. Experimente, por exemplo, visualizar um período de tempo dissociado de qualquer fato. Não importa o quanto você tente, não conseguirá. É impossível.

Como, então, lidamos com essas imagens abstratas? O cérebro associa as imagens abstratas a coisas concretas. No caso do tempo, ele o associa ao espaço. Por isso temos a impressão de que o tempo é como uma jornada onde somos o viajante. O passado está atrás, o presente está no meio e o futuro está na nossa frente. Nesse cenário, estamos em constante movimento, nos afastando do ontem e nos aproximando do amanhã. Mas isso não é real, é uma criação da nossa mente. Não existe nada atrás de nós, da mesma forma como não existe nada na nossa frente. Tudo o que existe é um constante agora. O que nós vemos como passado ou futuro só existe na nossa mente. O tempo, na verdade, por definição, é estático. Somos nós que passamos nele, mas a impressão que temos é justamente oposta. Parece que nós somos os seres estáticos e que é o tempo que passa por nós.

A compreensão desse princípio é essencial para que consigamos transformar nossa vida. Entender como nossa mente projeta a ideia do tempo nos dará um poder extraordinário, libertando-nos de qualquer resistência mental que criamos em relação ao passado, dando-nos a possibilidade de começar um estágio na vida onde teremos o controle absoluto sobre nossas decisões. Assim como Ibuka e Ray LaMontagne, teremos o poder necessário para libertar nosso talento, energia e personalidade.

Vamos, então, nos aprofundar um pouco mais nessa missão. Como primeiro passo, é importante saber que existem apenas três vias pelas quais podemos nos relacionar com o tempo: memória, percepção e imaginação. A memória é a faculdade que nos permite visualizar o passado, a percepção é a faculdade que nos permite visualizar o presente, e a imaginação é a faculdade que nos permite visualizar o futuro.

Como segundo passo, pense sobre esses três conceitos da seguinte forma: a única coisa real é o presente. Nossa relação com o presente é a percepção. Quando você quer lembrar o passado ou pensar sobre o futuro, inevitavelmente, terá que fazê-lo no presente. O presente é a única porta de acesso tanto para a memória, quanto para a imaginação. Vimos que a maneira com que nos relacionamos com o presente é a percepção. Então, a única forma de nos relacionarmos com o passado ou o futuro é também por meio dessa percepção. Isso nos revela um fator muito importante: temos apenas percepção sobre a memória e a imaginação. Ou seja: quando nos lembramos de um evento passado, ou criamos uma situação hipotética do futuro, nem uma nem outra é a realidade em si, elas apenas são uma percepção pessoal dessa possível realidade. Veja como isso se apresenta num gráfico:

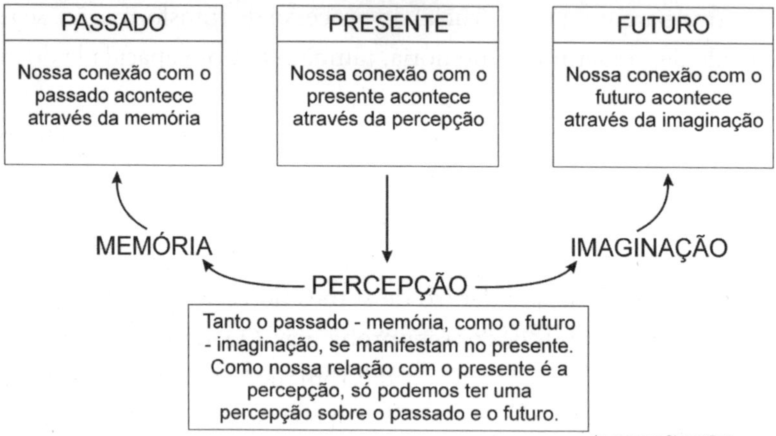

Imagem por Giovani Baú

Esse é um fato que tem duas implicações muito importantes na nossa vida. A primeira é que quando falamos de passado e futuro, na verdade, falamos de nossa percepção presente sobre eventos que já aconteceram ou que poderão acontecer. Mas esses eventos, na verdade, não existem, são apenas possibilidades criadas pela nossa percepção. Um fato do passado não existe mais em si. Tudo que existe sobre esse fato é a percepção que restou sobre ele em nossa mente, e que, pela memória, podemos acessar no presente. O mesmo ocorre com o futuro.

Quando vivemos da memória ou da antecipação, vivemos de interpretações. Por isso, nos sentimos como se não tivéssemos controle ou poder algum. Essa impotência cria negatividade e resistência. O que, então, nos separa de pessoas como Ray e Ibuka? Para pessoas como eles, o tempo é um mero espaço no qual os propósitos são projetados. Como elas entendem a forma como o cérebro se relaciona com as noções de tempo, elas eliminam dúvidas e angústias. Não há, por exemplo, o pensamento negativo de não dar certo; tão comum nesses casos.

A segunda implicação é uma consequência da primeira. Como a única forma de acesso à memória e à imaginação é por meio da percepção, e como nós temos controle absoluto sobre a percepção, também temos controle absoluto sobre o passado e o futuro. Esse é o **poder da percepção**: ele nos permite mudar os efeitos do passado e do futuro sobre o presente. Nossa autoimagem está nas opiniões acumuladas do passado que mantemos na nossa memória. E isso nos traz para um ponto crucial do processo de transformação: se temos capacidade de mudar nossa memória, também temos capacidade de mudar nossa autoimagem.

Não importa qual é nosso passado. Podemos mudá-lo modificando a percepção que temos dele uma vez que temos controle absoluto sobre o significado que atribuímos aos eventos da memória e imaginação. Esse significado é a forma como percebemos os eventos. Quando você compreende isso e começa a olhar para dentro de si mesmo com essa nova percepção, encontra soluções para todos os seus problemas. Quando você adota o poder da percepção em sua vida, é bem-sucedido em tudo que faz. Você se liberta de qualquer amarra psicológica que tenha, em relação ao passado ou mesmo em relação ao futuro, e que lhe faz infeliz porque limita e sufoca seu potencial.

Vejamos um exemplo prático: se você tem ressentimento ou um trauma por algum evento do passado, esse ressentimento ou trauma não existe no passado. Nenhum desses sentimentos existe no passado, e essa percepção só é possível ter no presente, já que a percepção é a capacidade de sentir o presente, como já foi dito. Então você pode, no presente, mudar sua percepção sobre o passado (poder da percepção). O mesmo acontece com o futuro. Qualquer tipo de relação que você tenha com o futuro só existe por causa da percepção. Medo, angústia, ansiedade e outros sentimentos em relação ao futuro são percepções que você cria no presente, mas não existem no futuro. É você que, por meio da percepção, dá vida a esses sentimentos e é você que pode anulá-los e substituí-los por sentimentos mais apropriados.

Reconhecer o poder da percepção é reconhecer que somos 100% responsáveis por nossa vida. Quando você é o único responsável por sua vida, você não pode ser uma vítima. Por isso, as pessoas que reconhecem o poder da percepção se tornam agentes da transformação. Elas negam o papel de vítimas, são proativas em vez de reativas, assumem responsabilidades e não culpam os outros, as circunstâncias, seu humor ou o passado pelos seus resultados.

A FÓRMULA MÁGICA DA RIQUEZA: CRIAR O CONCRETO COM O ABSTRATO

O que Ray LaMontagne e Ibuka nos ensinam sobre sucesso? Eles mostram que pessoas bem-sucedidas são pessoas comuns. Assim como eu e você, elas têm empregos normais, mas um dia decidem mudar radicalmente. Elas fazem isso estabelecendo no presente uma realidade completamente diferente para o futuro e passam a agir de forma que a realidade que imaginaram no futuro se torne real. Qual a visão que temos dessas pessoas após elas atingirem o sucesso? Que elas nasceram predestinadas e que, por isso, se destacaram. De onde vem essa ideia?

Para entender essa resposta de maneira bem simples, suponha que você tenha ido até a cozinha e, por descuido, tenha esquecido uma pedra de gelo sobre a mesa. Duas horas depois, você retorna e percebe que a pedra de gelo derreteu. Qual o possível resultado que a pedra de gelo produziu? A resposta é óbvia porque esse é um processo que produz resultados exatos: gelo derretido sempre se transforma em uma poça de água.

Agora, inverta o processo. Esqueça a experiência anterior e faça de conta que você entrou na cozinha e inesperadamente encontrou uma mancha de água sobre a mesa. Tente descobrir a origem da água. Essa tarefa será muito mais complexa. A água pode ter se originado de inúmeras possibilidades diferentes.

O mesmo ocorre quando interpretamos a vida das pessoas de sucesso. Interpretar o passado a partir do presente é um processo simples, já que dentro de uma miríade de possibilidades há apenas uma pela qual ele se apresentou. Uma pedra de gelo em temperatura ambiente se transforma em água. O passado, entre múltiplas possibilidades, manifestou-se por um único modo.

Se você olhar para o futuro, entretanto, essas possibilidades continuam abertas. Compreender o futuro é como olhar para uma mancha de água e tentar descobrir sua origem. Ele não se revela a nós de uma maneira específica como o passado, nós precisamos decifrá-lo. É isso que pessoas que alcançam riquezas fazem. Elas decifram seu futuro e o transformam numa realidade imaginária do presente.

Esse é o quadro geral. Agora vamos nos aprofundar um pouco. Iremos fazer isso por meio da análise de dois princípios: o Princípio do Viés Retrospectivo e o Princípio do Realismo Ingênuo.

O Princípio do Viés Retrospectivo nos diz que, assim como no caso do gelo derretido, é fácil olhar para trás e interpretar a história apenas pelas informações que temos no presente. Mas se tivéssemos feito outras escolhas, o resultado poderia ter sido diferente, o mundo poderia ter sido diferente, resultados alternativos poderiam ter tomado o lugar dos resultados que obtivemos, pois não estamos nas circunstâncias do presente por acaso. Consciente ou inconscientemente, nós as escolhemos. Se tivéssemos agido diferentemente no passado, os resultados presentes seriam diferentes, mas raramente queremos aceitar isso. Essa resistência nos impede de mudar a forma como pensamos e nos induz a repetir o mesmo erro constantemente.

A segunda explicação é consequência do Princípio do Realismo Ingênuo. Ela nos diz que quando tomamos uma posição, de certo modo nos tornamos essa posição. Criamos um pacto com a realidade e aceitamos essa realidade como se ela fosse tudo o que pode existir. Acreditamos que o mundo é como ele se apresenta. Ignoramos que ele é como nós o criamos. Em outras palavras, acreditamos que somos aquilo que as circunstâncias nos fizeram, quando essa é uma concepção falsa. A verdade é exatamente o oposto: não somos frutos das circunstâncias, mas elas são frutos da nossa criação. Essa inversão da verdade distingue as pessoas entre vencedores e perdedores. Quando permitimos que o acaso crie nosso mundo, ele ignora nossa inteligência, anula nossas capacidades e manipula nossas emoções e afetos.

Quando não definimos um propósito específico para nossa vida, os fatos, circunstâncias, opções e humores vão se impondo à revelia. Isso não se aplica apenas no lado material, mas também no espiritual e emocional: o casamento se dissolve, os filhos acumulam fracassos, a carreira estagna, a saúde se perde, as finanças colapsam e aceitamos essas condições como se elas fossem impostas por forças alheias à nossa vontade. Mas na verdade, bem no fundo, sabemos que erramos, que poderíamos ter feito outras escolhas. E essa consciência dói mais do qualquer sacrifício para romper o comodismo que cria essa situação.

Há em nós uma inclinação natural que nos impede de imaginar, espontaneamente, a realidade que queremos. Apenas poucas pessoas, as que desenvolvem suas riquezas, percebem que é necessário vencer essa inclinação natural e impor a vontade sobre ela. Para muitos de nós, acontece o contrário: nossa situação atual se impõe sobre o futuro. Adolescentes furam o nariz, a orelha, os lábios, as sobrancelhas, fazem tatuagens, sempre achando que serão adolescentes para o resto da vida. Casais tatuam o nome do parceiro ou da parceira pensando que o sentimento será eterno. Exageramos no vinho à noite e no dia seguinte juramos que não beberemos nunca mais. Dois dias depois, bebemos outra vez.

Lembra-se do estudo de Aaron Beck sobre a depressão, visto no capítulo 4? Isso também explica por que é difícil sair de um estado depressivo. O que está em jogo, nesse caso, é o mesmo princípio. Como vimos lá atrás, a pessoa depressiva olha para o futuro e vê refletido nele a imagem negra do presente. Ela não consegue ver esperança de um futuro distinto do presente. Na sua imaginação, o presente, com todas suas amarguras, se repete eternamente. É isso que geralmente acontece. Se a pessoa depressiva pudesse imaginar no presente uma realidade mais colorida no futuro, essa visão, por si só, mudaria seu estado de espírito e a tiraria da depressão. Mas como ela não se vê feliz no presente, e como o presente afeta sua maneira de ver o futuro, isso dificulta a possibilidade de imaginar que ela estará feliz amanhã. De modo simples, o que Beck fez com seus pacientes foi inverter esse processo, mostrando que o futuro poderia ser diferente, o que tirou essas pessoas do estado depressivo.

Se quisermos mudar nossa situação de vida, precisamos, assim como Ray e Ibuka, assumir o controle do nosso pensamento e definir o futuro sem levar em conta nossa situação atual. Isso significa, em outras palavras, que precisamos criar no presente o futuro que queremos. E isso deve ser feito com ajuda do poder da imaginação.

O EFEITO MÁGICO DA VISUALIZAÇÃO NA BUSCA DAS RIQUEZAS

Por que a maioria de nós tem sérias dificuldades de imaginar um futuro distinto do presente? A razão para isso é simples: como o cérebro não consegue se apegar a abstrações, e como o futuro é uma abstração, nos apegamos às lembranças do passado ou ao presente. Qual é, então, a saída? A resposta, a essa altura, é óbvia: a única forma de conectar nosso pensamento ao futuro é com a criação de um propósito definido. Quando você tem um propósito definido, o cérebro não precisa mais lidar com imagens abstratas do futuro, ele passa a usar a imagem real produzida pela nossa imaginação. Isso desperta um novo princípio: a *visualização*. Foi isso que Ray fez ao desistir do seu emprego e se dedicar à música, e Ibuka, ao perseguir a ideia do rádio portátil.

Vejamos um exemplo prático de como funciona o mágico poder da visualização. Nando Parrado, nos Andes, tinha um propósito claro que o diferenciava dos outros sobreviventes: escalar as montanhas em busca de socorro. Esse propósito foi resultado da sua imaginação, que lhe dizia que isso era possível. Uma das razões da sobrevivência do grupo no longo período em que ficaram isolados nos Andes é consequência da visualização. Mesmo sentado dentro da fuselagem fria do avião acidentado, Nando se via escalando as encostas íngremes rumo aos cumes, o que lhe deu coragem e esperança de que isso seria de fato possível.

– Eu examinei a ideia de cada ângulo. Passei a ensaiar a escalada de uma forma tão viva, intensa e tantas vezes, que ela parecia um filme rodando na minha cabeça, ele revelou. – Eu visualizava minhas mãos apalpando as pedras em busca de segurança, testando a estabilidade de cada rocha antes de me apoiar nela.

Nando afirma que passava o dia imaginando de que forma tudo isso aconteceria. Às vezes, paralisado pelo medo, olhava para as montanhas e, quase em adoração, ou súplica, conversava com elas.

– Conta-me teus segredos. Mostra-me como subir, como escalar, dizia.

Diante do silêncio frio das montanhas ele ficava imaginando qual seria o melhor caminho a seguir. Sua visualização era tão vívida que conseguia sentir o vento gelado lhe cortando o corpo e o ar rarefeito querendo explodir seus pulmões. Na sua imaginação, ele avançava, lutando passo a passo, afundado na neve até a cintura. Cada passo lhe parecia uma agonia, mas ele não parava, ele lutava até se ver no topo. De lá, olhava para o oeste, onde via uma enorme e longa descida, que se estendia até um vale, onde a neve cedia, dando espaço ao verde marrom das ervas e, depois, ao verde das lavouras. Ao cruzar os pastos, enfim, via um homem. Lá, teria que fazê-lo compreender o que acontecera, e ele treinava exatamente o que diria: *vengo de un avión que cayó em las montañas!*, dizia para si mesmo. E foi exatamente assim que aconteceu.

Veja outro exemplo talvez ainda mais impressionante. Anatoly Sharansky foi um matemático judeu nascido na Rússia. Em 1977, foi preso pelo governo soviético, acusado de espionagem. Ele passou nove anos na prisão. Desse período, mais de quatrocentos dias foram numa solitária. Torturado física e mentalmente, para sobreviver aos dias escuros e gelados, Sharansky, mesmo confinado numa solitária, em sua mente jogava xadrez. Ele visualizava o tabuleiro e passava dias a fio jogando contra si próprio. Quando saiu da prisão, em fevereiro de 1996, ele se tornou ministro do governo israelense. Certo dia, como membro do governo de Israel, teve a oportunidade de enfrentar Garry Kasparov, campeão mundial e considerado um dos maiores jogadores de xadrez de todos os tempos. O resultado? Sharansky venceu Kasparov.

A visualização é um instrumento poderoso e mágico que nos permite criar a realidade que queremos. Ela está à nossa disposição e, geralmente, nós a usamos inconscientemente e para os fins errados. Por exemplo: toda preocupação, ansiedade, angústia e insegurança são resultados do processo de visualização sendo aplicado à revelia pela nossa autoimagem. Quando nos sentimos incapazes de executar uma tarefa ou lidar com determinada situação, quando não nos sentimos bons o suficiente, a mente começa a projetar imagens negativas, a visualizar resultados contrários ao nosso desejo. Esse tipo de visualização involuntária cria preocupação, angústia, ansiedade e insegurança, sentimentos que tanto gostaríamos de eliminar da nossa mente. A maneira de eliminá-los é assumir, de forma voluntária e planejada, o controle sobre a visualização.

A TEORIA DOS FATOS BRUTAIS E O OTIMISMO NOCIVO

No auge da Guerra Fria, durante a década de 1960, os Estados Unidos tentavam a todo custo impedir a expansão do comunismo soviético. Para isso, agiam em várias frentes. A mais severa foi a Guerra do Vietnã. Os americanos iniciaram sua ofensiva oficial contra o Vietnã do Norte em janeiro de 1965. Em 1973, foram forçados a retirar suas tropas da região. Três anos depois, os socialistas do norte dominaram o sul, criando a República Socialista do Vietnã e solidificando a derrota americana.

No dia 9 de setembro de 1965, um piloto americano chamado James Stockdale sobrevoava uma pequena vila do Vietnã quando seu jato foi abatido pela artilharia antiaérea vietnamita. Em segundos, o motor do jato pegou fogo. Se quisesse sobreviver, Stockdale tinha uma única saída: saltar do jato e cair em território inimigo. Foi o que ele fez. Ao cair em terra, sem tempo para fazer uso do paraquedas apropriadamente, Stockdale quebrou uma perna e um braço. Mas esse foi apenas o começo de suas agruras. "Logo um grupo de vietnamitas caiu sobre mim", ele conta no seu livro de memórias *In love & war*. "Eles arrancaram minha roupa e bateram em mim sem piedade, até que um policial militar me levou em custódia, evitando que fosse linchado até a morte", conta. Stockdale, como outros 1.350 soldados americanos, tornou-se um prisioneiro de guerra do Vietnã. Passou oito anos nas mãos dos vietnamitas e foi torturado mais de vinte vezes.

No final da década de 1990, quando Stockdale, já em idade avançada, lecionava na Universidade de Stanford, Jim Collins, também professor e pesquisador naquela universidade, encontrou-se com ele. Durante o encontro, Collins, que havia lido o livro sobre os anos que Stockdale passara sob custódia dos vietnamitas, perguntou como ele sobrevivera a oito anos de tortura.

– Jamais perdi a fé no fim da história, ele respondeu. – Aliás, não apenas tinha certeza de que sairia dali, mas também de que iria sobreviver e transformar essa passagem de minha vida numa lição que, vista em retrospectiva, não trocaria por nada, completou.

– E quem foram os que não sobreviveram?, perguntou Collins.

– Oh, isso é simples, disse Stockdale. – Os otimistas.

– Os otimistas? Não entendi, retrucou Collins confuso com a resposta.

– Os otimistas. Os que diziam: estaremos fora daqui até o Natal. O Natal chegava e nada. Então, eles diziam: estaremos fora daqui até a Páscoa. A Páscoa chegava e nada. Então jogavam a esperança para o Dia de Ação de Graças e nada. Quando viam, já era Natal outra vez e nada. Eles morriam de agonia, de desilusão.

Stockdale e Collins caminharam em silêncio, como que digerindo esse conceito paradoxal. Após alguns segundos, Stockdale se voltou para Collins e completou:

– Essa é uma lição muito importante. Você não pode confundir a fé de que vai sobreviver no final – que você não suportaria perder – com a disciplina de confrontar os fatos brutais da realidade, sejam eles quais forem.

A LIÇÃO: JAMAIS CONFUNDA PROPÓSITO E FANTASIA

A história contada por Stockdale é um exemplo prático do erro que muitos de nós cometemos ao usar o princípio da visualização. Temos a ideia de que desejar algo com certa intensidade é o mesmo que visualizá-lo. Queremos impor certo otimismo diante das situações mais difíceis, mas nos esquecemos da árdua tarefa de encarar a realidade dos fatos. Queremos mudar, mas não queremos agir. Queremos vencer, mas não queremos lutar, sofrer e nos expor a riscos. Esse é um erro muito comum. Como também é um erro comum confundir o que deveria ser um propósito definido com nossas vagas fantasias. Ignoramos a diferença crucial que separa os dois, e o consequente impacto que isso tem na nossa vida.

Quando fantasiamos, ignoramos todas as evidências e acreditamos naquilo que queremos acreditar. Como os prisioneiros do relato de Stockdale, esperamos momentos melhores com um falso otimismo, mas esquecemos de encarar a realidade dos fatos e agir sobre ela. Fantasiar ou desejar coisas melhores fora da consistência de nossa realidade é uma atividade inútil e quase sempre prejudicial. A imaginação, quando não usada para um propósito específico, pode criar conforto e bem-estar temporário, mas que resultará em angústia e sofrimento inevitável no futuro. Quando aplicada para um fim específico, entretanto, pode transformar nossa vida. Essa é a lição de Stockdale.

Quando desperdiçamos tempo e energia usando a imaginação para criar fantasias que nos fazem sentir bem, criando um alívio temporário, nos iludimos momentaneamente. Quando, porém, a realidade volta e impacta sobre nossos pensamentos, quando o tempo revela a ilusão e nos confronta cara a cara com nosso erro, entramos em desespero. Por que temos essa tendência de fantasiar? Existem quatro motivos que fazem com que fantasiar seja uma das funções preferidas da nossa mente.

O primeiro é que fantasiar cria certo conforto. Quando fantasiamos sobre o futuro, imaginamos dias melhores do que o presente. Fantasiar sobre o futuro pode fazer o presente tolerável. Não fantasiamos porque esperamos que essa fantasia se realize, mas porque, ao fantasiar, fugimos da realidade em que nos encontramos e abrimos uma pequena janela pela qual vislumbramos uma alegria momentânea. Quando fantasiamos, em vez de nos projetar no futuro, trazemos para o presente a mesma emoção que obteríamos ao alcançar esse desejo. Em outras palavras, fantasiar faz com que possamos nos ver numa realidade diferente da que nos encontramos. Isso cria um conforto, mas não estimula a transformação.

O segundo motivo é que fantasiar cria esperança. Assim como fantasiamos sobre o futuro, também fantasiamos que essa fantasia talvez possa se tornar realidade. Não só gostamos de fantasiar como também fantasiamos sobre a possibilidade de alguma força fora da nossa compreensão ser capaz de transformar essa fantasia em realidade. Acreditamos que tudo vai dar certo, mas não nos empenhamos para fazer com que isso de fato aconteça.

O terceiro é porque fantasiar nos dá uma sensação de controle. Você já se perguntou por que pessoas leem horóscopo e visitam cartomantes? Fantasiar uma realidade diferente no futuro nos dá uma sensação de controle no presente. Se soubermos o que acontecerá, estaremos no controle. Por isso, geralmente, separamos as coisas positivas e nos apegamos a elas. Essas fantasias são as boias que nos mantêm estáveis no presente.

O quarto motivo é porque fantasiar nos dá um falso senso de proteção. Da mesma forma como fantasiamos sobre um futuro colorido, também projetamos um futuro negro. Ao projetar o pior, justificamos nossa falta de ação e conseguimos viver com isso. Depois, usamos essa projeção negativa para comparar com a nossa situação presente. "Poderia ser pior" é o chavão que usamos nesses casos.

Todos esses motivos, essencialmente, são maneiras de nos desviarmos da responsabilidade de encarar a realidade. Eles sustentam nossas reclamações, críticas e atitudes negativas. A fantasia nos dá uma sensação de desejo de mudar; e, por isso, nos iludimos pensando que a culpa por esse desejo não se realizar não é nossa. Sem vontade para agir no presente, nos tornamos prisioneiros das circunstâncias e atribuímos a culpa pela nossa situação à atuação implacável das circunstâncias sobre nós. Encarar os fatos e agir sobre eles exige coragem, disciplina e ação. Não há como encará-los sem fazer algo a respeito. Por isso, fantasiamos.

Em última análise, a teoria dos fatos brutais nos ensina uma lição fundamental: algum dia, quando a realidade mudar, a dor de encará-la e agir sobre ela acabará; mas o fracasso do comodismo e da escolha errada doerá para sempre. Pessoas de sucesso adoram encarar os desafios de frente, por mais desagradáveis que sejam. Elas sabem que essas atitudes ampliam as possibilidades, rompem os limites mentais, dão a força e a confiança que nenhuma outra atitude poderia lhes dar. Tomar a iniciativa é a forma mais simples de conferir poder a nós mesmos.

RELAÇÃO FANÁTICA COM O FUTURO, NÃO COM O PASSADO

O que é tão extraordinário em pessoas como Ray LaMontagne, Stockdale e Ibuka é que elas não têm a mínima dúvida sobre seus propósitos. Imagine, por exemplo, a certeza que você precisa ter para desistir do emprego, comprar uma coleção de discos e se trancar no apartamento durante anos para praticar música, só porque você acredita no seu potencial. Ou investir, durante anos, todo o potencial da sua equipe num projeto como a criação de um rádio transistor, quando pessoas superiores a você lhe dizem que isso é impossível. Ou ainda sobreviver a oito anos de tortura acreditando que, algum dia, você sairá da prisão e usará sua história como um exemplo para reduzir a violência no mundo. Mas é exatamente esse tipo de ação que separa o sonho da fantasia.

Vejamos como isso funciona na prática. Se você está lendo este livro, uma coisa é certa: possivelmente você é capaz de reconhecer com extrema certeza uma moeda de um real. De onde vem essa certeza? Do fato de você ter essa imagem arquivada de forma muito clara na sua mente. Não há como confundi-la, certo? Mas tente, no entanto, desenhar a moeda, com todos os seus detalhes usando apenas a imagem que você tem na mente. Por favor, pare a leitura e faça essa experiência: imagine uma moeda de um real e depois tente desenhá-la. Conseguiu? Por que você consegue reconhecer a moeda, mas não consegue reproduzir sua imagem a ponto de desenhar seus detalhes? A mesma relação que temos com a moeda de um real temos com nossos sonhos: conseguimos reconhecê-los, mas não conseguimos visualizar claramente seus detalhes. Parecemos ter uma noção clara sobre o que queremos, mas, se alguém nos pedir para descrever o que queremos em detalhes, teremos dificuldades. Não é interessante? Todos nós temos facilidade de reconhecer o que queremos. Isso é natural. Mas temos dificuldades de descrever em detalhes. E esse é o nosso problema.

Por que isso acontece? Porque ver e imaginar são dois processos gerados na mesma parte do cérebro: o córtex visual. Ele é o responsável por projetar e gravar tudo que vemos. Como vimos no início deste capítulo, a mente usa três tipos de fontes para ativar uma imagem no cérebro: a memória, a percepção e a imaginação. No caso do exemplo da moeda, você lembra sua forma, que é uma memória arquivada no cérebro, ou pode ir até o porta-moedas, apanhar uma e olhá-la, que é a percepção. Para o cérebro, no processo de visualização, a percepção será sempre a fonte primária, e a memória, sempre a fonte secundária. O que isso quer dizer? Que as imagens reais sempre terão primazia sobre a memória. O papel principal da mente é a percepção da realidade. Por isso, a tendência natural é que o cérebro se ocupe com as imagens reais que estão diante de você.

Pense sobre isso em termos de passado, presente e futuro. Qual é a fonte primária? A fonte primária sempre será o presente. Suas imagens são as mais reais, são o que você vê neste momento, elas sempre se sobrepõem às demais. A fonte secundária é o passado. São as memórias, as coisas que você já viu e sentiu. Por último, vem a imaginação. Sua imaginação não existe. Você precisa criá-la. Por isso, a tendência natural é que o futuro seja sempre uma fonte terciária.

Isso explica por que o processo de visualização é tão importante para obtermos o que queremos. Assim como a memória e a percepção, a mente também usa o material à sua disposição para fomentar a visualização. A facilidade com que as imagens do presente e do passado se impõem é o nosso maior problema. Elas aparecem espontaneamente, ao passo que, para visualizar uma realidade diferente, precisamos criá-la. Portanto, cada vez que você pensa sobre o futuro, a imagem que se impõe é do presente ou do passado. A realidade do momento é tão palpável, sólida e real que mantém o futuro numa visão estreita, da qual, se não criarmos um propósito definido, ela nunca escapa.

Veja um exemplo prático. Alguma vez você já iniciou uma dieta? Quanto tempo durou? Geralmente a dieta acaba quando vemos o primeiro prato de sobremesa diante de nós. Por quê? Porque a sobremesa na nossa frente é a realidade primária, o propósito da dieta é a realidade secundária. É muito difícil impor a realidade secundária sobre a primária. Para conseguir fazer a dieta, precisamos intensificar nosso propósito para que ele adquira força primária. Isso explica por que é tão difícil visualizar e transformar o futuro numa ação concreta do presente. Ou seja, como o cérebro sempre dá preferência à atividade primária, mesmo que você deseje visualizar o futuro, as imagens do presente e do passado se interpõem e assumem o controle. Você sabe que amanhã terá que apresentar seu projeto no trabalho e precisa se preparar para a apresentação. Mas nesse momento está passando seu programa favorito na televisão, o que você faz?

Para mudar precisamos criar uma imagem muito clara do que queremos. Essa imagem precisa ser tão nítida, clara e simples a ponto de se confundir com a própria realidade presente. Imagine Ray LeMontagne renunciando seu emprego na fábrica de calçados e comprando uma coleção de discos para se dedicar a uma nova carreira. Se você conseguir criar esse tipo de relação com o futuro, terá um poder incomparável e o Universo abrirá portas incríveis para você.

PONTO CHAVE: A RENÚNCIA DA IDEIA CENTRAL

Vimos, nos primeiros capítulos, que temos uma ideia central sobre quem somos. Vimos também que essa ideia central é o resultado de padrões mentais que desenvolvemos ao longo da vida. Formamos esses padrões através da nossa herança genética, da herança cultural e, principalmente, das nossas convicções e escolhas. Há também a argumentação de que somos o resultado da ideia central que temos de nós mesmos. A ideia central é formada pela nossa memória implícita. Se a ideia central determina que não somos capacitados, que não temos a inteligência e o talento necessários para realizar nossos sonhos, raras vezes teremos resultados positivos. Se, ao contrário, essa ideia central determinar que somos alguém capacitado, que temos talento e inteligência para obter sucesso, as chances de alcançar o que buscamos é muito maior.

Por que isso acontece? Porque na medida em que vamos formando os padrões mentais que irão compor essa ideia central, passamos a nos identificar com esses padrões. Eles, então, se tornam um processo fechado. Quando isso ocorre, ficamos tão identificados com essa imagem mental que nem percebemos que reagimos automaticamente a tudo que acontece conosco. A ideia central nos domina e passa a controlar todas as nossas ações. A partir de então, passamos a ser resultado de processos involuntários. Passamos a viver num estado de aparente isolamento, com a estranha impressão de que estamos isolados de nós mesmos e do mundo à nossa volta.

O que isso sugere é que não importa se a ideia central é positiva ou negativa. Nos dois casos, a identificação segue um padrão mental fixo, e passamos a reagir de acordo com sua rigidez. Se nossa ideia central for positiva, alcançaremos grande sucesso, mas, em certo momento, isso pode nos tornar arrogantes e orgulhosos. Esse sucesso não nos satisfará. Se acreditarmos que somos inteligentes, capazes e talentosos, esse será um padrão mental fixo, e não construtivo. Se for negativo, nos tornaremos tristes, ressentidos e frustrados. É raro que a ideia central não se torne nossa maior inimiga.

O conceito da ideia central, embora simples, é extremamente poderoso. Se você está insatisfeito com seus resultados, pode tentar mudar algumas coisas superficiais. Você pode tentar ter uma atitude mais cordial, pensar de forma mais positiva, ser mais controlado nas emoções e ter um cuidado especial nas áreas que quer melhorar, mas, quando menos espera, os velhos padrões de pensamento reassumem outra vez sua posição de controle, e você volta aos hábitos antigos. Mesmo uma coisa trivial como um argumento contrário ao seu pode despertar grande resistência e negatividade. A necessidade de estar certo num argumento prova que você está lutando para defender seu padrão mental fechado. Agora, observe dois pontos fundamentais e muito poderosos.

Primeiro:

Se nossa ideia central é nossa memória implícita, ela necessariamente é formada pela percepção assimilada de circunstâncias do passado. Se nossa conexão com o passado se dá através da percepção, e se nós temos poder sobre nosso pensamento, então a percepção nos dá poder de alterar o passado. Para isso, basta mudar a percepção que temos sobre o passado.

Segundo:

Se o passado, que compõe a ideia central, nos impede de visualizar um futuro distinto do presente, e se a ideia central, mesmo sendo positiva, nos limita, qual é a saída que nos resta para modificar o futuro?

A saída é abrir mão da ideia central. Ou seja, abandonar o passado completamente. Quando abrimos mão da ideia central que temos a nosso respeito, deixamos de nos identificar com os padrões de pensamentos que controlam nossas ações. Rótulos como inteligência, talento, capacidade, sorte, herança genética e cultural não fazem a menor diferença na definição de quem somos. Sem um padrão mental fixo que nos dê uma identidade, nos tornamos completamente abertos e receptivos. O fluxo da vida passa livre em nós. Em vez de nos tornarmos mais inteligentes, servimos como um veículo de manifestação da inteligência e no lugar de sermos mais honestos e íntegros, passamos a ser um veículo de manifestação da honestidade e integridade. Também, em vez de sermos talentosos e capazes, manifestamos o talento e a capacidade humana.

Quando você atinge esse estágio, fica completamente livre de sentimentos como angústia, medo, isolamento. A intensa sensação de incompletude, de vazio e de falta desaparece. Uma energia vital vibra em você, dando-lhe a sensação de segurança constante. Você se sente à vontade, completo, em paz e conectado a tudo e a todos. Você pode afirmar de forma honesta e transparente como se sente ou o que pensa sobre determinado tema, e não há resistência, agressividade ou necessidade de fazer sua opinião prevalecer. Você tem uma opinião sobre determinado assunto, mas você não é essa opinião. Era isso que Stockdale quis dizer com "você nunca pode confundir a fé de que vai sobreviver no final – que você não suportaria perder – com a disciplina de confrontar os fatos brutais da realidade, sejam eles quais forem". Apenas quando estamos livres dos conceitos mentais fixos é que podemos encarar os fatos dessa maneira.

Como deixar de nos identificar com os padrões mentais? Para responder a essa pergunta, precisamos recordar um item discutido no capítulo 4: libertar-se dos conceitos mentais é separar os fatos das opiniões. As opiniões estão no passado ou no futuro. Os fatos acontecem no momento presente. Quando confundimos os fatos com a nossa opinião sobre os fatos, enchemos o instante presente, o tempo cronológico com tempo psicológico. O tempo psicológico não existe na realidade. Ele é uma ilusão criada pela nossa mente. A única coisa real é o tempo cronológico, que serve como referência para o tempo e para mais nada. Quando projetamos metas e objetivos para o futuro, ou quando acessamos o passado em busca de informações, estamos usando o tempo cronológico. Mas viver o hoje com as dores do passado ou as angústias do amanhã é viver no tempo psicológico criado pela nossa mente.

Quando não nos identificamos com nossas opiniões, eliminamos todo o tempo psicológico. Mantemos apenas o tempo cronológico, o que quer dizer que nossas circunstâncias são situações com as quais temos que lidar. Podemos lidar com elas agora ou deixá-las de lado e aceitá-las como parte da condição com a qual teremos que lidar numa data estabelecida no calendário. Mas não são parte de quem somos. Elas não são reações condicionadas e inconscientes, mas produtos do poder de escolha. Não há resistência ou negatividade. Aceitamos a situação completamente.

CAPÍTULO 7

A força da declaração

É impossível, eu sei.
Então, vamos começar a fazê-lo.
PHILIPPE PETIT

A KIMBERLY-CLARK SATISFAZ DIARIAMENTE milhões de consumidores em todos os cantos do mundo com seus produtos no setor de higiene e bem-estar. Um quarto da população mundial utiliza diariamente suas marcas mais famosas: Kotex, Kleenex, Huggies e Scott. Com um faturamento anual superior a US$ 19 bilhões, a empresa comercializa produtos em mais de 155 países. Oito de suas principais marcas ocupam o topo de vendas de produtos similares em mais de oitenta países.

Fundada em 1872, na pequena cidade de Neenah, estado do Wisconsin, nos Estados Unidos, seu primeiro negócio foi operar moinhos para a fabricação de papel para impressão. Mas logo começou um intenso processo de inovação no setor. Para termos uma ideia, a Kimberly-Clark lançou o primeiro papel higiênico em rolo, o primeiro papel toalha, o primeiro absorvente feminino, o primeiro lenço de papel descartável e as primeiras fraldas descartáveis, entre muitas outras inovações.

A expansão mundial iniciou-se na década de 50, quando a empresa inaugurou fábricas no México, Alemanha e Reino Unido. Na década seguinte iniciou operação em mais dezessete países. Em 1995 a empresa pagou US$ 9,4 bilhões pela sua principal rival: a Scott, tradicional produtora americana de guardanapos, papel higiênico e papel toalha. Recentemente, adquiriu duas importantes empresas produtoras de materiais cirúrgicos, firmando-se como uma das gigantes também nesse segmento.

O que existe por trás desse tremendo sucesso? Em grande parte, ele está relacionado a um homem que, por muitos, é considerado um dos grandes gênios do século 20. Seu nome é Darwin Smith. Durante os vinte anos em que esteve à frente da Kimberly-Clark, entre 1971 e 1991, ele a transformou de uma empresa com um desempenho razoável num dos melhores exemplos de sucesso empresarial do século.

O que diferencia Darwin Smith? Aparentemente, ele não tinha nada de especial. Suas biografias são raras e as que existem não são sucessos de vendas, pois a imprensa lhe dava pouco destaque. Mas se analisarmos brevemente sua história, percebemos sinais claros da fórmula que ele usou para desenvolver sua genialidade. Ele nasceu numa família humilde. Para cursar a Universidade de Indiana, trabalhou durante o dia numa fábrica e estudou à noite. Teve seus contratempos: certo dia, perdeu um dedo num acidente de trabalho. Sua reação ao acidente foi quase de indiferença: não faltou à aula naquele dia e no seguinte estava de volta ao trabalho. Apesar da personalidade discreta típica de um rapaz do interior, seu excepcional desempenho na faculdade lhe garantiu o ingresso na Universidade de Harvard, onde se formou em direito. Após se formar, foi contratado pela Kimberly-Clark como advogado da empresa.

Em 1971, assumiu a direção da Kimberly-Clark. Na época a empresa era antiga e estável, mas acomodada. Nas duas décadas anteriores, suas ações haviam caído 36%. Quando Smith assumiu a direção, não houve euforia. A mídia e a própria equipe interna não acreditaram muito no potencial dele. Para piorar, dois meses após ser nomeado diretor executivo, ele foi diagnosticado com câncer na garganta e no nariz. Os médicos lhe deram menos de um ano de vida. Em vez de se abalar e renunciar ao cargo, a reação de Darwin foi estoica. Numa reunião interna, ele informou à equipe sobre o diagnóstico médico e declarou:

– Ainda não estou morto e não pretendo morrer tão cedo!

Sem renunciar ao cargo, ele trabalhou em tempo integral enquanto ia semanalmente de Wisconsin até Houston, no Texas, para fazer radioterapia. Ele viveu mais 25 anos, dos quais vinte como diretor-presidente da Kimberly-Clark, empresa que se transformou num dos maiores exemplos de sucesso dos últimos tempos.

A FORÇA DA DECLARAÇÃO

O que existe de tão excepcional em genialidades como a de Darwin Smith? Há duas lições em sua história que não podemos deixar passar em branco. A primeira lição está clara e é bem conhecida: Smith estava disposto a trabalhar duro, a assumir a responsabilidade por si mesmo e a completar seus estudos a qualquer custo. A segunda lição, talvez a mais importante, é a coragem com que ele impôs suas condições ao longo da vida. Smith não nasceu um gênio. Sua história nos revela que ele era, na juventude, o que hoje chamaríamos de normal: um rapaz de família humilde, vindo do interior, com pais sem muitas condições e sem formação superior. No entanto, veja como ele foi se impondo passo a passo, diante da vida. Concluiu o ensino médio numa escola pública, formou-se numa universidade média, estudando à noite e trabalhando em turno integral durante o dia, e, mesmo assim, conseguiu entrar no curso de direito de Harvard. Como ele conseguiu?

Imagine uma reunião do alto comando da Kimberly-Clark. Faz sessenta dias que Darwin Smith, ex-diretor jurídico da empresa, foi nomeado o diretor-presidente. Há dias, pelos corredores e antessalas, corre o boato de que ele está com câncer e que não tem mais que doze meses de vida. Ninguém sabe claramente a medida que Smith vai tomar, mas uma coisa é certa: a reunião é decisiva. Smith começa a falar. Seus colegas percebem que há certa dureza na expressão do seu rosto. Ele inicia anunciando, com alguns detalhes, o diagnóstico médico, fala da sua previsão de vida. Faz uma pausa, olha para o grupo e diz:

– Mas ainda não estou morto e não pretendo morrer tão cedo. Então vamos ao trabalho.

A partir daquele momento, é exatamente isso que Darwin e sua equipe farão durante os vinte anos seguintes. Os primeiros foram anos duros, é claro. Mas logo os resultados começam a aparecer. Darwin ignorou sua sentença de morte, venceu o câncer e transformou a empresa num sucesso absoluto. Que sensação esse tipo de atitude nos transmite? Que pessoas como Smith podem conseguir o que quiserem da vida. Como?

A história de Smith é complexa e até estranha. Mas revela uma lição simples, que é o núcleo deste capítulo: pessoas de sucesso fazem anúncios formais ao universo expondo sua intenção de executar determinada ação, desenvolver um empreendimento específico ou adotar certa atitude. Apesar de levarem em conta a realidade dos fatos, elas não são afetadas por eles, ao contrário, declaram seu propósito e de maneira irrevogável seguem o caminho que os levam à realização desse propósito. Vejamos outro exemplo clássico que confirma o que estou falando. A história é bem conhecida: a do primeiro-ministro britânico Winston Churchill.

Churchill assumiu a liderança da Inglaterra em meados de 1940, quando tinha 65 anos. O exército alemão e seus aliados haviam dominado quase toda a Europa. A Inglaterra seria o próximo alvo. Mas, com a coragem de Churchill, o país recusou-se a ceder às ameaças nazistas. Por mais de um ano, a Inglaterra enfrentou sozinho a ameaça da invasão alemã. Hitler, diante da imbatível resistência britânica, procurou fazer um acordo com a Inglaterra. Churchill o desafiou:

> Nós estamos resolvidos a destruir Hitler e cada vestígio do Regime Nazista. Disso nada poderá nos afastar. Nada! Nós nunca vamos debater. Nós nunca iremos negociar com Hitler ou qualquer um da sua gangue. Nós combateremos por terra. Nós combateremos pelo mar. Nós combateremos pelo ar. Até que, com a ajuda de Deus, limparemos a Terra dos vestígios da sua sombra.

Assim como Darwin Smith, o que Churchill fez foi uma declaração. Não havia certeza na vitória britânica além daquela criada pela declaração verbal de seu líder. Ela foi feita no momento em que os nazistas estavam avançando sem dificuldade alguma, dominando nação após nação em toda a Europa. Qual era a sequência natural dos fatos? A Inglaterra deveria submeter-se e fazer um acordo com o regime de Hitler ou, mais cedo ou mais tarde, seria invadida e dominada. E como Churchill quebrou essa sequência? Por meio da força da declaração, afirmando que a Inglaterra jamais se renderia aos desejos de Hitler.

Veja um ponto muito importante: esse tipo de declaração não tem nada a ver com o pensamento positivo ou com o tipo de desejo que manifestamos vagamente quando queremos muito alguma coisa. A diferença está na ação, no comprometimento com a transformação da realidade. Churchill, com receio de que suas afirmações positivas afastassem dados desmotivadores, criou logo no início da guerra um departamento separado, de sua confiança, que denominou de Departamento de Estatística. O objetivo desse departamento era fornecer, de forma constante e atualizada, dados reais do andamento da guerra. Churchill tinha necessidade de saber os fatos reais, por mais duros que fossem, para agir sobre eles. "Não tenho necessidade de partilhar sonhos. Fatos são melhores do que sonhos", ele disse. Mas mesmo assim, enquanto recebia dados de que Hitler estava invadindo quase toda a Europa, ele não se limitou a declarar seu objetivo de forma clara e incisiva.

> Vocês perguntam: qual é o nosso objetivo? Eu posso responder em uma palavra: Vitória! Vitória a qualquer custo! Vitória, apesar de todo terror! Vitória, por mais longo e difícil que seja o caminho. Pois sem vitória, não haverá sobrevivência.

Perceba a fórmula de Churchill: ele encara a dura realidade dos fatos, mas não se deixa influenciar por ela, pelo contrário, declara seu desejo irrevogável de criar uma nova possibilidade e solidifica essa declaração com ações concretas, como construir alianças com os Estados Unidos e, mesmo odiando o comunismo, com a Rússia. Por meio de uma declaração, Churchill inspirou o povo britânico e o mundo a resistir a Hitler e, por fim, a vencer a guerra, mudando o rumo da história da humanidade.

ELIMINANDO O PASSADO DA NOSSA HISTÓRIA PESSOAL

Vimos o mesmo fenômeno em todas as histórias ao longo deste livro. Nando Parrado nas montanhas: "Nós precisamos encontrar uma saída"; Philippe Petit sobre o World Trade Center: "Eu sei que é impossível, mas também sei que irei fazê-lo!"; Amadeo Giannini diante da destruição causada pelo terremoto: "Nós vamos reconstruir São Francisco"; Lance Armstrong na Volta da França: "Sou apenas um rapaz normal, mas vou mostrar para vocês o que um rapaz normal é capaz de fazer!", Darwin Smith diante do câncer: "Não estou morto e não pretendo morrer tão cedo!", e assim por diante. Veja que todos eles desafiaram o próprio destino. A forma normal de pensar criaria determinada sequência de fatos. Essas pessoas, através de uma declaração, quebraram essa sequência, traçando seu destino particular, próprio. Em outras palavras, elas desafiaram o senso comum que lhes rondava. Pense, por exemplo, o que a maioria de nós faria se, assim como Darwin Smith, fosse diagnosticado com uma doença que nos daria menos de um ano de vida. O que o levou a agir de uma maneira tão singular e incisiva?

A resposta a essa altura parece óbvia, já que um dos temas-chave deste livro é mostrar que todo sucesso começa com um estado de espírito. Por pior que as circunstâncias de nosso passado tenham sido, temos um controle inquestionável sobre o estado de espírito do presente. Pessoas como Darwin Smith e Winston Churchill exercem esse controle irrevogavelmente. Como vimos no capítulo anterior, embora seja impossível alterar os fatos do passado, podemos alterar a percepção desses fatos que mantemos no presente. Convicções são padrões mentais que criamos. Portanto, podemos moldá-los e ajustá-los ao padrão da nossa escolha. E a forma de fazer isso é através de uma declaração. Ela confere um poder criativo aos impulsos do pensamento.

Vamos ver um exemplo prático de como isso funciona. Na primavera de 2002, o ciclista americano Floyd Landis mudou-se para Girona, na Espanha. Floyd, que na época tinha 26 anos, acabara de assinar um contrato temporário com a U.S. Postal, a equipe de Lance Armstrong. Todo ano, a U.S. Postal recrutava vinte ciclistas para uma temporada. Destes vinte selecionava, semanas antes da Volta da França, os oito melhores para integrar a equipe de Lance, que participaria da competição. Em Girona, Floyd dividia um pequeno apartamento com Dave Zabriskie, outro novato da U.S. Postal. Floyd e Dave se tornaram ótimos amigos e, quase sempre, treinavam juntos.

Certa manhã, depois de quase duas semanas chuvosas, Floyd disse a Dave:

– Sabe de uma coisa? Não irei treinar hoje.

Os dois foram a um café ali perto, onde passaram quase três horas. Quando recebeu a conta, Floyd percebeu que tinha bebido treze cappuccinos. No dia seguinte, Lance ficou sabendo da história.

Lance gostava de Floyd. Via nele um tremendo potencial. Mas também havia percebido que ele não tinha uma atitude profissional. Lance sabia ainda que a situação financeira e a vida de Floyd não iam muito bem. A equipe que ele integrara no ano anterior havia falido. Floyd recebera apenas parte do valor combinado e, além disso, ele estava sem contrato havia meses. Estava preocupado. Em função do rompimento do contrato anterior, não conseguia pagar suas contas. Tinha dívidas no cartão de crédito, contas médicas e odontológicas e mal conseguia sustentar sua esposa e seu filho, na época com seis anos. Ele estava inseguro sobre seu futuro na U.S. Postal e até mesmo tinha dúvidas se algum dia iria conseguir algo grandioso numa profissão tão difícil como o ciclismo. Lance queria Floyd ao lado dele na equipe que faria a Volta da França naquele ano, mas as atitudes do jovem afastavam qualquer possibilidade de isso acontecer. Na manhã seguinte aos cappuccinos, Lance procurou Floyd.

– O que você vai fazer amanhã?, perguntou.

– Vou treinar com o resto da turma e, depois disso, não sei, Floyd respondeu.

– Não. Você vai treinar comigo, disse Lance. – Preciso ter uma conversa contigo.

No dia seguinte, os dois saíram juntos. Durante o passeio, Lance expôs seu ponto de vista para Floyd. Fez alguns cálculos. Deixou claro o que participar da competição poderia significar para a carreira e para a vida financeira de Floyd. Se ele conseguisse integrar a equipe e se eles o vencessem, ele receberia US$ 50 mil como parte do prêmio. Além disso, Lance daria um bônus para cada participante. E o futuro como ciclista depois de vencer a Volta da França seria muito promissor.

– Mas para isso você precisa de foco e parar de se preocupar com qualquer outra coisa, Lance disse. – Você precisa esquecer os problemas com a família, as dívidas, dinheiro, estresse, você precisa ignorar isso tudo e focar na única coisa que você pode fazer agora: treinar! Praticar!

Floyd pensou um pouco sobre o raciocínio de Lance.

– Isso é fácil de dizer. Mas difícil de fazer, respondeu.

Lance insistiu.

– Ignore tudo, disse. – Apenas pratique, mantenha seu foco o tempo todo no treino.

Lance explicou para Floyd que estar com o corpo na Espanha, onde estavam suas oportunidades, e a cabeça na América, onde estavam seus problemas, não o ajudaria. Além de não resolver os problemas financeiros que ele havia criado no passado, não estava extraindo o melhor do presente para mudar sua situação no futuro. Floyd acabou concordando com Lance. Nas semanas seguintes, os dois treinaram juntos. Em pouco tempo, ele aprendeu como é ser um verdadeiro profissional. Aprendeu a ter foco, desenvolveu a habilidade de evitar distrações maiores, de ignorar problemas paralelos e se concentrar exclusivamente no processo. Floyd aprendeu a resolver situações, a agir sobre elas.

O que a história de Floyd nos ensina? Ele era um ciclista talentoso e brilhante, mas estava numa situação que colocava em risco seu talento e sua carreira. Suas dificuldades financeiras, em consequência de eventos do passado, o distraíam de tal maneira que todo seu brilhantismo e talento eram ofuscados, tomando seu foco no presente e roubando a possibilidade de criar condições melhores no futuro. E o que Lance fez? Orientou-o a abandonar o passado. Suas dívidas, inseguranças e o desânimo que esses pensamentos produziam destruíam a única coisa que ele tinha em mãos para mudar a situação: o momento atual.

Lance mostrou para Floyd uma realidade nova. Literalmente, ele pegou Floyd, tirou-o mentalmente da situação de vida em que estava e mostrou-lhe uma situação de vida nova. Essa situação, na verdade, não existia. Era apenas uma possibilidade. Ao declarar essa possibilidade, Lance fez uma transformação radical no ponto de vista de Floyd. Esse é o poder da declaração: em vez de gastar seu tempo pensando nas condições criadas no passado, ele declarou um estado novo no futuro, e o presente se tornou o palco onde essa ação passou a se desenvolver.

TRANSFORMAÇÃO É MELHOR QUE MUDANÇA

A declaração apenas é possível quando conseguimos, com clareza, separar os fatos da opinião que temos sobre esses fatos. Em outras palavras: a declaração sempre é uma ação sobre a opinião. Ao separar as duas, temos condições de aceitar os fatos e a partir daí agir sobre a opinião. Quando Darwin Smith foi diagnosticado com câncer, sua doença era um fato. Entretanto, a sentença médica de que ele teria apenas um ano de vida, era uma opinião. Darwin aceitou o fato, mas não a opinião. Por meio da declaração, ele encarou o fato e agiu sobre a opinião, mudando-a. Reflita comigo: se ele não tivesse assumido essa postura, se ele tivesse aceitado como fato a opinião dos médicos de que ele só teria doze meses de vida, será que ele teria vivido outros 25 anos? Eis uma lição poderosa: com o poder da declaração podemos mudar a opinião que temos sobre qualquer fato e impor nosso desejo. E com ação, podemos construir uma condição nova, do nosso jeito, que corresponda ao nosso desejo. Mas para isso não basta fazer mudanças sutis, é preciso erradicar o passado e abrir espaço para criar uma nova realidade.

Por isso a transformação sempre é melhor do que a mudança. Mudar significa incrementar uma situação que já existe, melhorando-a. Transformar significa criar uma nova possibilidade a partir de uma realidade nova. A mudança sempre surge de um processo comparativo. A transformação, por sua vez, resulta de um processo criativo. Veja, nos gráficos seguintes, o que distingue os dois processos.

PROCESSO DE MUDANÇA: A ILUSÃO DE MELHORAR O PASSADO

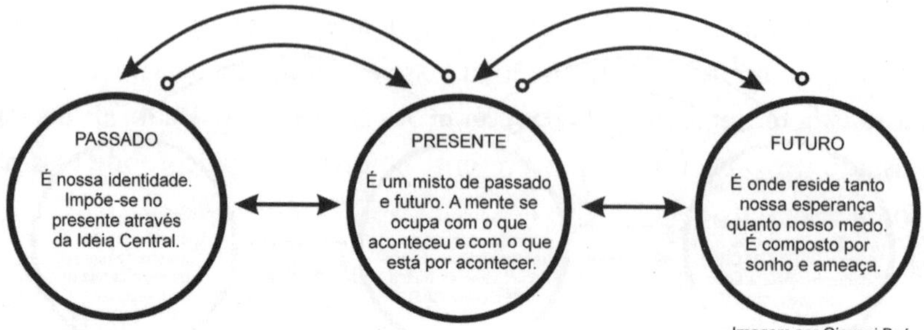

Imagem por Giovani Baú

Quando usamos uma linguagem de mudança, nossa esperança consiste em mudar em relação ao passado. Isso significa que temos um ponto de partida que é aquilo que somos: nossa ideia central. Insatisfeitos e frustrados com os resultados que obtemos, a partir desse ponto de partida, pretendemos mudar nosso futuro. No porvir, queremos ser melhores, mais eficientes e eficazes do que fomos no passado. Olhando para o presente com os olhos do passado, queremos ser melhores no futuro, ter mais e ser além do que somos. Entretanto, nosso padrão de pensamentos que cria nossas atitudes permanece. Por isso todos nossos planos e objetivos para o futuro partem de uma comparação inconsciente que surge desse padrão.

O presente está preenchido com material do passado, – a ideia central –, que se projeta no futuro. Usamos o presente para comparar o passado com o futuro. Associada à história, ou ao passado, nossa linguagem sobre o futuro se ajusta a esse passado. Nesse processo, geralmente cometemos o erro da fantasia. Fantasiamos com uma situação melhor, mas não agimos com suficiente vigor e persistência para mudar. Vamos voltar ao caso de Floyd e ver como isso funciona na prática. No caso dele, as circunstâncias do passado criaram, no presente, uma situação de vida difícil. Seu foco presente estava nas consequências dos eventos passados: dívidas, incertezas, angústias... Porém, o desejo de mudar estava latente, mas se mostrava impossível, porque seu foco estava no problema e não havia espaço para a solução. Qual foi a saída que Lance propôs? É isso que veremos a seguir.

PROCESSO DE TRANSFORMAÇÃO: COMO CRIAR UMA REALIDADE NOVA PARA NOSSA VIDA

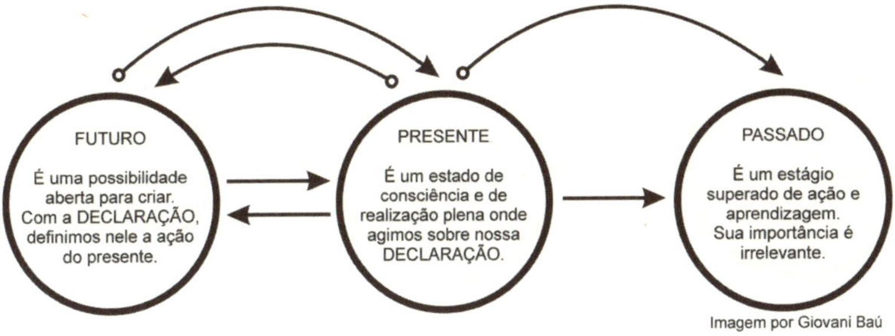

Imagem por Giovani Baú

No processo de transformação, a linguagem é sobre uma possibilidade completamente nova. Por isso, a transformação apenas é possível se abandonarmos nossa ideia central. Sem um sistema de padrões mentais fixos ocupando o presente, podemos abrir uma possibilidade completamente nova para criar. Nesse sistema não há material do passado ocupando o presente ou o futuro. O presente está vazio. Por isso, podemos antecipar o futuro e projetá-lo no presente. Ou seja: nesse processo, usamos o presente para criar o futuro. Não há comparação. O presente consiste em ser. Nossa linguagem literalmente cria um mundo novo.

Imagine isso da seguinte maneira: Floyd estava distraído com as dificuldades financeiras e a insegurança do seu futuro. As dívidas do passado, presentes no momento atual, enchiam o futuro com angústia. Ao orientá-lo a ignorar todos os seus problemas, Lance removeu do presente todo passado que Floyd havia estocado em sua mente. Sem as preocupações do passado, a angústia, que ocupava o futuro, também foi removida. Sem o passado e o futuro ocupando o pensamento de Floyd no presente, o momento presente se tornou um espaço vazio. Lance, então, usou esse espaço vazio para criar uma possibilidade nova para o futuro, e usou essa possibilidade como motivação, que fez com que Floyd agisse no presente para concretizar a possibilidade criada para o futuro. Floyd, então, com essa nova possibilidade, passou a agir sobre ela no dia a dia.

Perceba um aspecto fundamental nesse processo: não houve mudança, o que houve foi uma transformação. Mudança seria agir com base no passado.

Mas o passado foi removido, ignorado, o que possibilitou transformar o futuro, que por sua vez possibilitou agir no presente e, dessa forma, mudou o passado. Essa é a função da declaração.

Que resultado esse processo criou? No final do inverno de 2002, poucas semanas antes da Volta da França daquele ano, Lance e Floyd retornavam do treino quando Lance perguntou:

– Quem você pensa que deveria integrar a equipe da competição?

– Eu, é óbvio!, Floyd disse, rindo, sem pensar.

Lance também riu. Em seguida, citou o nome dos sete ciclistas que já haviam sido definidos. Faltava um, ele fez um breve suspense e depois disse:

– E você, óbvio.

Floyd quase caiu da bicicleta. Naquele ano, ele participou da equipe de Lance Armstrong. Eles venceram. Com o prêmio, Floyd resolveu sua situação financeira, e a U.S. Postal renovou o contrato com ele pelos dois anos seguintes. Assim como Darwin Smith e Winston Churchill, a história de Floyd teve um final feliz e tudo começou com o poder da declaração.

UM ESTADO DE ESPÍRITO COMO BASE PARA A DECLARAÇÃO

Se observarmos a vida de pessoas que merecem ser admiradas pela forma em que elas viveram sua vida, chegaremos à conclusão de que todo sucesso duradouro e sólido teve seu começo com um desejo forte seguido de uma declaração espontânea de concretizar esse desejo. Uma declaração positiva é aquela que desperta pensamentos estimulantes, altamente energéticos e seguros. Declarações do tipo "Eu posso fazer isso!" são o início de uma série de ações que levam a pessoa a traduzir seus desejos numa experiência de transformação. Saber o que se quer é meio caminho andado para a realização. Põe a pessoa em foco, eleva sua cabeça e a separa da multidão. A pessoa que mostra segurança no seu propósito consegue, em geral, mais crédito do que ela realmente merece.

Essa declaração precisa ser forte, segura e clara e refletir exatamente aquilo que queremos. O que você quer da vida? Declaração é o método por meio do qual toda adversidade, fracasso, decepção e frustração do passado podem ser transmutados em lições que nos ajudarão a superar obstáculos na jornada da vida. Mas essa declaração precisa ser estabelecida dentro de um estado de espírito positivo e favorável. Seria um erro trágico supor que uma declaração trará resultados a partir de um estado de espírito de resistência e negativismo. Existem seis princípios que definem um estado de espírito favorável para a declaração. Qualquer transformação deve partir desses seis princípios que, se adotados, por si só já serão uma transformação em sua vida.

PRINCÍPIO # 1: ACEITE A CONDIÇÃO DE VIDA ATUAL

Em 2004, o *New York Times* entrevistou o físico Stephen Hawking. Hawking nasceu na Inglaterra em 1942. Aos 21 anos, ele foi diagnosticado com uma rara distrofia neuromuscular degenerativa que, ao longo dos anos, o deixou completamente paralisado. Mesmo assim, ele se tornou um dos maiores cientistas da atualidade. Ao longo da entrevista, a repórter do *Times* perguntou como ele, apesar da doença, conseguia manter seu espírito elevado.

– Minha expectativa de vida foi reduzida a zero quando eu tinha 21 anos. Depois disso, tudo é um bônus – ele respondeu.

Hawking nos oferece um excelente exemplo de como viver a vida: como se cada dia fosse um bônus. Essa atitude nos liberta imediatamente de qualquer resistência. Todo tipo de sofrimento, frustração ou insatisfação que sentimos é uma resistência presente ou passada, um estado de não aceitação do que é. Quando não aceitamos nossa situação atual, agimos como se fossemos vítimas de alguma injustiça, nos opomos ao universo. Não aceitamos a realidade como produto nosso e, quando não assumimos responsabilidade, tampouco assumimos o poder sobre nossa vida. Afinal, se não somos responsáveis pela nossa situação, que poder poderemos ter sobre ela?

O primeiro passo para a transformação é aceitar plenamente a situação atual, sentir-se bem com ela, seja essa situação o que for. Em seguida, a partir desse espírito de bem-estar, de aceitação, podemos partir para a ação. Lembre-se da orientação de Lance para Floyd: "ignore tudo e concentre-se na ação".

Mas agir somente é possível depois de aceitarmos a situação presente como uma criação nossa.

Vejamos um exemplo: se você odeia seu trabalho, não trace um objetivo de arrumar outro trabalho do ponto de resistência ao seu trabalho atual. Primeiro faça as pazes, reconcilie-se com a situação e depois trace um objetivo para encontrar um novo trabalho, algo que lhe dê mais satisfação ou um retorno melhor. Criar uma resistência em nós contra uma situação real é insensatez, é se opor à própria vida e se render às circunstâncias que nós mesmos criamos.

PRINCÍPIO # 2:
CULTIVE A PAZ

Muitas vezes esperamos nos libertar dos problemas para, depois, sermos felizes. Esperamos que quando isso ou aquilo acontecer, ficaremos em paz. Mas é preciso inverter esse processo e aprender a permanecer em paz mesmo durante as dificuldades. Em termos psicológicos, paz e tranquilidade não são o oposto de turbulência. Você pode estar em meio à turbulência e em plena paz interior. Isso é possível com uma decisão simples: nunca confundir os fatos com a opinião dos fatos.

Quando somos afetados emocionalmente por uma situação, isso é um sinal claro de que permitimos que a situação tenha se tornado parte da nossa identidade. A partir de então, passamos a lidar mentalmente com o problema sem uma intenção clara de resolvê-lo, sem um propósito real de agir no momento. Ao contrário, inconscientemente buscamos provas para mostrar que a situação realmente é incontrolável e insuportável. Quando incorporamos nossas opiniões, as tornamos nossa identidade. A partir de então, essas opiniões se tornam uma espécie de sentido para nossa vida. Passamos a carregá-las para onde vamos, a reafirmá-las, a criar argumentos racionais para justificá-las e provar sua autenticidade. Por isso é preciso tomar uma decisão simples: não importa a gravidade e a urgência de determinada situação, não devemos permitir que as opiniões sobre esses fatos nos afetem emocionalmente.

Essa é uma escolha simples, mas radical, e por isso, difícil. Ninguém faz uma escolha dessas a menos que esteja completamente liberto das circunstâncias que o envolvam. Quando ficamos brigando com uma situação, não há espaço para o novo. Todas as coisas são distorcidas e ampliadas sob um estado emocional. Não há lugar para a solução. Em vez de proativos, nos tornamos reativos. Não agimos, apenas reagimos, e o domínio da nossa ação está nas mãos de quem provoca nossa reação. Assim, abrimos mão do nosso poder de escolha.

PRINCÍPIO # 3: VIVA EM PERMANENTE ESTADO DE GRATIDÃO

Para ser grato é preciso estar em paz com a vida. Não canalize suas energias para as suas deficiências. Seja grato pelo que você tem. Temos o hábito de criar desejos baseados em insatisfações. Insatisfação cria resistência. Não há como ser grato quando estamos insatisfeitos, quando pensamos que o mundo nos deve alguma coisa. Gratidão é um estágio interior, um sentimento, um pensamento de paz com a vida.

O pensamento é uma coisa física e real, que impacta em como nos sentimos e em como nos comportamos. Nosso sentimento gera ações, e nossas ações criam nossos resultados. Para mudar os resultados, precisamos criar uma atitude de satisfação e agradecimento mesmo por aquilo que não está como desejamos. Precisamos aceitar as coisas como elas são, sem julgá-las, e depois traçar objetivos para transformar o que gostaríamos que fosse de outro jeito.

PRINCÍPIO # 4: VIVA NUM ESTADO DE EXPECTATIVA POSITIVA

Expectativa positiva não é o mesmo que acreditar. Para perceber a expectativa positiva temos que vivenciá-la. Quando queremos tanto algo que cada célula do nosso corpo vibra, vivemos com expectativa positiva. Não é a suposição implícita de que nossa salvação está num evento futuro, que aquilo que estamos fazendo nos levará a um estágio de felicidade e de satisfação em algum ponto do futuro. Essa é uma forma desagradável e frustrante de viver a vida. O ponto de partida é aceitar sua situação presente, é escolher ser feliz agora. Estabelecer metas e objetivos é fundamental, indispensável, mas como um processo de desenvolvimento do nosso potencial, e não como busca de felicidade.

Muitos dizem: "quando essa situação mudar, vou me sentir melhor, quando tiver mais dinheiro, quando mudar para uma casa melhor, quando trocar de trabalho, ou me separar, ou encontrar um namorado, aí serei feliz". Não há como negar que melhorar as circunstâncias ajuda na maneira como nos sentimos, mas isso é inverter o processo e viver de migalhas. Criar um propósito definido não é esperar que esse propósito se realize para que possamos nos sentir felizes, felicidade é saber escolher um propósito que nos faça sentir bem porque o escolhemos, e ao sentirmo-nos bem em relação a esse propósito criamos as circunstâncias necessárias para que ele se torne real.

PRINCÍPIO # 5: MANTENHA FOCO NO POSITIVO

Assim como o sucesso, o fracasso é cumulativo. Por isso, crie um clima de vitória, de sucesso. Estabeleça pequenas metas e comemore sua realização. Mantenha o foco nas coisas positivas. Diz a Bíblia que Deus, no princípio, criou o céu e a terra e que a terra era vazia e sem forma, que trevas cobriam a face do abismo. E que Deus, então, disse: "haja luz", e assim criou a luz. Viu que a luz era boa e então separou a luz e as trevas, criando o dia e a noite. Depois, no outro dia, criou o firmamento e, após, separou a terra das águas. Diz a Bíblia que a essa altura Deus viu que ficou bom. Ora, quase não havia nada, Deus ainda estava no começo, mas já se sentia satisfeito! Ele viu que o que havia feito até ali era bom! Como Deus, olhe para tudo que você realizou até aqui e diga: ficou bom! A partir desse ponto, busque motivação para fazer os ajustes. Sinta-se satisfeito sempre, até mesmo por tentar e não conseguir, e tentar outra vez. Nunca se deixe tomar pelo sentimento de derrota. Veja sempre o lado bom e tente outra vez.

PRINCÍPIO # 6:
OUÇA A VOZ DA CONSCIÊNCIA

Nelson Mandela foi preso em 1962 e permaneceu na prisão a maior parte da sua vida adulta. Em 1985, depois de viver 23 anos em clausura, o governo africano ofereceu-lhe liberdade condicional, desde que cessasse o incentivo à luta armada. Mandela recusou a oferta, permanecendo preso por mais cinco anos. É lógico que Mandela não quis ficar na prisão, seu propósito era sair de lá, mas sua vida tinha um sentido maior do que as condições nas quais ele estava e esse era o sentido que lhe dava o necessário para aceitar as circunstâncias sem resistir a elas. Ninguém pode nos dizer o que fazer, que não temos o direito de lutar, que não temos opções, que somos forçados a nos render às circunstâncias. Mandela, apesar de preso, nos deixa uma lição incrível sobre liberdade: ela não se restringe às nossas ações físicas. A maior liberdade é ser livre em nossa consciência.

Todos esses princípios são ideias fáceis e simples de compreender, mas difíceis de praticar. Por exemplo: é fácil falar sobre viver num permanente estado de gratidão, ou de manter o foco no lado positivo da situação, mas quantas pessoas têm o caráter de Darwin Smith ou de Lance Armstrong diante de um câncer? Ou a forma madura de encarar a morte como Nando Parrado? Ou de Amadeo Giannini e Richard Schulze ao ver seu capital destruído por uma catástrofe? A prática desses hábitos exige sacrifício, dedicação e, às vezes, até mesmo um intenso sofrimento. Lembre-se sempre da lição de Lance Armstrong: a dor de lutar pelos nossos sonhos é temporária, desistir deles dói para sempre.

O PODER DA DECLARAÇÃO

Pessoas como Darwin Smith parecem saber de uma coisa: nada no mundo é absolutamente certo ou garantido. Por isso elas estão dispostas a arriscar, a impor sua decisão sem receios. Essa parece ser, muitas vezes, a única diferença entre aqueles que desenvolvem suas riquezas. A razão do sucesso não é que uma pessoa seja mais capaz ou tenha ideias melhores que as demais, mas sim a coragem que algumas pessoas desenvolvem de apostar na sua capacidade ou nas suas ideias, de assumir o risco e agir.

Como vimos no caso de Floyd, a inércia ou a inabilidade de agir diante dos problemas torna as pessoas nervosas, faz com que elas se sintam presas numa armadilha, e a vida vira uma tragédia. Somos incapazes de lidar com coisas abstratas, indefinidas, e quando não sabemos exatamente o que buscamos, não agimos. A melhor maneira de estimular a ação é definir um propósito. Se você busca riqueza material, espiritual e emocional precisa definir, através da declaração, o que exatamente quer. Essa declaração só terá resultados se ela for clara, sólida e decisiva.

Vamos considerar um último exemplo: imagine que você seja contratado para fazer um estudo sobre o mercado de seguros. A empresa que lhe contratou quer que você vá até o aeroporto internacional JFK, de Nova York, e encontre passageiros com destino a algum país do Oriente Médio, como o Irã, por exemplo, e pergunte duas coisas.

Primeira: quanto eles estariam dispostos a pagar por uma apólice de seguro que beneficiasse suas famílias com 1 milhão de dólares, caso sejam vítimas de uma emboscada terrorista.

Segunda: quanto eles estariam dispostos a pagar por uma apólice de seguro que beneficiasse suas famílias com 1 milhão de dólares em caso de morte durante a viagem.

Em sua opinião, em qual das duas situações os participantes estariam dispostos a pagar mais? O psicólogo Amos Tversky e o vencedor do Nobel em Economia Daniel Kahneman realizaram essa experiência inúmeras vezes em diferentes aeroportos e outros locais dos Estados Unidos. O que eles descobriram é impressionante. Em quase todos os casos, as pessoas estavam dispostas a pagar mais por algo específico, como morrer num ataque terrorista, do que por algo mais vago como morrer durante a viagem, que inclui um ataque terrorista.

Tversky e Kahneman também descobriram que proprietários de imóveis na Califórnia estavam dispostos a pagar muito mais por um seguro que protegesse seus bens de um terremoto na Califórnia do que por um seguro que os protegesse de qualquer catástrofe que atingisse o Oeste americano, que, obviamente, inclui a Califórnia e um terremoto.

Como essa falha de lógica se explica? Nossa mente funciona melhor quando temos uma âncora, um ponto de referência a partir do qual podemos projetar nosso pensamento. Se eu lhe pedir, por exemplo, para descrever qualquer coisa de cor branca que consiga lembrar em trinta segundos e em seguida lhe pedir para que você descreva, também em trinta segundos, todas as coisas de cor branca que estão dentro da sua geladeira, certamente sua lista das coisas que estão na geladeira será maior. Como pode? Não é estranho isso? O mesmo ocorre se alguém lhe pedir para pensar sobre o futuro. Pensar sobre o futuro é complicado. O termo é muito complexo, abstrato e amplo. Mas se eu criar um limite e pedir para você pensar no futuro da sua carreira profissional, você começará a vislumbrar coisas práticas com uma velocidade muito maior.

Quando você deseja algo e percebe que está tendo dificuldades em obtê-lo, a primeira coisa que vem à mente é de que há algo fora do seu controle que está criando obstáculos. Mas isso não é verdade. A única coisa que nos separa dos nossos desejos é nossa forma de pensar. Somos inclinados a não dar importância às coisas abstratas, vagas e imprecisas. O que nos atrai é o específico, o determinado. Isso revela uma dimensão frágil da nossa personalidade: sonhos vagos, desejos abstratos, metas imprecisas não nos motivam. Dizer que você quer ganhar dinheiro, ter uma boa vida, ou que quer ser feliz é quase inútil. Todo mundo quer isso. Você precisa ser específico. Precisa definir, especificar, determinar o que quer. E isso se faz pelo poder da linguagem, pela força da declaração.

CAPÍTULO 8

A irrefutável influência das relações

O fato é: ninguém de nós sobe sozinho.
LANCE ARMSTRONG

NA CALIFÓRNIA, A MENOS DE UMA HORA AO sul de São Francisco, existe uma região conhecida como Vale do Silício. Se a Terra tivesse um cérebro, e esse cérebro tivesse uma área responsável pelo desenvolvimento tecnológico, ela certamente seria o Vale do Silício. Ali estão localizadas milhares de empresas de alta tecnologia: Apple, Google, Ebay, Yahoo, Hewlett-Packard, Amazon, Cisco e Adobe Systems são algumas. Cerca de quatrocentos bilionários e milhares de milionários moram numa das catorze cidades que integram a região. Trata-se de uma das áreas com o maior índice de concentração de riqueza do mundo e também um dos locais mais caros para se viver.

No outono de 1998, Sergey Brin, um dos criadores do Google, marcou um encontro com um renomado *chef* chamado Charlie Ayers. Charlie acabara de completar 32 anos, mas seu currículo era extenso. Com um diploma em culinária da prestigiada Universidade Johnson & Wales, de Rhode Island, ele já havia coordenado a cozinha de inúmeros restaurantes classe A dos Estados Unidos. No encontro, Sergey disse a Charles que tinha uma proposta para ele, queria que deixasse seu emprego atual e fosse trabalhar com a equipe do Google.

Charlie quis saber mais sobre o Google e o emprego. Na época, o Google tinha menos de vinte empregados. Não havia passado ainda um ano desde sua criação e a empresa continuava localizada numa garagem que Sergey e Larry haviam alugado por 1000 dólares por mês, perto da Universidade de Stanford, na Califórnia. Quando Sergey explicou o tamanho da empresa, Charlie riu.

– Você precisa de um *chef*, Sergey?, ele perguntou. – Vocês não têm nem cozinha na empresa!

A credibilidade das empresas novas no Vale do Silício havia caído muito no final dos anos 90, com a crise das empresas de informática. Muitas empresas com potenciais semelhantes ao Google haviam fechado, quebrado, sido compradas ou absorvidas, abrindo um grande buraco nas contas das empresas de capital de risco. Sergey insistiu. A ideia era montar um refeitório com comida saborosa, saudável e gratuita para todos os empregados. O papel de Charlie seria criar um ambiente onde as pessoas pudessem tomar café, almoçar, fazer um lanche e jantar. Ele queria um local onde sua equipe pudesse estender discussões e conversas sobre o trabalho, mas também tivessem a oportunidade de se conhecer, de conviverem.

– O Google será uma empresa diferenciada. Nós vamos precisar do seu trabalho, reforçou Sergey.

Charlie prometeu pensar sobre a proposta, mas achava que a ideia de oferecer refeições gratuitas para os empregados era uma prova de que Sergey e Larry estavam sonhando alto demais e na direção errada.

Oito meses depois, Charlie descobriu, por meio de um anúncio, que o Google continuava procurando um *chef*. A contratação seria imediata. A reputação da empresa havia crescido muito. A equipe do Google já tinha 55 empregados, todos selecionados a dedo por Sergey e Larry. A empresa tinha fama de ser uma das mais rigorosas na seleção de pessoal de todo o Vale do

Silício. Somente para o cargo de *chef*, já haviam sido entrevistados 25 candidatos e todos haviam sido dispensados. Charlie decidiu dar uma segunda chance e foi falar com Sergey. A orientação continuava a mesma: eles queriam comida saudável, saborosa e gratuita, a qualquer hora do dia, para todos os empregados. Desta vez, Charlie aceitou a proposta e, no dia 17 de novembro de 1999, se tornou o empregado número 56 do Google.

Por que Sergey e Larry tinham essa obsessão pelo refeitório? Para responder a essa questão, vamos, antes, analisar duas histórias impressionantes: a do renascentista Michelangelo e a do cofundador da Apple, Steve Jobs.

O SEGREDO DE MICHELANGELO: POR QUE A RENASCENÇA PRODUZIU TANTOS GÊNIOS NUMA PEQUENA REGIÃO DA ITÁLIA?

Para quem gosta de história, é fácil perceber que alguns lugares bem particulares, num período curto de tempo, produziram um incrível número de gênios. Como por exemplo Atenas, na antiguidade, e Florença, no Renascimento. Florença, que na época tinha menos de 100 mil habitantes, deu origem a dezenas de músicos, filósofos, pintores, escultores e arquitetos. Nomes como Masaccio, Paolo Uccello, Filippino Lippi, Domenico Ghirlandaio, Giotto, Leonardo Da Vinci, Botticelli, Lorenzo Ghiberti, Filippo Brunelleschi e Michelangelo impressionam até hoje.

Quais foram as razões que provocaram essa explosão de genialidade em Florença durante o Renascimento? Que condições permitiram que a criatividade e o talento de Michelangelo se manifestassem? Os livros de história apontam inúmeras e diferentes causas: transição da Idade Média para a Idade Moderna, transição do feudalismo para o capitalismo, a invenção da imprensa e suas consequências, como riqueza, estabilidade e liberdade. Mas isso nos estimula a olhar para fatores externos. Se fosse assim, então os 100 mil habitantes que viviam em Florença deveriam ter se tornado gênios e não apenas uma parte deles. São essas interpretações equivocadas que nos fazem olhar para os gênios e imaginá-los como resultado de uma combinação estranha e mágica de uma série de coincidências. Indicadores gerais como o contexto histórico podem sugerir certa influência, mas eles nunca são suficientes. Tanto é que a genialidade de Michelangelo é dele e não da Renascença. Isso indica que deve haver no íntimo dessas pessoas algo que as torne excepcionais. O momento econômico e cultural pode ser um meio que interaja com elas e facilite a exploração de seu potencial. A nós interessa saber como essa interação acontece.

Ao longo deste livro, nós combatemos a ideia de que as riquezas são resultado do meio em que vivemos. Afirmamos que quanto mais buscamos uma causa em fatores externos para compreender esses fenômenos, mais caímos na armadilha da justificativa. Vamos, então, olhar sob o prisma do qual tratamos até aqui. Para chegar ao segredo dos renascentistas, vamos analisar mais especificamente a história de um deles: Michelangelo.

Imagine se você tivesse nascido num ambiente cultural ou numa sociedade que não conhecesse limites, ou que, pelo menos, tivesse descoberto que os limites que impedem o desenvolvimento de seu potencial são falsos, uma sociedade que não distinguisse a genialidade como um dom que Deus dá para poucos, escolhidos a dedo. Nessa sociedade você teria uma enorme liberdade de fazer o que quisesse, por vontade própria, sem que ninguém lhe impusesse um sistema de ensino para amarrá-lo por toda a sua adolescência. Suponha que, se você gostasse de filosofia, por exemplo, pudesse ir todos os dias até a praça ouvir Sócrates debater com seus discípulos, poetas, sofistas e políticos; ou se você gostasse de pintura e pudesse passar a maior parte da sua infância e adolescência num ateliê com um grande mestre, ajudando-o, observando-o por anos seguidos; ou, além disso, pudesse ter filósofos como Pico della Mirandola dizendo aos seus ouvidos que o homem representa o centro do universo, que ele é um ser mutante, livre e criativo. Que tipo de resultado você esperaria do seu futuro?

Foi exatamente isso que aconteceu nesses períodos, tanto em Atenas quanto em Florença, onde a genialidade se manifestou de forma intensa. Em Florença, por exemplo, pintores, escultores e arquitetos procuravam ajudantes. Quem mostrava talento para determinada atividade tinha a oportunidade de trabalhar com grandes mestres. A paixão por essa atividade fazia com que essas pessoas passassem de quatorze a dezesseis horas praticando, servindo e auxiliando o mestre. Não havia limite de horários. Esse tempo se estendia entre cinco a dez anos. Durante esse período, a única preocupação desses aprendizes era aprender e praticar.

Esse é o quadro geral. Agora vamos avançar um passo e ver o que fez os gênios se distinguirem dos demais e aflorarem dentro desse contexto. Michelangelo, ao lado de Da Vinci, é um dos maiores expoentes da Renascença. Ele nasceu em 1475 na Itália. Seu pai, Ludovico Buonarroti Simoni, era um administrador público que descendia de uma família nobre. Quando tinha seis anos, Michelangelo perdeu a mãe e foi entregue aos cuidados de um casal amigo da família. Desde muito cedo, ele acompanhou seu pai adotivo no trabalho. E qual era a profissão dele? Cortador de mármore. A influência foi tanta que, mais tarde, Michelangelo atribuiu seu talento para a escultura a essa experiência. Anos depois, muito contra a vontade, ele teve que abandonar essa tarefa e ir para a escola, onde se mostrava totalmente desinteressado. Enquanto os professores falavam, ele enchia seus cadernos com desenhos. Quando chegava em casa, seu pai verdadeiro, ao ver seus cadernos cheio de desenhos, o espancava. Para a família Buonarroti, ter um artista em seu seio era vergonhoso.

Quando completou treze anos, Michelangelo passou a frequentar o ateliê de Domenico Ghirlandaio, um pintor já conhecido e famoso. Ali, ajudava a preparar a tinta, limpar os pincéis e auxiliava no desenho e na pintura de afrescos numa igreja de Florença. Um ano depois, sem paciência com o ritmo lento de Ghirlandaio, trocou o ateliê pela escola de escultura nos jardins de São Marcos. Ali se tornou um discípulo de Bertoldo, um grande escultor que trabalhava para Lorenzo de Médici, patriarca da família mais poderosa e influente daquela parte da Itália. Junto à família Médici, Michelangelo encontrou uma atmosfera que evocava a magnificência da Grécia Antiga. Foi ali que ele entrou em contato com a filosofia de Platão e seu ideal de beleza baseado no equilíbrio das formas, o que influenciou fortemente sua arte.

Visto sob essa ótica, já temos algumas pistas sobre a origem da genialidade de Michelangelo. Quais? Primeiro, parece claro, até aqui, que ele tinha um talento natural para a arte. Sabemos disso a partir dos desenhos que lhe causavam tantos problemas na escola. Segundo, parece que sua genialidade era uma interação perfeita entre seus desejos pessoais, desenvolver o talento da arte, e o meio, que dava a oportunidade para que esses desejos fossem transformados em genialidade. Mesmo assim, ele não era o gênio que nós conhecemos até concluir *Pietà*, sua escultura mais famosa. A essa altura, Michelangelo, que aprendeu a manusear o martelo e a talhadeira com seu pai adotivo aos seis anos, já tinha 24. Ou seja: haviam se passado dezoito anos. Antes disso, ele era pouco conhecido. O que isso nos sugere? Ao longo desses dezoito anos ele desenvolveu seu talento de forma disciplinada, adquirindo conhecimento, técnica e muita experiência, ajudando pintores e escultores adultos. Essa disciplina mais tarde o levaria a afirmar que "se as pessoas soubessem como foi duro adquirir minha maestria, não me chamariam um gênio".

É difícil considerar a genialidade como resultado da combinação de elementos simples, como talento e um ambiente favorável para que esse talento possa se desenvolver por meio da aquisição de conhecimento, técnica e prática. Mas não precisamos voltar para a Idade Média para buscar exemplos que confirmem essa hipótese. Ela está escancarada em cada história de sucesso, como, por exemplo, o próprio Google.

Vimos, no capítulo 4, que toda genialidade, riqueza e bem-estar começa na forma de um pensamento ou de uma ideia. O pensamento é uma forma de energia. Assim como a energia, quando canalizada para um fim específico, gera força, também o pensamento, quando canalizado para um propósito definido, se transforma em força. O pensamento de um único homem raras vezes é capaz de produzir uma força extraordinária. Por isso, a genialidade e a riqueza precisam, para se desenvolver, da força que existe na interação de duas ou mais mentes, focadas no mesmo propósito. Essas mentes podem ser encontradas nos livros, nos mestres, na imaginação e até na natureza. Isso significa que, se você estiver interessado em desenvolver sua própria genialidade, precisa aliar-se a energias que tenham um propósito em harmonia com o seu. Essa forma de aliança, vista no caso do Google e de Michelangelo, tem sido a base de praticamente todas as grandes conquistas da humanidade. A compreensão dessa verdade pode fazer muita diferença em sua vida e determinar seus resultados a partir de agora.

STEVE JOBS E O MITO DO GÊNIO SOLITÁRIO

Outro exemplo maravilhoso desse fenômeno é Steve Jobs, o cofundador da Apple. Jobs pode ser considerado uma espécie de Michelangelo da nossa época. Embora nunca tenha posto um pé numa universidade como aluno, nas últimas décadas ele transformou inúmeros mercados. Considerado um ícone da cultura popular, único no mundo dos negócios, Jobs recentemente foi eleito pela revista *Fortune* a pessoa mais inteligente do setor tecnológico. Veja as inovações atribuídas a ele: o iPod, que reinventou a música, a Pixar, que transformou o desenho animado, o iPhone, que mudou as telecomunicações, e o iPad, que fez com que outros fabricantes de computadores repensassem seu projetos.

De onde surgiu esse Michelangelo contemporâneo? Jobs nasceu em Mountain View, Califórnia, considerado o epicentro do Vale do Silício. Em vez de ir para a faculdade, assim como Michelangelo, ele passou grande parte do tempo assistindo a palestras dos cientistas e engenheiros da Hewlett-Packard. Esses eventos abordavam os avanços mais recentes em eletrônica. Jobs fazia qualquer coisa para participar. Não raras vezes, no final das palestras ficava horas ouvindo as conversas entre os cientistas e engenheiros para conseguir informações adicionais. Bill Hewlett, cofundador da HP, ficou fascinado com Jobs e ofereceu-lhe um emprego de verão. O rapaz trabalhou na linha de montagem e ficou tão encantado que passou a sonhar em projetar seu próprio computador.

Em 1976, quando Jobs tinha 21 anos, ele e Steve Wozniak criaram a Apple, que desde então vem revolucionando o mundo da computação. Em 1985, ele entrou em conflito com o presidente da Apple que ele mesmo havia contratado e a deixou. Com a saída de Jobs, a Apple caiu consideravelmente. Quando retornou, doze anos depois, a empresa estava perto da falência. Nos primeiros anos, a Apple vendia 14,6% de todos os computadores pessoais nos Estados Unidos. Em 1997, quando Jobs retornou, esse percentual havia caído para 3,5%. Hoje, treze anos depois, ela é a empresa de tecnologia mais valiosa do mundo.

Tente imaginar Steve Jobs num dia normal de trabalho. Visualize-o em seu laboratório, na sede da Apple, em Cupertino, Califórnia. Como você imagina o seu ambiente de trabalho? Ao longo de 2010, fiz essa pergunta a várias pessoas. Primeiro, para um grupo de cinquenta amigos próximos. Depois, para cerca de cem alunos do Warren County Community College, no interior de Nova Jérsei. Quase 85% dessas pessoas disseram que viam Jobs num laboratório muito limpo e bem iluminado. Mesas de vidro, paredes brancas, rodeado por equipamentos modernos. Elas também acreditavam que Jobs preferia trabalhar absolutamente isolado, em vez de dividir seu conhecimento com colegas.

O que isso nos sugere? A imagem que temos das pessoas inteligentes é a do gênio isolado. Uma pessoa com superpoderes que se isola de tudo e todos, desenvolve projetos e cria inovações que, além dele, mais ninguém compreende. Não é bem assim. A imagem que criamos do gênio isolado, semidivino, na realidade não existe, e essa simplificação tem implicações que precisamos considerar. O detalhe crucial é que temos dificuldade em nos libertar dessa imagem, mesmo sabendo disso.

Veja a Pixar, que produziu filmes como *Procurando Nemo* e *Toy story*. Em 1986, quando Jobs saiu da Apple, comprou uma empresa de computação gráfica chamada Lucasfilm Ltda., que pertencia ao cineasta George Lucas e tinha como cérebro Edwin Catmull, que cuidava da divisão de computação gráfica. Jobs fez alguns ajustes, transformou-a numa produtora de filmes animados e a batizou de Pixar. Jobs pagou 5 milhões de dólares pela companhia e investiu mais 5 milhões na reestruturação. No início, a Pixar fazia filmes de curta-metragem para testar novas tecnologias do setor. Jobs contratou outro gênio, John Lasseter, que trabalhava para a Disney. Juntos, Jobs, Catmull e Lasseter provocaram uma revolução tecnológica, produzindo trabalhos incríveis.

Aos poucos, a Pixar começou a ganhar impulso. Em 1991, Jobs firmou uma parceria com a Disney para três longas-metragens com computação gráfica. A Pixar criaria os filmes, e a Disney financiaria e distribuiria os projetos. Em 1995, a Pixar e a Disney lançaram o primeiro longa da série *Toy story*. O filme foi um tremendo sucesso de bilheteria: faturou 192 milhões de dólares no mercado americano e 362 milhões em todo o mundo. Desde então, a Pixar revolucionou o cinema com produções como a série *Toy story*, *Vida de inseto*, *Monstros S/A*, *Procurando Nemo*, *Os Incríveis* e *Carros*. Os filmes produzidos pela Pixar já ganharam 22 Oscar.

De quem foi a ideia que Jobs transformou na Pixar? De George Lucas. Quem foram os responsáveis pela tecnologia da Pixar? Edwin Catmull e John Lasseter. Qual foi a participação de Jobs no processo? Ele foi o maestro. Simplesmente pegou um conjunto de pessoas isoladas, mas que dependiam umas da outras, e as colocou em ordem, como se estivesse montando um grande quebra-cabeça. O mesmo aconteceu na Apple quando ele reassumiu o comando. Logo após seu retorno, o grande sucesso que colocou a empresa de volta na liderança no setor de eletrônicos foi o iPod, lançado em setembro de 2001. Meio ano depois, o eletrônico já havia vendido 10 milhões de unidades. De quem foi a ideia que Jobs transformou no iPod? De Tony Fadell, um fornecedor independente e especialista em hardware. Fadell procurou a Apple para discutir o projeto de um tocador de MP3, e Jobs abraçou a ideia. Contratou Fadell e juntos desenvolveram o projeto que resultou no iPod. Foi Jobs quem, por exemplo, teve a ideia do iPhone, mas foi Jonathan Ive, designer da Apple, quem o criou. Jonathan também teve participação fundamental em outras invenções associadas a Jobs, como o iPod e o iPad.

Aonde chegamos com esses exemplos? Eles nos mostram que as grandes invenções tecnológicas e inovações científicas e culturais são, na verdade, descobertas de equipe. Thomas Edison, por exemplo, em seu projeto para desenvolver a lâmpada incandescente tinha cerca de trinta assistentes. A maioria era de cientistas renomados, que trabalharam catorze a dezesseis horas por dia, seis ou sete dias por semana, durante anos. Outro exemplo é *A origem das espécies*, de Charles Darwin. A obra exigiu décadas de trabalho de campo, envolvendo dezenas de pessoas ao longo de quase vinte anos. Nos anos finais, Darwin reuniu sua equipe centenas de vezes em discussões exaustivas, nas quais faziam análises conjuntas das teorias elaboradas em inúmeros rascunhos. Mesmo construída sobre teorias já anteriormente elaboradas, a obra exigiu de Darwin e sua equipe uma vida inteira de dedicação. A própria teoria da relatividade de Einstein não tem a originalidade que lhe dá fama. Inúmeros estudiosos afirmam que o matemático, filósofo e físico francês Henri Poincaré, vários anos antes, já havia levantado indícios claros da teoria quase exatamente como foi elaborada por Einstein.

As grandes invenções são sempre o resultado de redes de pessoas trabalhando em colaboração, em diferentes estágios, durante anos. Em outras palavras, pessoas como Jobs, Edison, Darwin e o próprio Einstein são muito mais maestros que conduzem as experiências que levam a descobertas e à criação de coisas grandiosas do que descobridores em si. Todos eles com certeza têm um potencial extraordinário, mas sem o apoio de dezenas de profissionais suas descobertas não seriam as mesmas. Voltando a Michelangelo, podemos afirmar a mesma coisa: sua genialidade despertou com os contatos que ele manteve ao longo da vida. Isso leva nossa análise a um novo patamar: o que define os contatos adequados para essas pessoas?

A LEI DO MAGNETISMO: SOMOS UM ESPELHO DAS NOSSAS RELAÇÕES

Seria um engano pensar que as pessoas geniais nascem no ambiente adequado, que todas as redes de conexões se formam por coincidência. A história delas nos revela algo diferente: foram impelidas por uma força interna na direção de pessoas com interesses semelhantes. Veja Jobs, por exemplo. Ele se negava a ir à universidade, mas se infiltrava nas palestras das empresas para as quais nem mesmo era convidado. Uma de suas biografias, *Milionário por acaso*, diz que ele "agarrava pelo colarinho os engenheiros da Hewlett-Packard para extrair informações adicionais". Jobs, na época, tinha menos de vinte anos. A mesma biografia diz que, certa vez, ele chamou Bill Hewlett, dono da poderosa HP, e lhe pediu peças de computador. Você tem ideia do que é isso? Qual foi a reação de Bill? Ele prontamente atendeu ao pedido. Não é difícil perceber a relação que se criou entre os dois. De onde vem essa relação? Do interesse comum que ambos tinham. Isso define a lei do magnetismo: pessoas com interesses e propósitos iguais tendem a se atrair. O tipo de vínculo que se estabelece tem a mesma origem que une os casais: a paixão. A paixão de Jobs era a mesma de Bill Hewlett e dos engenheiros da HP. Ou seja: somos atraídos por pessoas que possuem a mesma paixão que nós. Quanto maior a paixão, maior a atração. Essa atração, porém, só ocorre se dermos ouvidos a essa força interior que nos impele para determinado fim.

Existe, porém, outro fator em jogo: a autoimagem. Você já conheceu alguém que em algum momento esteve loucamente apaixonado por outra pessoa, mas não teve coragem de se declarar? O que impede, nesse caso, que a pessoa declare seu sentimento? A resposta é simples e direta: o medo da rejeição. Esse medo sempre é o resultado de uma autoimagem negativa. Pense, por exemplo, na autoimagem de Jobs, um rapaz de 19 anos que não queria frequentar a universidade, mas tinha coragem para se infiltrar nas palestras da HP e, no final, ficar horas interrogando os palestrantes e engenheiros. Sua coragem e ousadia não são impressionantes? Por isso, vale a pena reafirmar o que vimos no início deste livro: a autoimagem é o ponto de partida de todo sucesso. As pessoas não são atraídas apenas por outras com a mesma paixão, mas também por aquelas que têm o mesmo tipo de autoimagem. Ou seja: as pessoas que você atrai não são determinadas pelo que você quer, mas pelo que você é.

Você já viu uma pessoa extremamente negativa e outra extremamente positiva andarem juntas o tempo todo? Muito difícil. E quando isso ocorre, é porque existe uma paixão muito mais forte do que a diferença entre elas. Temos aqui, então, uma chave importante para revelar a nossa paixão e a nossa verdadeira autoimagem. Basta olhar quem são as pessoas à nossa volta, que tipo de atitudes elas têm. Essas pessoas e suas atitudes são quase um reflexo de quem nós somos.

Por isso a história do gênio isolado, percebendo coisas que ninguém percebe em função da sua genialidade, é um mito que nos induz a uma série de erros. Steve Jobs, Michelangelo, Edison, Darwin e Einstein tiveram, com certeza, um potencial extraordinário. Mas quantas pessoas tiveram o mesmo potencial extraordinário e nunca o desenvolveram? Caso Jobs não tivesse o atrevimento de manter esses contatos com os engenheiros e cientistas da HP, talvez nunca tivesse chegado aonde chegou. Para estabelecer esse tipo de relação, ter uma autoimagem positiva é fundamental. Se, por exemplo, acreditarmos que pessoas de sucesso são pessoas superimportantes, gênios isolados, em vários sentidos superiores a nós, nunca os abordaremos. Situações como as de Jobs se infiltrando nas reuniões da HP não acontecerão conosco, e as portas que se abriram para ele não se abrirão para nós.

QUAL É, ENTÃO, O TERRENO FÉRTIL DA GENIALIDADE?

Até aqui vimos que o sucesso de pessoas que atingem resultados extraordinários quase sempre depende mais da capacidade de lidar com pessoas e despertar o entusiasmo de outros do que da própria genialidade em inovar e criar. Essas pessoas, acima de tudo, acreditam no talento daqueles que integram sua equipe. Elas estão dispostas a descobrir e reconhecer o melhor nas outras pessoas e fazem isso de todas as maneiras possíveis. Elas colocam seus esforços no espírito de aprovação e reconhecimento e não de crítica e reprovação. Elas reconhecem o valor da apreciação e da confiança. Por meio dessas virtudes, elas despertam no outro um desejo ardente de cooperação. Elas criam ambientes de liberdade, isentos de negatividade, cobiça e disputa.

Genialidade, para se desenvolver, precisa de fatores como satisfação, poder de escolha, espontaneidade e acima de tudo paz. Estar em paz é estar livre de uma autoimagem pobre, que lhe impeça de ser o melhor que você pode. Quem consegue isso tem as pessoas ao seu lado. Aquele que não consegue, trilha um caminho solitário. Não há forma mais eficaz de anular as ambições das pessoas do que um relacionamento frustrante, baseado na crítica, na insatisfação, no medo e na sensação de insuficiência e incapacidade. Esse tipo de relacionamento, tão comum em empresas, escolas, universidades e em qualquer setor da vida social, nos faz imergir no tédio, sentir vazios, inúteis, e ainda, com que nos subestimemos.

Se você tem o desejo ardente de tornar seu propósito definido em seu equivalente físico, seja ele de ordem material, emocional ou espiritual, você precisa buscar a aliança de outras pessoas que têm esse mesmo propósito. Quando o pensamento de duas ou mais pessoas se une em harmonia em torno de um propósito específico, uma terceira força, muito maior que a soma das duas ou mais pessoas que se unem, se forma e passa a conspirar a favor da realização desse propósito. Essa era a intenção de Sergey e Larry ao criar o refeitório em tempo integral para a equipe Google. Além de impedir hábitos alimentares ruins, o refeitório manteria as pessoas próximas umas das outras. Elas poderiam almoçar e ao mesmo tempo compartilhar ideias sobre o trabalho, discutir assuntos pessoais e evitar a influência de problemas externos. Sergey e Larry queriam, acima de tudo, criar um espírito de harmonia entre os membros da equipe em torno do propósito maior do Google. Esse tipo de espírito ativa nossa mente e faz com que nos sintamos livres, fecundos, felizes e em constante crescimento.

A SÍNDROME DE NARCISO (OU: PARA UM BICHINHO QUE VIVE DENTRO DE UMA GOIABA, O MUNDO É UMA GOIABA)

Para transformar o produto da nossa imaginação num objeto real e tangível, precisamos, inevitavelmente, da cooperação de outras pessoas. Atraímos essas pessoas por conta de fatores que temos em comum, como a paixão, o propósito e a autoimagem. Pense, então, sobre as pessoas da sua relação. Quantas compartilham, num espírito de absoluta harmonia, os mesmos propósitos que você? Quem é seu mestre? Quem é aquela pessoa que lidera sua equipe, que lhe inspira e que serve de exemplo? Quantas pessoas você inspira? Quantas pessoas consideram você um mestre? Qual a sua relação com elas?

Se juntarmos todas as histórias que vimos até aqui, chegaremos à conclusão de que um dos benefícios de viver num mundo feito de relações é que podemos aprender com o exemplo e as experiências dos outros. Não há dúvida de que um dos motivos da nossa supremacia sobre outras espécies é justamente nossa capacidade de dividir e acumular experiências. Cada situação específica vivida por uma única pessoa pode ser usada como conhecimento pelos demais. Lembra de Jobs agarrando os cientistas da HP pelo colarinho para satisfazer sua curiosidade?

Há, porém, um fator estranho nas relações do nosso dia a dia. Raras vezes usamos esse benefício. Na verdade, toda vez que falamos alguma coisa, tentamos fazer com que a outra pessoa pense da forma como nós pensamos. Nossa intenção, mesmo inconsciente, é adequar a ideia central que a outra pessoa tem sobre si à que temos sobre nós. Em outras palavras, ao invés de nos enriquecer com o conhecimento do outro, tentamos trocar o ponto de vista do outro. Ou melhor: nossa troca de informação, na verdade, não é uma troca. Ela é uma tentativa de adaptar o pensamento do outro à maneira como nós pensamos. Assim como para um bichinho que vive dentro de uma goiaba o mundo é uma goiaba, também aos nossos olhos, o mundo é exatamente como o vemos na nossa mente. Temos uma dificuldade enorme de vê-lo pelas lentes da outra pessoa. Essa é uma falha na nossa personalidade que precisa ser corrigida.

Você já reparou que uma criança, mesmo sendo alertada cem vezes para não tocar no forno, quando menos esperamos vai lá e toca nele? Por que é tão difícil para ela se convencer de que, quando a alertamos, é porque queremos o melhor para ela? Crianças aprendem com seus próprios erros. Elas apenas param de subir a escada depois que caem duas ou três vezes. Nós, adultos, não somos muito diferentes. Assim como as crianças, precisamos sentir o efeito em nós. Temos uma estranha tendência de não dar ouvidos aos nossos sentidos ou às experiências dos outros. Somos afetados pela síndrome de Narciso, a bela história que nos é contada por Ovídio em *Metamorfoses*.

Narciso era um belo rapaz que passava o dia debruçado sobre um lago para contemplar sua beleza. Ele era tão fascinado por si mesmo que, certo dia, ao tentar beijar sua imagem, caiu no lago e se afogou. As deusas do bosque, que sempre observavam Narciso às escondidas, foram até o lago e viram que ele chorava. Elas se aproximaram e perguntaram:

– Por que você chora?

– Choro por Narciso, o lago respondeu.

– Claro, não nos espanta que chores por Narciso, as deusas concordaram. – Afinal de contas, apesar de nós sempre corrermos atrás dele pelo bosque, eras o único a quem ele revelava sua beleza.

O lago olhou com espanto e perguntou:

– Narciso era belo?

Surpresas, as deusas exclamaram:

– Quem melhor do que você para saber disso? Não era, por acaso, em suas margens que ele se debruçava todos os dias?

O lago ficou em silêncio por alguns segundos. Depois disse:

– Eu não lembro como ele era. Choro porque, todas as vezes que ele se debruçava sobre mim, podia ver, refletida nos seus olhos, minha própria beleza.

De certa forma, agimos como Narciso e o lago. Embora não gostemos de admitir isso, temos uma necessidade quase impulsiva de aparentar importância aos olhos dos outros. Essa atitude, por um lado, é uma forma de autoproteção. Ao exibir nossa imagem, temos a impressão de fazer com que o outro nos veja da forma como gostaríamos que nos visse. Num estudo recente, três pesquisadores da Universidade de Princeton explicaram a um grupo de alunos três características fundamentais do comportamento humano: nossa tendência de nos considerarmos melhores que a média; nossa tendência de associarmos um fato com outro, mesmo quando não há nenhuma relação entre eles; e nossa tendência de nos julgarmos acima da média em fatores que consideramos positivos, e abaixo da média em fatores que consideramos negativos.

Após a explicação, os pesquisadores sujeitaram os participantes a um teste. A intenção era clara: eles queriam ver se, após a explicação dessas tendências, elas continuariam presentes nos estudantes, e se eles seriam capazes de reconhecer aquele tipo de preconceito em si mesmos. Por mais estranho que pareça, mesmo tendo compreendido a explicação dos professores, quando chegou a hora de aplicar o conhecimento na prática, os estudantes continuaram avaliando a si mesmos exatamente de acordo com os preconceitos recém expostos pelos professores. Ou seja: a consciência sobre esses preconceitos não mudou a atitude dos alunos. Numa segunda questão, quando os estudantes tiveram que analisar a si e aos outros, aplicaram a lição para os outros, mas se excluíram. Os pesquisadores insistiram: agora que vocês sabem sobre esses preconceitos, querem mudar o que acabaram de dizer? Mesmo assim, o esforço foi infrutífero. Em várias repetições posteriores desse estudo, o resultado sempre foi o mesmo. As pessoas concordaram com a explicação, mas na hora de colocá-la em prática evitaram aplicá-la em si e a usaram para avaliar apenas o comportamento das outras pessoas.

Por que essa experiência dos pesquisadores de Princeton é tão importante? Por dois fatores específicos que afetam drasticamente nossas relações. Ela mostra que, se uma pessoa nos diz alguma coisa, mantemos nossa convicção pessoal porque acreditamos que somos melhores do que ela. E a experiência dá um exemplo claro de como cada um de nós pensa que o mundo é exatamente da forma como o vemos. Se houver alguma divergência, o equívoco, logicamente, é sempre do outro.

Por que pensamos que somos tão exclusivos e especiais? Existem três razões que explicam isso. A primeira é porque somos a única pessoa que nos conhece da forma como nós nos conhecemos. Conhecemos nossos pensamentos intimamente, os experimentamos de forma direta. Já em relação com os outros temos que deduzir o que pensam ou sentem. Não temos essa relação direta com os pensamentos e sentimentos alheios. Podemos apenas imaginar, deduzir, acreditar que o outro tenha a mesma experiência que nós nas mesmas circunstâncias. A segunda razão é porque gostamos de nos sentir únicos. Se você já foi a uma festa e viu alguém vestindo a mesma roupa que você, sabe do que estou falando. A terceira razão é que pensamos ou pelo menos gostamos de pensar que as pessoas são muito diferentes umas das outras, esquecendo de ver que quase todos agem da mesma forma. Nossa atenção tem foco em dois ou três pontos que nos distinguem e ignoramos todo o resto.

POR QUE O CHARLIE'S PLACE FOI FUNDAMENTAL PARA O SUCESSO DO GOOGLE

Em janeiro de 2004, o Google se mudou para sua nova sede em Mountain View, na Califórnia. O refeitório conhecido como Charlie's Place ficou famoso, falava-se dele fora da empresa. O comentário era que a comida ali era muito melhor que a dos restaurantes caríssimos do Vale do Silício. Não importava se o funcionário era vegetariano, se gostava de comida exótica ou se queria um hambúrguer de frango, tudo que precisava era fazer o pedido. Em poucos minutos, estava pronto. Ao final do expediente, Charlie estava lá, paciente e atencioso para atender quem quisesse se estender um pouco mais e curtir uma cerveja com os colegas. Tudo de graça.

Charlie's Place em pouco tempo virou uma instituição indispensável na empresa. A motivação dos funcionários não tinha limites.

– Dava para sentir a energia, o foco na empresa era absoluto, disse Charlie. – Todos tinham a mesma causa: transformar o Google num sucesso. A conversa era "Cara! olha o que nós fizemos", e não "Olha o que eu fiz".

Charlie's Place era uma mistura de fantasia e concretude. Ele criava um clima de entusiasmo pela empresa, tanto uma motivação pessoal quanto a consciência de que se tratava de uma missão coletiva.

Nos finais das tarde das sextas-feiras, Sergey, Larry ou Eric Schmidt, que na época era o diretor-executivo, se juntavam ao grupo para uma rodada de cerveja e petiscos. Algumas vezes falavam sobre os projetos em andamentos, explicavam a razão de certas decisões e respondiam perguntas. Outras vezes apresentavam novos funcionários ao grupo. Para essas ocasiões, Charles decorava uma prancha de surfe com *sushi*, *fondue* de chocolate e outros petiscos com a logomarca do Google.

– Havia eletricidade no ar. Todos estavam contagiados pelo mesmo fogo, lembra Charlie.

A influência do Charlie's Place na trajetória do Google talvez nunca seja quantificada em números, mas não há dúvida de que tem relação com os resultados extraordinários da empresa. Sergey e Larry compreenderam a importância de haver um espírito harmonioso em torno do desejo de realizar um propósito mútuo.

As condições que o Charlie's Place criou no Google se assemelham muito às descritas por Platão em *O banquete*: um grupo de amigos criativos, unidos pela paixão, pela beleza da arte e da verdade, sob o jugo da comodidade, livres da pressão e angústia de prazos irrevogáveis e da ameaça constante da incapacidade reinando em suas mentes.

Uma lição para empresas, instituições e entidades que, frequentemente, produzem por meio de suas regras e sistemas motivacionais medo, infelicidade e insegurança. Sentimentos inúteis e nocivos à produtividade. As relações corretas têm um poder irrefutável sobre o desenvolvimento da genialidade. Por quê? Porque a criatividade precisa de vínculos, de desafios e estímulos, não de barreiras burocráticas. Quando compartilhamos nossos desejos mais intensos, quando deixamos aflorar a vida que vibra por trás das aparências, da insegurança e do medo, descobrimos a simplicidade e a perfeição de que a vida é feita.

E também porque, ao expor nossas ideias e opiniões, desenvolvemos e adquirimos clareza e objetividade, o que aumenta nossa autoconfiança e nos dá credibilidade. Ao falar, explicar, teorizar, compartilhar e defender nossas ideias, passamos a compreendê-las melhor. Ao compreendê-las, ampliamos as possibilidades de aprofundar seu conteúdo e aprimorá-las. E, por último, porque nesse contexto desarmamos nossas convicções. Ao nos expor, quebramos a perene necessidade de estarmos certos. Ao perceber o erro, distinguimos o fato das opiniões sobre esse fato. Sem as opiniões criando uma tela opaca em torno de nós, as pessoas passam a nos entender de verdade, e quanto mais percebermos que as pessoas nos entendem de verdade, mais passamos a gostar de nós e por consequência delas.

O que geralmente acontece é o oposto, infelizmente. Temos o estranho hábito de nos relacionar apenas com pessoas que conhecemos. E mesmo esse grupo se restringe a pessoas que têm a mesma idade e hábitos similares aos nossos. Quando vivemos num mundo de convicções rígidas, bloqueamos a possibilidade de dar uma segunda olhada em determinada situação. Mesmo que alguém nos mostre o contrário, não abrimos mão de nossa posição. Atolamo-nos nela e criamos argumentos para justificá-la eternamente. Quando Sergey e Larry decidiram fazer o Charlie's Place, eles criaram, na verdade, uma fonte de poder social. Deram aos seus funcionários a oportunidade de fazer alianças com várias mentes entrosadas, num espírito de perfeita harmonia, cooperando para a conquista de um propósito definido. Dessa forma, propiciaram a oportunidade para que os funcionários desenvolvessem um poder extraordinário sobre si mesmos, o que refletiu na empresa. Esse é o poder irrefutável que as influências exercem sobre nós.

CAPÍTULO 9

O Princípio da Ordem Espontânea

Só os medíocres esperam
o melhor de si o tempo todo.
OSCAR WILDE

NUMA FRIA MANHÃ NO OUTONO DE 2003, UM grupo de jovens da fraternidade Alpha Épsilon Pi se reuniu numa antiga sala de festas da Universidade de Harvard. Alpha Épsilon Pi é uma fraternidade composta por jovens judeus, a maioria estudante de Psicologia, História e Filosofia. Um dos estudantes é o brasileiro Eduardo Saverin. Ele é alto, tem o nariz um pouco saliente, cabelos e olhos escuros e sua timidez parece ser proporcional à altura. Eduardo nasceu em São Paulo, em março de 1982. Em 1993, a família se mudou para Miami, nos Estados Unidos. Em 2001, ele foi admitido em Harvard. No outono de 2003, cursava o segundo ano de Economia e, naquela manhã, Eduardo decidiu conversar com outro jovem da fraternidade: Mark Zuckerberg. Ele não conhecia Mark, mas havia um fato curioso comentado pelos corredores da célebre instituição que fazia Eduardo sentir uma emoção especial cada vez que via Mark. Um ano antes, quando Mark ainda não havia ingressado em Harvard, a Microsoft teria lhe feito uma proposta. Ela teria oferecido entre 1 e 2 milhões para que ele trabalhasse para a empresa. Mark teria recusado a proposta. Para Eduardo isso simplesmente era inconcebível. Quem recusaria uma proposta dessas?

Mark tinha dois anos a menos que Eduardo. É baixo, cabelo loiro e olhos claros. Cursava Ciências da Computação e também era um rapaz tímido, mas a conversa rolou fácil entre os dois, e uma amizade instantânea nasceu entre eles. Nos dias seguintes, passaram a se ver diariamente. Alguns meses depois, Mark contou a Eduardo que estava criando um *site* de relacionamento social. Era como um grande clube no qual só poderia fazer parte quem fosse convidado por alguém que já fosse um membro. O *site* era restrito aos estudantes de Harvard. Mark já havia criado praticamente tudo. Havia apenas um problema: ele não tinha dinheiro para pagar o servidor do *site*. Mark propôs uma parceria a Eduardo: se ele bancasse o investimento inicial, seria sócio.

– Quanto você acha que é preciso?, perguntou Eduardo.

– Creio que mil dólares cobrem tudo, pelo menos no início, respondeu Mark.

Eduardo quase não se conteve. A ideia parecia extraordinária e o investimento quase insignificante. Com um aperto de mão disse a Mark que poderia contar com ele.

– Penso em chamar o *site* de *The facebook*, Mark disse, acrescentando em seguida: – Minha proposta para a sociedade é a seguinte: eu fico com 70% e você fica com 30%.

A parceria entre Mark e Eduardo estava consolida.

COMO O FACEBOOK CRIOU MOMENTUM E SE TORNOU UM NEGÓCIO DE 60 BILHÕES DE DÓLARES?

Vamos dar uma breve parada na história e analisar dois fatos importantes na compreensão da origem do sucesso do Facebook. O primeiro ponto: perceba que Mark tinha um desejo e que estava em busca de uma ideia. Esse desejo era tão ardente que ele tinha recusado uma proposta milionária da Microsoft. Da mesma forma, Eduardo estava em busca da mesma coisa que Mark. Afinal, foi o fato de Mark ter recusado a proposta da Microsoft que aproximou os dois. O que a sabedoria convencional nos diz sobre encontros como esses? Que eles são acidentais ou, simplesmente, caprichos da sorte. Neste capítulo vamos analisar essas coincidências sob um novo ponto de vista e mostrar que elas são provocadas por forças que, quase sempre, são o resultado de nossas escolhas. O segundo ponto importante é que, quando uma pessoa deseja realizar um propósito tão intensamente que não hesita colocar toda a sua vida em jogo por esse propósito, ela está forçosamente predestinada a realizá-lo, seja o que for. É importante que você guarde esses dois pontos na memória. Nós os retomaremos em seguida.

Voltando à história, Mark e Eduardo lançaram o Facebook em fevereiro de 2004. Duas semanas depois, cerca da metade dos vinte mil estudantes de Harvard havia aderido à rede. Quatro meses depois, eles a abriram para outras quarenta escolas da região. Nos meses seguintes, o *site* foi aberto para estudantes de outras universidades americanas. Nesse momento, uma terceira força entrou em jogo: Sean Parker. Cinco anos mais velho que Mark, Sean já tinha um histórico no mundo da internet. No fim dos anos 90, ficara famoso ao criar o serviço de compartilhamento de músicas Napster, mas havia sido afastado da empresa. Ele conhecia os principais investidores no setor e tinha experiência em buscar investidores. Sean era o que o Facebook precisava. Meses depois, Mark abandonou a faculdade e se mudou para a Califórnia. Eduardo dividia seu tempo entre Nova York, onde tentava encontrar investidores, e Boston, onde continuou a faculdade.

Você se lembra dos dois fatos iniciais? Primeiro: tanto Mark como Eduardo tinham um desejo intenso. Segundo: quando uma pessoa possui um desejo tão intenso que está a fim de pôr a vida em jogo por ele, inevitavelmente, ela o realizará. Pois bem, agora, observe um terceiro fato importante: a primeira diferença fundamental entre o desejo de Mark e Eduardo. Mark, ao perceber que para atingir seu propósito seria preciso se mudar para o Vale do Silício, não hesitou. Da mesma forma como havia recusado a proposta milionária da Microsoft, ele abandonou Harvard e se mudou para a Califórnia. Era lá que seu desejo encontraria solo fértil para criar raízes. Mark tinha um propósito definido.

Agora, Eduardo, ao mesmo tempo em que se empenhava no desenvolvimento do Facebook, mantinha os pés firmes em Harvard. Seu propósito não era definido. Seu pensamento certamente era: "Vou concluir o curso de economia e caso o Facebook não dê certo, pelo menos terei o diploma!" Você já se viu numa situação assim? Certamente. Nós amamos deixar uma porta aberta só para o caso de algo não sair a contento. Qual é, a essa altura, a diferença entre Mark e Eduardo? Mark estava tão comprometido com seu propósito que colocou todo o resto em jogo para realizá-lo. Eduardo, ao contrário, não quis apostar todas as cartas no Facebook. E o que aconteceu? A mesma força que uniu os dois em torno do mesmo propósito provocou a separação quando esses propósitos deixaram de estar em perfeita harmonia.

O que aconteceu? Num golpe tramado por Sean, Mark fez uma reestruturação das cotas da empresa e, sem Eduardo saber, sua participação foi reduzida a níveis insignificantes. Por causa de Sean, Mark e Eduardo se desentenderam menos de um ano depois. Eduardo se afastou da empresa. Mais tarde, a questão da sociedade entre Mark e Eduardo se tornou uma longa discussão judicial que forçou Mark a devolver 5% do Facebook para Eduardo, 25% a menos do que sua cota original. Em janeiro de 2011, o Facebook valia cerca de US$ 50 bilhões. Mesmo caindo para 5%, a parte das ações de Eduardo Saverin, no mesmo período, foi avaliada em 2,5 bilhões de dólares. E quanto a Mark? Ele se tornou um dos jovens mais ricos e poderosos do mundo.

Milhares de pessoas olham para Mark Zuckerberg e o invejam por causa da sua sorte de ter nascido um gênio ou pela sorte de ter descoberto algo genial como o Facebook. Mas poucos são capazes de reconhecer o segredo de Mark e menos ainda os que conseguem ver esse mesmo segredo se repetindo ao longo dos anos, na vida de todos aqueles que conseguem imprimir sua genialidade nas páginas da história. Qual é esse segredo? A riqueza vem de encontro às pessoas que, deliberadamente, escolhem desenvolver um estado mental para a riqueza. O fracasso, da mesma forma, vem de encontro às pessoas que, indiferentemente, permitem que um estado mental de fracasso se instale na mente e assuma o controle de seus pensamentos. Na introdução deste livro, o objetivo era estabelecer uma fórmula para auxiliar aqueles que pretendem desenvolver a genialidade e atingir riqueza material e bem-estar espiritual e emocional. Para compreender essa fórmula, precisamos desmontar a sabedoria convencional e enxergar além dela.

Vimos nos capítulos iniciais que uma das nossas fraquezas é a tendência de medir tudo e todos à nossa volta de nosso ponto de vista pessoal. Por isso muitas pessoas, ao lerem este capítulo, talvez tenham dificuldades em compreender a lógica por trás dos princípios abordados e, assim, ajam sem fé em relação ao seu conteúdo. Isso se deve ao estado mental em que essas pessoas se encontram. Se você tem um estado mental para o sucesso, o reconhecimento da verdade contida neste capítulo é inevitável. Se você, entretanto, tem dificuldade em assimilar seu conteúdo, releia os capítulos iniciais até que a verdade contida nos princípios deste capítulo tornem-se evidentes.

O QUE A CRIAÇÃO DO FACEBOOK, A DESCOBERTA DA PENICILINA, DO VIAGRA E DA ESTRUTURA DO DNA TÊM EM COMUM?

Alguma vez você já se perguntou o que causa o surgimento de fenômenos extraordinários como o Facebook? O que os separa de ideias similares? O Facebook não foi, em circunstância alguma, uma criação acidental. Mas ele confirma o que o filósofo inglês Francis Bacon afirmou no século 15: "Os avanços mais importantes da história são, quase sempre, resultado de fatos pouco previsíveis". O que isso significa? Mark Zuckerberg estava em busca de algo grandioso. Seu objetivo era claro, mas isso não quer dizer que, ao lançar o Facebook, ele tivesse uma noção clara, passo a passo, do que aconteceria no futuro. Quando lançou o projeto, a ideia inicial era a criação de um *site* social restrito aos alunos de Harvard. Além disso, já havia outras redes sociais disponíveis. Lançado em 2000, Friendster era um. MySpace, fundado em 2002, era outro, já com dezenas de milhões de membros.

Por que o Facebook se tornou esse sucesso? Para tornar essa resposta simples e compreensível, vamos observar três fenômenos estranhos que provocaram mudanças extraordinárias na nossa maneira de viver: a descoberta da penicilina, do Viagra e da composição do DNA.

Durante a Primeira Guerra Mundial, o médico e cientista irlandês Alexander Fleming trabalhava como médico do exército real inglês quando observou o alto índice de soldados que morriam por causa de ferimentos infeccionados. Fleming passou a analisar o método de tratamento de tecidos humanos danificados ou doentes e descobriu que os antissépticos usados na época, em vez de ajudar, na maioria das vezes causavam danos ainda maiores por eliminarem células do sistema imunológico. A partir dessa avaliação, ele criou um propósito específico: identificar substâncias capazes de combater as bactérias sem danificar tecidos saudáveis ou enfraquecer os mecanismos de autodefesa do corpo humano.

Em 1928, ao sair de férias, Fleming esqueceu algumas placas com culturas de bactérias em seu laboratório. Quando retornou, viu que uma de suas culturas havia sido contaminada por uma colônia de fungos. Ao analisar as placas e os corpos invasores, reparou que em volta dos fungos não havia mais bactérias. A colônia de fungos criada a partir de um fenômeno imprevisto havia matado as bactérias. Foi a partir dessa observação que estudos posteriores o levaram à descoberta da penicilina.

O que isso nos faz pensar? Que a descoberta da penicilina foi resultado de um lance de sorte. Afinal, Fleming não quis deixar as bactérias a esmo em seu laboratório, nem tampouco promoveu o surgimento dos fungos. Mas e se esse fenômeno, ou lance de sorte, em vez de ter ocorrido no laboratório de Fleming, tivesse ocorrido na cozinha da minha ou da sua casa, será que ele também teria levado à descoberta da penicilina? É isso que diferencia esse tipo de fenômeno da sorte. Fleming tinha um objetivo claro sobre o que buscava, mas assim como Mark não conhecia os caminhos que o levariam até lá. Ele estava em busca dessa descoberta, porém não a descobriu propositalmente. Houve uma força fora do seu controle que promoveu o encontro com o que ele buscava. Lembre-se do que vimos no início do capítulo: quando uma pessoa deseja realizar um propósito tão intensamente que não hesita colocar toda a sua vida em jogo, ela está forçosamente predestinada a realizá-lo, seja esse propósito o que for

Outro medicamento, o Viagra, também foi resultado de uma descoberta ocasional. Durante anos, os mais diversos laboratórios farmacêuticos investiram bilhões na busca de um produto que pudesse resolver o problema da impotência sexual masculina. Certo dia, uma equipe de cientistas da Pfeiffer estava tentando produzir um remédio contra hipertensão e angina – dor causada pela insuficiência de sangue nos músculos cardíacos. No avançar da pesquisa, constataram que a sildenafila – a substância que estavam testando – produzia um efeito quase insignificante sobre a angina, mas tinha um estranho efeito colateral: intensas ereções penianas. Foi assim, por acaso, que a tão procurada solução para a impotência se revelou. Da mesma forma, foi uma cena do filme *Beldades no banho* que sugeriu a Francis Crick e James Watson a hipótese de que a hélice do DNA pudesse ser dupla, descoberta que lhes deu o Nobel de Medicina em 1962.

Embora acidentais, essas descobertas não são, como às vezes gostaríamos de acreditar, resultados da sorte ou do acaso. Elas são o resultado de um fenômeno conhecido como Princípio da Ordem Espontânea. Você busca algo intensamente e quando menos espera, no lugar em que menos espera e da forma como menos espera, ela aparece. Esse tipo de fenômeno acontece conosco em situações mais comuns a toda hora. Você já percebeu? Fenômenos como os que vimos acima e coincidências corriqueiras são resultados do mesmo princípio. Mas o conceito vai além. Não importa qual é o nosso desejo, se estivermos comprometidos com ele tão intensamente que se torne nosso propósito de vida, esse desejo se manifestará em seu equivalente material.

AS DUAS REGRAS DO PRINCÍPIO DA ORDEM ESPONTÂNEA

Existe um contexto específico onde o Princípio da Ordem Espontânea se manifesta. E esse contexto é produzido por duas regras específicas: a regra dos acidentes positivos e a regra da coerência. Para compreender o Princípio da Ordem Espontânea, precisamos entender essas duas regras. Acidentes positivos são fenômenos que causam resultados como os descritos acima: o Facebook, a invenção da penicilina, do Viagra e a descoberta da composição do DNA, por Crick e Watson. Veja outro exemplo ainda mais radical: Apelles era um antigo e renomado pintor grego. Ao tentar pintar, sem sucesso, durante um dia inteiro, a espuma da boca de um cavalo, ele se irritou e jogou a esponja contra a tela. A mancha que o pincel deixou na tela produziu o efeito exato que ele estava buscando.

Acidentes positivos resultantes do Princípio da Ordem Espontânea se formam sobre um paradoxo. Não são lances de sorte. Esses fenômenos começam a se manifestar apenas por meio da persistência criada ao longo de anos de esforço ou com extrema intensidade. Primeiro, surge o desejo que origina a ideia, que se transforma no nosso propósito definido. Por anos, somos desafiados por obstáculos e desafios que se impõem. Na busca da solução, aprendemos a explorar de forma consistente os limites da nossa capacidade intelectual, onde a possibilidade de cometer erros é sempre grande. Cometemo-los em abundância, mas, cedo ou tarde, de uma forma ou outra, o resultado da nossa busca se revela.

A regra da coerência, por sua vez, é o extraordinário efeito que um fator produz sobre o outro. Ela estabelece que dois mais dois, sob o efeito da ordem espontânea, não é quatro, mas dez, vinte ou cinquenta. O que isso quer dizer? Cada fator do sistema reforça as outras partes do mesmo sistema e, juntas, formam um conjunto integrado que é muito mais potente e poderoso do que a simples soma dessas partes. Você já percebeu que quando alguém dá início, de forma visível, ao acúmulo de riqueza, como esse acúmulo se multiplica em dimensões extraordinárias num curto período de tempo? Esse crescimento desproporcional é o efeito da regra da coerência. Muitas vezes custa entender esse tipo de progressão porque o resultado final é muito desproporcional ao fator que o originou. Mas é assim que a riqueza se propaga. É difícil romper certo limite, mas uma vez que esse limite seja rompido, o efeito se manifesta de maneira visível e em quantidades incomuns.

Qual é, então, o segredo do sucesso do Facebook? Ele é o resultado simultâneo de uma sucessão de acidentes positivos e do efeito da regra da coerência. É o tipo de coisa que acontece quando as pessoas têm um objetivo claro e correm atrás dele. Mark estava desesperado buscando algo grandioso, algo diferente, em que pudesse desenvolver seu potencial, seu talento. Quando viu que o Facebook era o que estava procurando, transformou-o em seu propósito. A seguir, investiu toda a sua energia, toda a sua força de vontade, todo o seu tempo e esforço no desenvolvimento desse propósito. A partir daí as coisas foram se organizando em torno desse propósito de forma espontânea. Veja a sucessão de fatos.

Primeiro apareceram os irmãos Winklevoss, dois estudantes de economia, também de Harvard, que estavam trabalhando na montagem de um *site* com as características do Facebook desde 2002. No final de 2003, eles pediram a Mark para desenvolver a programação do *site*. Foram eles que deram a Mark a ideia original do Facebook. Mark nunca concluiu o trabalho encomendado pelos Winklevoss, mas a ideia o inspirou a desenvolver seu *site* pessoal.

Depois surgiu Eduardo Saverin, que também estava em busca de oportunidades. Por isso se aproximou de Mark. Por fim, apareceu Sean Parker. Era o tipo de pessoa que Mark precisava. Alguém que conhecesse pessoas influentes, que se relacionasse com facilidade e apresentasse o projeto a investidores de uma forma incisiva e convincente. Sean é uma dessas pessoas que fazem surgir água no deserto. Ter um projeto como o Facebook, para ele, foi uma aventura agradável. Enquanto Eduardo corria para cima e para baixo, no metrô de Nova York, em busca de pequenos patrocinadores, Sean apresentava o Facebook de uma maneira atrativa a investidores em potencial no Vale do Silício. Em uma simples tacada conseguiu 500 mil dólares de um único investidor.

O que todos eles possuem em comum? Se você observar de perto, verá que todos eles eram pessoas com talentos distintos, procurando uma forma de desenvolvê-lo. Mark era talentoso naquilo que fazia, mas precisou dos irmãos Winklevoss, Eduardo Saverin e Sean Parker para que seu talento fosse direcionado para algo grandioso como o Facebook. Um desejo intenso fez com que ele estivesse em constante busca de algo que desse a oportunidade de desenvolver seu potencial. Uma sucessão de acidentes positivos trouxe até ele tudo de que ele precisava. Uma vez que ele passou a transformar seu desejo no seu equivalente físico, a regra da coerência se encarregou de multiplicar os resultados numa progressão geométrica.

O Princípio da Ordem Espontânea nos revela algo mágico na busca do sucesso: nosso cérebro se magnetiza com os pensamentos que são dominantes e por um misterioso fenômeno esse magnetismo atrai forças, pessoas, eventos e circunstâncias que estejam em harmonia com esses pensamentos, promovendo, inevitavelmente, sua manifestação física. Esse fenômeno não distingue e nem julga a ordem e o teor desses pensamentos. Sejam eles positivos ou negativos, a força se aplica da mesma forma.

Para nós, quase sempre é muito difícil compreender ou aceitar esse tipo de fenômeno. Recusamo-nos a acreditar naquilo que foge à compreensão racional. Acreditamos que nossa limitação na forma de pensar é a própria medida da limitação. Essa dificuldade é uma resistência criada por um padrão mental fixo e impede que nossos resultados sejam afetados, de forma positiva, por esse fenômeno. Não conseguimos pensar que a genialidade está à nossa espera para se manifestar porque temos a mente carregada de resistência imposta por um estado mental negativo. Para nos beneficiarmos do Princípio da Ordem Espontânea devemos abandonar a resistência criada por pontos de vista convencionais.

O PONTO DA VIRADA

Em algum momento da sua vida você já deixou de fazer alguma coisa que realmente estava a fim, mas não o fez por receio do que os outros poderiam pensar ou dizer? Por outro lado, você já observou que as pessoas que mais se expõem são as que mais progridem na vida? Um dos fatores que impedem a grande maioria das pessoas de realizar seus desejos é o medo da crítica e da opinião dos outros, caso elas tentem e fracassem. Outro fator negativo é desistir quando o primeiro obstáculo aparece no caminho. Se você se libertar desses dois fatores – o medo da opinião alheia e o receio do fracasso –, você ingressará no seleto grupo de pessoas que, em algum momento da vida, serão beneficiados pelo Princípio da Ordem Espontânea. Nenhuma pessoa, por mais favorecida que tenha sido pela herança genética ou cultural, irá ter sucesso definitivo sem antes conhecer as inúmeras faces da derrota. Quando somos derrotados e testados ao longo do caminho, a coisa mais fácil é desistir. É exatamente isso o que a maioria faz. Por isso, jamais conseguem realizar seus desejos e alcançar elevados níveis de riqueza e bem-estar.

O ponto de virada do sucesso, por ironia, quase sempre vem depois de uma série de derrotas. Considere Mark Zuckerberg outra vez. Antes da criação do Facebook, sua genialidade já era aclamada. Harvard é um ambiente para privilegiados, mas antes de criar o que mais tarde se tornou o Facebook,

Mark teve um histórico de fracassos. Primeiro, ele criou um *site* chamado Course Mash. O que era isso? Sua ideia era ajudar estudantes de Harvard a escolher disciplinas de acordo com os outros inscritos naquela mesma cadeira. Ou seja: se algum sobrinho de John Kennedy estivesse cursando certa disciplina em determinado semestre, o *site* dava essa informação, o que possibilitaria ao interessado se inscrever e estudar com o sobrinho de Kennedy. Uma ideia ingênua que deu em nada. Depois, criou um *site* pirata chamado Facemash, onde, após baixar fotos de alunas de inúmeros cursos, comparava as imagens e dava oportunidade para as pessoas votarem naquelas que achassem mais bonitas. Esse *site* quase fez com que Mark fosse expulso de Harvard. Além de receber uma advertência da universidade, Mark tornou-se chacota entre os estudantes.

Como vimos, foi apenas quando os irmãos Winklevoss convidaram Mark para configurar um *site* que estavam criando, que ele teve a ideia que resultou no Facebook. Depois de criar o *site*, ele percebeu que precisava de recursos para custear um servidor no qual poderia hospedá-lo. Foi quando procurou Eduardo Saverin. Mark tinha ideia sobre o crescimento do seu empreendimento? Certamente não. Se tivesse, não teria oferecido 30% da empresa para Eduardo, que não fez praticamente nada além de financiar o projeto com 1000 dólares. Se Mark tivesse a mínima ideia do sucesso do Facebook, será que não teria dado um jeito de conseguir o dinheiro com seus pais?

Agora analise Eduardo Saverin. Como já sabemos, ele era um estudante do segundo ano de economia em Harvard. Tinha fama por ter ganhado 300 mil dólares nos anos anteriores aplicando em ações da bolsa. Por isso, ele era considerado uma espécie de prodígio. Se Eduardo é um gênio nos negócios, como alguns acham, por que ele permitiu que Sean Parker tomasse seu lugar na empresa com tanta facilidade? Quando Mark disse que Sean estava arrumando investidores para o Facebook, Eduardo, que estava em Nova York, numa desesperada cena de ciúmes cancelou a conta bancária do Facebook, que estava em seu nome. Além disso, suspendeu o pagamento de qualquer cheque que entrasse na conta a partir daquele momento. Essa atitude deu ampla margem para Mark na disputa judicial que promoveu mais tarde. Mark, durante o processo, alegou que Eduardo havia abandonado a empresa, cancelando, inclusive, a conta bancária. Por último, numa atitude de extrema ingenuidade, Eduardo assinou um documento dando poder legal para que sua parte da empresa fosse dissolvida. Na nova reestruturação, a participação dele caiu de 30% para menos de 1%, forçando-o a recorrer à justiça para reaver pelo menos parte do que havia perdido.

O que isso significa? Para evoluir, desenvolver nosso potencial, temos que nos expor a erros, falhas e fracassos temporários. Isso significa que precisamos ter flexibilidade nas nossas convicções que permitam os ajustes necessários ao longo dos anos. Nossa dificuldade de encarar os erros, seguir adiante apesar deles e persistir nos afasta do fator positivo do Princípio da Ordem Espontânea. Da mesma forma que somos afetados por esse princípio quando firmamos um pacto com nosso propósito e persistimos na sua realização, também seremos afetados se aceitarmos a derrota ou recuarmos diante do medo da crítica.

Quase sempre nos envergonhamos com as derrotas, erros e fracassos. Por isso, nos empenhamos em campanhas bobas para defendê-los e evitá-los. Por um estranho motivo, queremos evoluir sem errar. Podemos ter dois tipos de atitude diante do erro: justificar-nos e colocar a culpa nos outros, nos fatos ou nas circunstâncias; ou agir com naturalidade e assumir o erro. Somente quando agirmos com naturalidade diante das nossas falhas teremos condições de analisar as circunstâncias, avaliar a questão e aprender com ela. Pessoas que alcançam sucesso na vida não reclamam quando falham, não se irritam, não se condenam, não culpam a falta de sorte, não se consideram incapazes. Elas observam sua estratégia e procuram adaptá-la até acertar. Erros e falhas, por si só, nunca serão o obstáculo maior na busca do sucesso. É a maneira como lidamos com os erros e os fracassos que pode se tornar um obstáculo.

AS TRÊS LIÇÕES DE MARK ZUCKERBERG E A CRIAÇÃO DO FACEBOOK

Pense sobre seu escritor preferido. Quantos livros dele você conhece? Tente imaginar o número de rascunhos que ele fez até chegar ao livro que você comprou. Depois faça uma pesquisa para ver quantos ele publicou antes de escrever aquele que se tornou um *best-seller*. Além dos que você encontrar, quantos ele escreveu que nunca chegaram até a editora, morrendo numa gaveta esquecida antes de serem sepultados para sempre numa lixeira? Cada artigo, cada ensaio, cada livro, no entanto, o trouxe um pouco mais perto do sucesso instantâneo que o mundo percebe.

O cientista Charles Kettering, inventor da ignição elétrica e do gerador Delco, disse que qualquer pessoa que deseje ser cientista precisa estar preparada para falhar 99 vezes antes que obtenha um único sucesso, sem deixar que isso afete sua autoestima. Isso não se aplica somente para quem quer ser cientista, mas a qualquer pessoa que queira obter um sucesso ao menos razoável. Não há possibilidade de sair da mediocridade se não nos abrirmos ao risco, se tivermos medo do fracasso. O sucesso exige enfrentar o imprevisível, como Mark fez ao desistir da faculdade. É nesse estágio que precisamos da paixão. Quando recorremos apenas ao pensamento racional, nos tornamos cautelosos, ansiosos e preocupados demais com os resultados. Precisamos aprender a confiar na nossa intuição, a abrir mão do controle absoluto, a confiar na sabedoria do Universo. Só assim abriremos a possibilidade para sermos beneficiados positivamente pelo Princípio da Ordem Espontânea.

O problema é que temos uma equivocada obsessão por controle. A razão para essa obsessão se explica porque os riscos que controlamos, mesmo sendo mais elevados do que os que não controlamos, são uma fonte de medo menor. Isso explica, por exemplo, porque a maioria das pessoas tem medo de voar, mas não se importa de dirigir um carro a 120 quilômetros por hora numa estrada onde o limite de velocidade é de oitenta. O pensamento lógico é que, ao dirigir o carro, tendo-o sob controle, está-se muito mais seguro do que sentado num avião, onde nem mesmo sabemos onde estamos. Esse mesmo princípio se aplica à questão da escolha da nossa profissão. Uma carreira tradicional oferece muito mais segurança do que tentar explorar nosso potencial numa aventura mais arriscada. Assim, impedimos os acidentes negativos, mas também bloqueamos a possibilidade de um acidente positivo, e escolhemos viver na monotonia.

Se aprendermos as lições que estão na história de Mark Zuckerberg e a criação do Facebook, iremos nos livrar dessas amarras, arriscar mais, desafiar nossos medos mais intensos e criar novas possibilidades para nossa vida. Essas três lições são um guia prático que nos mostram como pessoas de sucesso agem diante dos erros e da insegurança, e de onde eles tiram a inspiração para desenvolver suas riquezas.

LIÇÃO NÚMERO UM: NÃO SOMOS NOSSOS ERROS

Recentemente, a NBC realizou um documentário sobre falhas absurdas em filmes famosos, muitos deles, como *O poderoso chefão* e *O resgate do soldado Ryan*, premiados com o Oscar. *O poderoso chefão*, por exemplo, tem mais de 42 erros grotescos de montagem. *O resgate do soldado Ryan*, do aclamado diretor Steven Spielberg, apresenta erros engraçadíssimos. Em uma das cenas, por exemplo, há oito soldados cruzando um campo, em seguida acontece um tiroteio e um deles morre. Os outros fogem e deixam o soldado morto para trás. Há um breve tumulto, as imagens se fecham sobre os soldados e alguns segundos depois o grupo reaparece unido correndo outra vez. Como um morreu, deveriam ser sete. Mas não, o soldado assassinado alguns segundos antes continua correndo com o grupo. O filme venceu o Oscar em cinco categorias, incluindo o de melhor edição, ganhou um Globo de Ouro, faturou 479 milhões de dólares e é uma das cinquenta maiores bilheterias da história.

A lição, aqui, não é de que não devemos ser cuidadosos, detalhistas e tentar evitar erros como esses. A questão é outra. O que nos interessa é a forma como essas pessoas encaram os erros uma vez que eles foram cometidos. É esse ponto de vista que faz a diferença. Ao longo da vida, a quantidade de erros será sempre maior do que a quantidade de acertos. Pessoas com resultados extraordinários não são diferentes de nós, elas não são perfeitas em tudo que fazem. Elas apenas tentam mais, persistem mais, permanecem nos seus propósitos apesar das dificuldades. Uma vez que conseguirmos aceitar isso com naturalidade, o futuro será nosso para o que quisermos. Não precisamos acertar sempre, nem obter os resultados que buscamos na primeira tentativa. Todas as pessoas que admiramos são o resultado do acúmulo de erros do que de qualquer outro fator. A diferença está na forma como elas encaram o erro: elas sabem que cometem erros, mas que não são seus erros.

Thomas Edison, um dos grandes inventores de todos os tempos, buscava uma substância para desenvolver a lâmpada incandescente. Ele precisava de um condutor de energia altamente resistente que retivesse a energia até ela se transformar em luz sem se consumir no processo. Certo dia, ao ver sua empregada descascando batata-doce, ocorreu-lhe a ideia de experimentar a casca de batata-doce para ver se de repente não funcionava. Quando viu que ela também não funcionava, simplesmente riu e disse:

– Encontrei mais uma substância que não funciona.

Após testar cerca de 10 mil substâncias, ocorreu-lhe a ideia do vácuo que, por fim, funcionou e é usada até hoje. Quando nos referimos a Edison como o gênio que inventou a lâmpada incandescente, esquecemos da história toda e das coisas bobas que ele fez ao longo do processo.

Temos dificuldade com esse tipo de complexidade. Quase sempre buscamos a linearidade da causa e efeito. Não temos o hábito de lidar com tentativas de que não sabemos o resultado de antemão. Não falhamos em 99 tentativas e por isso não podemos contar com o acerto que faz toda a diferença.

LIÇÃO NÚMERO DOIS: A OPORTUNIDADE MAIOR ESTÁ DENTRO DE NÓS

O grande escritor americano Ernest Hemingway, no seu livro de memórias *Paris é uma festa*, escreveu que às vezes, quando iniciava um novo conto ou romance, não encontrava jeito de continuá-lo. Ele então sentava junto ao fogo da lareira, descascava laranjas, espremia as cascas nas chamas e espiava as fagulhas azuis que elas provocavam. Fazia isso por horas, depois se levantava, punha-se a contemplar os telhados de Paris e pensava: "Não te aborreças. Sempre escreveste antes e haverás de escrever agora. Tudo o que tens a fazer é escrever uma frase verdadeira. Escreva a frase mais verdadeira que souberes". Depois de certo tempo, que às vezes durava dias, essa frase aparecia e ele enfim conseguia avançar.

Quando buscamos uma oportunidade ou queremos escolher uma nova área de atividade, temos a tendência de olhar à nossa volta, ver o que está dando certo para os outros e voltar nosso foco para isso. Assim, passamos a vida pulando de galho em galho, sem desenvolver o que realmente importa:

o desejo que arde em nós. Se concentrássemos o foco nesse desejo e persistíssemos buscando conhecimento, técnica e prática, nosso potencial criaria *momentum* e as coisas se tornariam muito mais favoráveis. Alguém disse, certa vez, que uma situação muda visivelmente quando fatores que são trabalhados durante um longo tempo convergem para um mesmo ponto. Isso aconteceu com Jessica Simpson e todas as pessoas que analisamos neste livro. Os resultados finais se manifestam num curto período de tempo, omitindo um longo e lento progresso. Foi isso que fez Michelangelo dizer:

– Se as pessoas soubessem como foi duro adquirir minha maestria, não diriam que sou um gênio.

A questão é que, quando olhamos para essas pessoas, não percebermos o tempo agregado ao resultado final, e nos sentimos impelidos a buscar uma causa. Essa causa não aparente se torna algo místico, como sorte, talento excepcional, genialidade nata ou alguma oportunidade rara e incomum. O que exemplos como os de Hemingway nos mostram, porém, é exatamente o contrário. Hemingway era um escritor consagrado, tinha escrito alguns dos livros mais fascinantes da história da literatura, mas mesmo assim precisava de distrações e longos períodos para conseguir se conectar com sua essência criativa.

Quando olhamos para o sucesso dos outros não percebemos as angústias e os momentos solitários nos quais eles bebem da sua essência. No caso de Mark Zuckerberg, por exemplo, gostamos de saber que ele recusou 1 milhão de dólares da Microsoft, mas não lembramos a angústia que essa decisão deve ter causado, a força com que ele deve ter argumentado a favor do seu propósito pessoal. Onde essas pessoas buscam essas respostas? Dentro delas, é ali que se encontram as maiores oportunidades.

LIÇÃO NÚMERO TRÊS: NOSSO NÍVEL DE SEGURANÇA É IGUAL À ESTABILIDADE DO NOSSO PROPÓSITO

Isaac Babel foi um dos maiores contistas que o mundo já viu. Porém negava-se a escrever histórias longas. Outro escritor, o russo Konstantin Paustovsky, no seu livro de memórias *Years of hope,* escreve sobre uma visita que fez a

Babel. Durante o encontro, Konstantin reparou num enorme manuscrito sobre a mesa de Babel. Admirado, perguntou se finalmente decidira escrever um romance.

– Não, respondeu Babel.

– E o que é esse manuscrito?, perguntou Konstantin.

– Essa pilha de papel? São os rascunhos do conto que estou escrevendo, respondeu Babel.

Por curiosidade, Konstantin perguntou quantos eram. Babel disse que aqueles não eram todos, ele havia guardado apenas os últimos. Eles então os contaram: eram 22.

Agora, imagine o seguinte: mesmo que você não tenha o talento natural de Isaac Babel para escrever, nem a técnica, prática e conhecimento acumulados por anos de profissão, experimente escrever um conto e depois, por semanas, talvez meses, vá aperfeiçoando o texto até acumular uma pilha de 22 rascunhos. Será que seu conto não sairá a contento? Não existe outro caminho para a genialidade e a riqueza que não seja o caminho do esforço deliberado. Lembre-se: o Universo não recompensa as pessoas pelo muito que elas sabem, mas pelo que elas fazem com o pouco que aprendem.

Pensamos que, se temos de nos esforçar por um tempo demasiado longo, é porque somos incapazes, não temos o talento necessário. Mas a persistência é um fator essencial em todas as histórias de sucesso. Em média, todas as pessoas que desenvolveram sua genialidade dedicaram até dez mil horas à prática até conseguirem dominar plenamente certa atividade profissional.

Estamos habituados a desempenhar funções repetitivas como se fôssemos máquinas, chamando isso de dedicação. No entanto, dedicação não se refere à manutenção de um determinado tipo de atividade por um longo período de tempo. Dedicação é uma atividade criativa e um processo evolutivo. Você mantém o núcleo do seu propósito, mas adapta princípios, valores e técnicas novas a fim de obter o objetivo estabelecido. É isso que pessoas de sucesso fazem. O medo do esforço cria vulnerabilidade em relação ao que não nos dá segurança. Então nos recolhemos, escondendo-nos em carreiras que oferecem certa estabilidade, mas não têm nada a ver com nosso potencial. O trabalho se torna enfadonho. A vida se restringe aos finais de semana. Não afundamos, mas também não voamos. Conformamo-nos em ficar ancorados num porto. Tudo pela falsa convicção de que, se não temos no momento as condições necessárias para desenvolver nosso desejo, é porque não somos suficientemente capacitados. Pessoas geniais sofrem dessa mesma insegurança. A diferença é que elas criam um propósito para contrabalançar o medo. Na medida em que o propósito se fortalece, o medo e a insegurança recuam, e elas avançam.

Quando abrimos os olhos, percebemos que a sociedade implora por novas ideias, novas maneiras de fazer as coisas, novas lideranças, novos métodos de ensino. Há uma necessidade extrema de pessoas com novas atitudes, com novos pontos de vista. Se você tem um desejo ardente, se você sabe o que quer e acredita nisso, siga em frente. Transforme seu desejo num propósito definido e faça o necessário para desenvolvê-lo. Não dê importância para o que as pessoas dizem de você nos períodos de esforço intenso, ou mesmo, em caso de ter que enfrentar eventuais derrotas temporárias. Saiba que o que faz as pessoas falarem das derrotas alheias é necessidade de justificarem a si próprias diante da sua inércia e falta de coragem para desenvolver sua própria genialidade. Lembre-se: o sucesso tem seu ponto de partida numa ideia, e sua realização é o resultado de um estado mental. Ninguém é definitivamente derrotado exceto quando aceita a derrota como um estado mental definitivo. Não aceitar a derrota é o primeiro passo em direção ao Princípio da Ordem Espontânea.

CAPÍTULO 10

O segredo da origem das riquezas

A inspiração existe, porém tenho que encontrá-la trabalhando.
PICASSO

EM 1988, AOS 38 ANOS, O ADVOGADO NORTE-americano Ben Fountain tomou uma decisão radical: embora nunca tivesse publicado nada, demitiu-se do seu emprego e passou a dedicar-se em tempo integral à carreira de escritor. Na primeira segunda-feira longe do emprego ele acordou cedo, determinado a produzir algo significativo em um tempo relativamente curto. Elaborou um plano: acordaria todo dia às seis horas para começar a escrever às sete e meia. Escreveria até a hora do almoço, descansaria um pouco e depois voltaria a escrever até a noite. Pensou que assim conseguiria produzir algo que lhe desse a renda que deixara de ganhar como advogado.

Quando ele sentou para escrever, surgiu o primeiro problema: não conseguia colocar nada no papel.

– Eu me sentia como se tivesse saltado em um abismo sem ter certeza se meu paraquedas abriria, ele contou, mais tarde. – Ninguém quer desperdiçar sua vida, e eu estava indo bem com a advocacia. Poderia ter feito uma carreira excelente. O meu pai tinha tanto orgulho de mim... Ele pensou que minha decisão era louca!

Em três meses, Ben conseguiu concluir seu primeiro conto. Dois meses depois concluiu outro, depois outro e, em seguida, mais um. No final de um ano, havia obtido alguns resultados práticos, mas nada que pudesse ser considerado um sucesso, muito menos algo que lhe trouxesse renda.

Dois anos depois, em 1990, ainda sem resultados práticos, decidiu que a saída seria escrever um romance. Levou cinco anos para concluí-lo. Enviou o original para editoras e, depois de várias rejeições, decidiu engavetá-lo. Semanas depois, começou a escrever outro, que concluiu em 2006, dezoito anos após ter decidido tornar-se um escritor. O livro, chamado *Brief encounters with Che Guevara* (Breves encontros com Che Guevara), é uma coleção de histórias curtas que levam o leitor a países como Colômbia, Serra Leoa e Haiti para mostrar os estragos que o capitalismo provoca na natureza. A obra rendeu-lhe vários dos melhores prêmios literários dos Estados Unidos, colocando-o no cenário da literatura mundial. O que faz pessoas como Ben Fountain seguirem um propósito por tanto tempo? Qual o segredo desse tipo de persistência?

O SEGREDO DA PERSISTÊNCIA

Existem três razões básicas. A primeira é bastante óbvia. Essas pessoas sabem o que querem da vida. Esse querer aflora de dentro, da paixão particular que elas descobrem em si e cultivam. Ben Fountain, por exemplo, possuía uma carreira promissora e bem remunerada como advogado, mas não era isso o que ele queria. Ele não estava satisfeito com uma carreira. Sua paixão era outra: escrever. Foi isso que ele decidiu que queria para sua vida.

A segunda razão é que essas pessoas têm uma autoestima livre de convicções que as deixem vulneráveis à opinião própria ou alheia. Elas definem seu propósito e, isentas de ressentimentos, seguem seu caminho na realização desse propósito. Isso as exime de prestar contas às pessoas ao redor. Para elas não importa o que a família, amigos ou qualquer outra pessoa pensem. Seus compromissos são com sua própria felicidade. Talvez a melhor forma de compreender os efeitos desse tipo de personalidade esteja no exemplo de Samuel Walton, o fundador das redes Walmart.

Anos atrás, um grupo de empresários brasileiros comprou uma rede de lojas na América do Sul. Após fecharem o negócio, decidiram que seria interessante visitar algumas empresas similares nos Estados Unidos, analisar o que é feito lá e, na medida do possível, adequar o sistema ao mercado sul-americano.

O grupo fez uma pesquisa e selecionou em torno de dez empresas que seriam interessantes para visitar. Uma equipe especial contatou os dirigentes dessas empresas para marcar um ciclo de reuniões. O retorno foi frustrante. Apenas um dos presidentes aceitou marcar um encontro, Samuel Walton, fundador da rede Walmart. Os demais simplesmente ignoraram ou se negaram a receber os empresários brasileiros, que mesmo assim decidiram fazer a viagem.

Se você mora num centro urbano, no Brasil ou em qualquer parte do mundo, é quase certo que já tenha entrado num Walmart. Em 2010, 140 milhões de pessoas já tinham sido clientes de pelo menos uma das 8.416 lojas espalhadas pelo globo. No final de 2010, o Walmart empregava 2,1 milhões de pessoas, o que equivale à população de Belo Horizonte. Essa é a dimensão da empresa criada por Walton. No dia em que os brasileiros chegaram à sede desse império, em Bentonville, Arkansas, se depararam com um homem de cabelos grisalhos. O homem se aproximou e perguntou:

– Posso ajudá-los?

– Sim, estamos procurando pelo senhor Samuel Walton.

O homem estendeu a mão e disse:

– Sou eu. E, por favor, me chamem de Sam.

Após alguns minutos de conversa introdutória, Sam conduziu os empresários brasileiros até sua caminhonete e, acomodando-os ao lado de Ol'Roy, seu cachorro de estimação, os levou para sua casa.

Nos dias seguintes, enquanto Sam cozinhava e servia os brasileiros, ele os bombardeava com perguntas sobre o mercado da América do Sul, insistindo em questões até satisfazer, nos mínimos detalhes, a sua curiosidade. Ao tempo de retornar, os empresários brasileiros, atônitos, tinham descoberto que Sam, o fundador e criador de uma das maiores corporações do mundo, estava mais interessado em aprender do que em ensinar. Meses depois, Sam retribuiu a visita aos empresários brasileiros. Certo dia, enquanto estava no Brasil, foi preso num supermercado em São Paulo. O que aconteceu? Ao vê-lo andando de um lado para outro com uma trena nas mãos, medindo a altura e os espaços entre as gôndolas, o gerente do supermercado estranhou a atitude e chamou a polícia.

Você percebe a simplicidade de Walton?

Pessoas como Sam Walton reconhecem que ninguém lhes deve nada. Seu sucesso não as torna arrogantes ou superiores. Elas perseguem seus próprios objetivos e assumem responsabilidade pelo seu próprio sucesso e sua felicidade. Ressentimento, vergonha ou preconceito não fazem parte desse processo.

A terceira e última razão é a maneira como essas pessoas lidam com dificuldades e obstáculos. Elas não culpam os outros pelas suas adversidades e contratempos, tampouco culpam a si próprias. Além disso, elas não veem os problemas e dificuldades como um sinal de fraqueza, ignorância ou incapacidade. Pelo contrário, elas sabem que os problemas que enfrentam são temporários e limitados. Por último, elas sabem que possuem a capacidade de vencê-los.

Essas três razões revelam duas questões peculiares da origem do sucesso e da riqueza. As pessoas que desenvolvem a persistência de maneira correta são literalmente projetadas para uma posição de destaque e sucesso na vida. Ben Fountain é um exemplo clássico do que estou falando. A segunda questão peculiar, e para nosso estudo talvez a mais importante, é que a verdadeira persistência não é um hábito que desenvolvemos isoladamente. Persistência é o resultado natural da aplicação de uma série de princípios. E todos esses princípios precisam, por sua vez, da persistência para criar raízes e se solidificar no sucesso. O hábito da persistência se desenvolve a partir daquilo que você faz, porém aquilo que você faz precisa de persistência para se desenvolver. Vou dar um exemplo prático: sem um desejo ardente estabelecido sobre sua paixão, você dificilmente terá a força de vontade necessária para desenvolver a persistência. Por outro lado, sem persistência você não conseguirá desenvolver sua paixão. Paixão e persistência são os lados opostos da mesma moeda.

A BUSCA PRIMORDIAL É POR SENTIDO E NÃO POR RESULTADOS

Não muito tempo atrás, um grupo de investidores americanos enviou um homem chamado David Neeleman ao Brasil para analisar uma companhia aérea que estava em busca de capital financeiro. Duas coisas faziam com que Neeleman fosse a pessoa com perfil para a missão. Ele nasceu em São Paulo e, ao longo das últimas décadas, fez parte de duas das mais prestigiadas companhias aéreas americanas: a Southwest Airlines e a Jetblue. Quando Neeleman chegou ao Brasil, marcou uma reunião com alguns investidores, abriu um mapa do Brasil sobre a mesa e disse:

– Olhem para esse país. Ele tem quase o tamanho dos Estados Unidos. Possui uma população de quase 200 milhões de habitantes. Vocês conseguem enxergar um sistema ferroviário para transportar todas essas pessoas?

Neeleman explicou ao grupo a carência do sistema de transportes de passageiros do Brasil.

– Existe uma excelente estrutura de linhas de ônibus, ele disse. – Mas o país é enorme, as distâncias SÃO longas e existe apenas um avião para cada milhão de pessoas. Nos Estados Unidos temos um avião para cada 65 mil habitantes.

Quando Neeleman estava à frente da Jetblue, ele comprava aviões da Embraer. Ele conhecia o potencial do sistema aéreo brasileiro.

– Nós seremos a companhia focada em linhas aéreas domésticas, Neeleman afirmou ao grupo de investidores.

Em poucos meses havia conseguido os investimentos necessários e imediatamente deu início à criação da Azul, a companhia aérea que ajudaria a revolucionar o transporte aéreo no Brasil. No dia 18 de dezembro de 2008, dois anos depois de Neeleman conceber a ideia, a Azul estava atuando em distintas linhas, conectando as principais cidades do Brasil. Oito meses depois, a empresa havia quebrado seu primeiro recorde mundial: um milhão de passageiros havia voado com a Azul.

Vimos no início deste capítulo que as pessoas que desenvolvem a persistência possuem três características em comum: um propósito definido, um sentido claro e pessoal por trás desse propósito e uma irrefutável confiança na capacidade de prover os meios necessários para realizar esse propósito. Como esses princípios se aplicam à história de Neeleman? Ele não reuniu um grupo de investidores para lhes apresentar uma ideia vaga e ver o que eles pensariam a respeito. Ele viu a oportunidade, analisou as possibilidades de executá-la e tomou uma decisão segura antes de apresentar sua proposta aos investidores. Uma vez que havia decidido o que queria, não hesitou mais. As mesmas características estão claras em Ben Fountain e em todas as histórias de sucesso que vimos até aqui.

O principal motivo que anula nossa persistência é a falta de clareza na definição desses três fatores. Mesmo que tenhamos um propósito, falhamos na hora de colocá-lo em ação porque não acreditamos que somos capazes de realizar nossos desejos mais profundos. As pessoas que não conseguem ver de forma clara sua capacidade geralmente estabelecem seu propósito, nas raras vezes que o fazem, a partir de princípios muito superficiais, coisas de impulso, resoluções tomadas de uma vaga suposição de que isso as fará felizes. Ou seja: elas olham em volta, imaginam algo que as faria sentirem-se bem e decidem que esse será seu objetivo. Mas logo o abandonam. Deflagrar uma transformação na sua condição de vida requer uma visão clara do que você quer.

A primeira regra da persistência, então, é estabelecer, por meio da declaração, um propósito específico e seguro. Mas estabelecer um propósito só faz sentido quando compreendermos, muito claramente, o sentido que está por trás desse propósito. É preciso saber se esse sentido nos dá uma satisfação maior do que a própria tarefa de atingir o propósito em si. Isso somente será possível se descobrirmos nossa paixão. Pense, por exemplo, sobre o fator que motivou Ben a persistir durante 18 anos em sua carreira de escritor sem obter resultados práticos. Qual foi esse fator? Dinheiro? Reconhecimento? Ego? Teimosia? A resposta é simples e clara: Ben não escrevia pelo dinheiro, fama ou *status*. Se fosse, ele teria desistido no segundo, terceiro ou, no máximo, no quarto ano em troca de algo mais promissor. Perceba: ele persistiu durante 18 anos.

Quando estava escrevendo *Breves encontros com Che Guevara*, ele teve a ideia de visitar o Haiti, uma vez que a maior parte dos contos do livro se passa em vilarejos pobres da América Latina. Uma visita a um desses vilarejos o ajudaria a descrever costumes e cenários de forma mais acurada. Decidiu, então, visitar o país. Antes disso, ele nunca havia deixado os Estados Unidos. Não falava francês e muito menos a língua nativa do Haiti. Mesmo assim, essas deficiências, medos e receios não foram um problema para ele.

– Eu me envolvi. Não podia mais deixar o projeto sair da cabeça, ele conta.

No Haiti, conheceu um homem que vivia a doze horas de ônibus do hotel onde estava. O homem o convidou para visitar sua casa. Ben, em busca de cenários e costumes que lhe dessem inspiração, não pensou duas vezes.

– Não havia um motivo específico para ir até a casa desse homem. Mas fui. Sofri naquele ônibus. Comi pó. Foi uma viagem dura. Mas foi uma viagem gloriosa. Diretamente, ela não tinha nada a ver com o livro. Mas de jeito algum foi um desperdício, ele conta.

De onde veio essa energia? Essa motivação? Esse tipo de sentimento só é possível quando há um fator específico em jogo: uma paixão que é maior que tudo. Observe o caso de David Neeleman. O que nos vem à cabeça quando pensamos em escolher uma profissão ou um empreendimento empresarial? Geralmente, o resultado financeiro. Isso também parece ser verdade quando olhamos para pessoas como David Neeleman. Mas será que, no caso dele, isso é verdade? A edição da *Fortune* do dia 26 de julho de 2010 divulgou o salário de Neeleman na Azul: 200 mil dólares por ano. Isso até pode parecer muito dinheiro, mas não para um CEO do porte de Neeleman. O que Neeleman recebe na Azul por ano, um diretor-presidente com o potencial dele nos Estados Unidos recebe por mês. E com outra vantagem: trabalham perto de casa. A família de Neeleman mora em Connecticut, obrigando-o a enfrentar viagens semanais dos Estados Unidos ao Brasil. Isso deixa claro que Neeleman não criou a Azul unicamente porque essa era uma oportunidade de ganhar dinheiro. Havia outro sentido para ele correr atrás de seu propósito.

Essa verdade se aplica a praticamente todas as histórias de sucesso. A origem da riqueza nunca é resultado da busca da riqueza por si só. É fácil encontrar histórias de pessoas bem-sucedidas que confirmam essa ideia: Mark Zuckerberg não criou o Facebook pelo dinheiro. Samuel Walton não criou o Walmart por causa do dinheiro. Amadeo Giannini não estava focado apenas no dinheiro quando criou o Bank of America, nem Lance Armstrong obteve os resultados que obteve por perseguir a recompensa financeira. O que os motivou então? Eles perceberam seus objetivos a partir de um chamado, um desejo interno de desenvolver seu potencial. O fator mais importante que os motivou foi o próprio trabalho.

O propósito dessas pessoas, portanto, não está estruturado unicamente sobre o interesse material, ele está fundamentado numa causa. Isso não significa que elas não tenham paixões, sonhos e interesses pessoais. Tudo que elas fazem é movido por esses fatores, mas há algo maior: uma causa e o sentido por trás dessa causa. Ben escrevia porque, para ele, escrever era excitante e interessante. Escrever era aprimorar seu talento, sua paixão. Ele empenhava-se em escrever e, apesar dos resultados quase trágicos, sentia-se motivado a dar o melhor de si. É isso que o sentido de um propósito definido estabelecido sobre a base certa proporciona: a luta, o desafio de evoluir, de expandir nossas capacidades ao máximo, a oportunidade da autoexpressão, de provar nosso valor, de desenvolver o melhor que há em nós, de vencer a nós mesmos. São esses fatores, somados, que criam a persistência.

A LIÇÃO DE SÓCRATES

A essa altura, parece claro que a persistência é um estado mental que resulta de um conjunto de fatores que podem ser cultivados. Ao cultivar esses fatores, você desenvolve o estado mental que cria a persistência. Mas raramente pensamos dessa forma. No caso de Ben Fountain, seria pensar que, quando ele conseguisse o respeito da crítica e lançasse um *best-seller*, se sentiria realizado. Pelo menos é assim que quase sempre agimos. Quem nunca disse algo como: "Esta situação está acabando comigo. No dia em que isso mudar talvez eu possa ser feliz outra vez".

Quando fazemos esse tipo de afirmação, criamos resistência em relação à situação do presente. Enganamos-nos porque há algo em nós que produz a ilusão de que, nesse caso, é a situação e não a resistência que cria a frustração. É muito provável, porém, que quando a situação tão esperada chegar, o sentimento de resistência continue. Apenas será transferido para outra situação. Qual é, então, a saída? Mudar a nossa percepção, o foco do nosso pensamento. Vimos como isso é possível no capítulo sobre o poder da percepção.

Esse conceito não é nenhuma novidade. Há mais de dois milênios, Platão já nos ensinou isso com um exemplo que nos foi deixado por Sócrates. No *Fédon*, Platão conta que numa tarde de verão em que fazia extremo calor, perambulando nos arredores de Atenas, Sócrates viu um enorme carvalho à distância e buscou abrigo à sua sombra. Quando chegou ao local, encontrou uma fonte. Refrescou as mãos e o rosto com água e repousou na sombra. Sócrates encontrou ali, diz Platão, a perfeita harmonia e consonância entre si e o que o circundava. Não havia nada mais a desejar para aquele instante.

Qual a lição que temos aqui? Sócrates nos ensina a viver cada momento com o máximo de presença. Explorar cada instante ao extremo. Não importa que esse instante seja de sucesso ou frustração, alegria ou tristeza, paz ou turbulência, ele nos instiga a aceitá-lo, observá-lo, analisá-lo e a interagir de forma receptiva com ele, dessa forma, aprendendo o máximo. Alguma vez você já conviveu com alguém que, em determinado momento da vida, conheceu uma pessoa especial que se tornou o objeto dos desejos dela e isso a fez mudar completamente? Essa pessoa iniciou uma dieta, renovou seu guarda-roupa, adotou um novo corte de cabelo e até mesmo assumiu uma postura mais elegante. Os dois paqueraram, se conheceram melhor e iniciaram um namoro. Meses depois, quando já estavam namorando, essa pessoa voltou a ser exatamente como era antes de conhecer a outra. Por que isso acontece? Porque a mudança, nesse caso, foi motivada por um ato específico: conquistar o outro. Uma vez que esse ato se concretizou, o sentido que promoveu a mudança desapareceu. Isso nos revela uma questão muito importante: é o sentido do nosso propósito que produz a mudança. Se esse sentido for uma conquista física e momentânea, ele acaba no instante em que atingimos esse propósito. Se, por exemplo, você tem o desejo de atingir riqueza e cria um propósito que o leva a satisfazer esse desejo, mas não existe um sentido maior por trás desse propósito, você irá desistir no primeiro obstáculo que encontrar. Mas se você tiver um sentido intenso por trás, irá persistir no seu propósito, e o sucesso será uma questão de tempo. Nenhum obstáculo resiste à persistência.

A forma como Sócrates concebeu aquele momento busca dar sentido às coisas. Esse é um conceito determinante também para pessoas como Ben Fountain. A simples execução da atividade de escrever lhe basta, já que essa atividade está cheia de significado. Esse é o segredo da persistência. Portanto, persistência não é simplesmente a ação de se manter num propósito preestabelecido, mas em manter o foco no sentido que esse propósito cria. Ben resistiu quase duas décadas, colhendo fracasso após fracasso. Todo esse tempo, viveu às custas de sua esposa. Em 1987, eles tiveram o primeiro filho. Em 1989, uma filha. A certa altura, numa conversa com sua esposa, chegou a cogitar que talvez fosse melhor desistir.

– Talvez isso não vá dar resultado nunca, ele disse.

– Pelo menos tente, sua esposa respondeu.

– Até quando?

– Dê dez anos, ela disse.

Dez anos depois, Fountain não tinha publicado nada significativo. E os anos foram passando. As crianças já haviam concluído o segundo grau e ele ainda vivia da possibilidade. E assim passaram dezoito anos, até que o resultado apareceu.

Isso nos coloca diante de uma segunda questão: como pessoas como Ben e sua esposa conseguem manter o alto astral? Como conseguem, sobretudo, a felicidade? A explicação é muito simples: a felicidade não depende das conquistas. Se observarmos as palavras de Ben, perceberemos que existe um ar de felicidade que o acompanhou em cada etapa do longo caminho que o levou até o lançamento de *Um breve encontro com Che Guevara*. Ele não associa a felicidade a um resultado. Para ele, assim como para todas as pessoas verdadeiramente felizes, a felicidade não é uma conquista, mas um fruto que elas colhem do sentido que veem na sua vida. Pela sua concepção de vida, eles constroem um viver que não é baseado no resultado material, mas na qualidade e no sentido atribuído às coisas.

Todos nós buscamos a felicidade. Mas existe apenas um caminho certo para encontrá-la: o sentido que damos às coisas. Você pode escolher um sentido que lhe faça feliz agora, mesmo no sofrimento. Vamos, rapidamente, analisar um exemplo prático da vida real. William é um dos meus melhores amigos de infância. Em 2006, depois de alguns anos sem nos vermos, nos reencontramos por acaso. Ele me contou que acabara dois dias antes o relacionamento com a namorada. Perguntei-lhe se ele sofria com a ausência dela.

– Muito, ele respondeu. – Mas é um sofrimento bom. Com esse sofrimento consigo perceber minha essência e analisar minha personalidade de uma maneira que, quando estive com ela, a felicidade não me permitia. E, de certa forma, essa percepção me dá uma satisfação quase idêntica à felicidade.

O que meu amigo fez foi dar sentido à vida. Felicidade não é apenas um estado de euforia, o resultado de conquistas externas. Ela depende apenas de condições internas, de um estado de espírito que construímos para nós mesmos. "Todos nós erramos. O que importa não é o que acontece conosco", disse Neeleman. "O que realmente importa é a maneira como reagimos ao que nos acontece."

Lógico que existem momentos de desilusão nesse processo. O que perdura, o que permeia o caminho, porém, é um forte senso de aceitação, que cria satisfação porque é uma experiência diferente. Uma quase felicidade, como definiu William. Observe os exemplos de Amadeo Giannini, Richard Schulze, Lance Armstrong, Steve Jobs e Samuel Watson. Assim como Neeleman, todos eles tiverem enormes frustrações, mas perceba a maneira como eles reagiram, como assimilaram suas frustrações e as transformaram em vantagem. E isso nos leva à terceira característica da persistência: a forma como agimos diante das frustrações da vida.

RETORNANDO À INTELIGÊNCIA PRÁTICA

Para entender essa característica de maneira rápida e fácil, vamos retomar o exemplo de Amadeo Giannini, o fundador do Bank of America, que vimos no capítulo 4. Vamos retomar, Rapidamente, alguns pontos importantes da sua história. Quando um terremoto atingiu São Francisco, outros banqueiros decidiram suspender os empréstimos por seis meses. Amadeo, antes mesmo de reconstruir seu próprio banco, passou a liberar empréstimos no dia seguinte ao da tragédia, entre os escombros que restaram do que era seu estabelecimento, declarando: "nós vamos reconstruir São Francisco".

Havia uma razão lógica pela qual os outros bancos decidiram suspender os empréstimos: segurança. O período era de grande instabilidade e qualquer investimento significava enormes riscos. Era necessário agir com cautela. Mas Amadeo estava preocupado com a causa e não apenas com sua situação particular. Essa força de caráter quase sempre exige uma combinação paradoxal de coragem quase irresponsável e confiança autêntica. Isso não se consegue de forma racional. Amadeo Giannini, liberando empréstimos com um simples aperto de mão em meio a escombros de uma cidade destruída, não tem muito do que conhecemos como racionalidade. O que é isso, então? É a manifestação da inteligência prática que brota da nossa autoimagem.

Outro exemplo claro é Mark Zuckerberg e sua atitude de abandonar Harvard muito antes de o Facebook se confirmar como um sucesso. Todo ano, cerca de trinta mil estudantes tentam entrar em Harvard. Apenas em torno de 1.700 são aceitos. Ser um dos admitidos requer que toda a sua vida estudantil, desde o jardim de infância, seja focada especificamente para esse fim. Quem é aceito não desiste, pois é difícil demais ser aceito. Não parece, então, irresponsável desistir de Harvard ainda no segundo ano do curso para se dedicar a um negócio tão inseguro? E o que dizer de Darwin Smith? Não foi uma atitude irresponsável continuar suas atividades na Kimberly-Clark depois de ser diagnosticado com câncer e os médicos terem lhe dado apenas um ano de vida? Ou Bush se expor à insegurança de visitar o Ground Zero e correr o risco de ser vítima de um novo atentado? E quanto a Lance Armstrong? Philippe Petit? Ou Nando Parrado, desnutrido, fraco após sessenta dias vivendo de migalhas de carne humana, aventurar-se pelos Andes, escalando montanhas sem equipamentos, sem noção de localização, não realizou um ato de irresponsabilidade para com sua vida?

Na verdade, o que vemos como irresponsabilidade quase sempre é ousadia, coragem de quem desenvolveu sua inteligência prática e passou a usá-la para se orientar nos momentos mais difíceis. Sem essa atitude ousada, Philippe Petit não teria conquistado as Torres Gêmeas, Lance Armstrong não teria vencido sete vezes a Volta da França, Ray LaMontagne não teria se tornado cantor e Ben Fountain nunca teria realizado seu sonho. Em todos eles há um forte desejo que os impele a se transformar no melhor possível. Essa atitude não parece motivada pelo que eles receberam em troca externamente, mas do fato de que simplesmente não podiam se imaginar vivendo de forma diferente. Esse é o encanto das atitudes de quem tem inteligência prática. Como vimos no capítulo 1, esse tipo de atitude não é possível quando temos uma autoimagem negativa ou um conjunto de padrões de pensamento radicais e inflexíveis controlando nossas reações. O pensador Judi Krishnamurti definiu: "Não há nada que conduza à verdade. Temos que navegar por mares sem roteiros para encontrá-la". E se, como diz o poeta, navegar é preciso, a inteligência prática é nossa bússola.

Não quero promover com esses exemplos atitudes inconsequentes. O que desejo mostrar é que, muitas vezes, usamos uma falsa responsabilidade como escudo para nos proteger da falta de coragem. Usamos o rótulo da responsabilidade para não nos expor por medo de fracassar e manchar nossa imagem. Isso nos traz de volta ao conceito que vimos no capítulo 1: a autoimagem. Para início da conversa, é interessante notar que pessoas de sucesso não possuem a imagem de alguém superior, arrogante, cheio de poder, egoísta e superimportante. Uma imagem assim é tão inapropriada e irreal quanto uma autoimagem inferior. Como vimos no capítulo 6, pessoas de sucesso não possuem uma imagem fixa que se empenhem em defender. Um exemplo: Samuel Walton medindo espaços entre gôndolas num supermercado em São Paulo. Na verdade, o que conhecemos como complexo de superioridade não existe. Pessoas que parecem sofrer de complexo de superioridade sofrem, ao contrário, de um sentimento de inferioridade. Sua personalidade superior é uma imagem fictícia, uma máscara com a qual pretendem ocultar dos outros seu profundo sentimento de insegurança. Vou explicar melhor: qual é a tendência de uma pessoa com complexo de inferioridade? Como é difícil admitir sua inferioridade, ela invariavelmente comete o erro de lutar pela superioridade. Ou seja: seus sentimentos nascem da convicção de que ela é inferior. A partir dessa convicção, ela constrói uma estrutura mental para ocultar esse sentimento. Se a pessoa se sente mal porque acredita que é inferior, na sua mente a saída lógica parece ser criar uma fachada que a faça parecer superior. Essa fachada trará mais problemas, aumentará as frustrações e a forçará cada vez mais a impor um falso complexo de superioridade externo para proteger seu complexo de inferioridade interno.

Onde está a diferença das pessoas de sucesso? Elas não se sentem superiores nem inferiores. Simplesmente são elas mesmas. Elas não estão em competição com os outros, mas sabem que não são como eles e que nunca poderão ser. Elas sabem que são únicas. Por isso, são simplesmente elas mesmas. Esse "ser único" as distingue, as torna autênticas. Seu único objetivo é desenvolver sua própria personalidade, seu potencial. Por isso elas agem corajosamente.

O que tudo isso tem a ver com persistência? Persistência só faz sentido quando buscamos um objetivo. Buscar significa que ainda não o alcançamos. Desenvolver nosso talento demanda tempo e esforço. Samuel Walton, para chegar as 8.416 lojas Walmart espalhadas pelo mundo, começou, em 1945, com uma loja parecida com as lojas "tudo por R$ 1,99" que vemos por aí. Por sete anos ele manteve essa única loja até que, em 1953, decidiu abrir uma segunda. A partir daí, foi expandindo passo a passo. Ele levou 25 anos para constituir uma rede de 38 lojas. Só então o negócio começou a tomar as proporções a que chegou.

– As pessoas, ao longo dos anos, ficaram com a impressão de que o Walmart é fruto de uma grande ideia que explodiu da noite para o dia. Mas na verdade foi resultado de um processo desde 1945. Assim como todos os sucessos que surgem da noite para o dia, esse foi construído ao longo de vinte anos, disse Sam Walton.

Nesse processo de busca, erros e falhas temporárias são inevitáveis. No caso de Walton, os 25 anos de crescimento lento foram o período em que ele aprimorou sua personalidade, autoimagem e inteligência prática. Foi isso que permitiu a sua expansão. Não existem injustiças no universo: somos do tamanho dos nossos resultados. O externo é sempre um reflexo do interno. Se queremos expandir nossos resultados temos que, primeiro, expandir quem somos. Para isso, temos que nos expor, arriscar, errar.

Se você tem uma falsa imagem de superioridade que precisa ser defendida, como irá conviver com erros e fracassos temporários? Se você precisa mostrar que é superior, admitir um erro é uma sentença de morte. A pessoa que sente que é inferior às demais tenta proteger-se dos olhos dos outros com uma fachada de perfeição. Para ser perfeita, ela não pode fracassar ou cometer erros. Se ela admitir uma única vez que está errada ou que falhou, sua imagem de perfeição desmorona. Por isso, tomar qualquer decisão se torna um caso de vida e morte. E, nesse caso, é melhor não se expor a riscos. E quando se expor é inevitável, fica interessante ter um bode expiatório sempre à mão para culpar em caso de algo não sair a contento. Assim, nossa vida se torna uma sucessão de desculpas, justificativas e busca de culpados. O sucesso exige que saiamos desse sistema absurdo. Imagine Ben Fountain com uma imagem dessas. Ele nunca conseguiria alcançar seu sonho.

Pessoas que tentam proteger sua autoimagem diante dos outros geralmente se sentem vazias e frustradas por dentro. O vazio é um sintoma de que não estamos vivendo criativamente. Que ainda não descobrimos nossa paixão ou ainda não desenvolvemos um propósito definido que seja maior que tudo. Quando não possuímos um propósito, concluímos, pessimistamente, que a vida não possui propósito. Quando não temos uma paixão pela qual valha a pena viver, concluímos que a vida não vale a pena.

Quando uma pessoa depende quase que inteiramente do seu pensamento racional, ela se torna muito cautelosa, ansiosa e preocupada com os resultados. Isso faz com que use a razão para criar argumentos para justificar sua inércia, seus erros e fracassos. Se você sente que persistência não é o seu ponto forte, precisa repensar o seu propósito. Se o seu propósito é o resultado do desejo ardente que aflorou da sua paixão e do seu talento, a persistência se torna um fator intrínseco. O talento cria a força de vontade e o desejo necessário para estimular a persistência que nos faz superar qualquer obstáculo ou derrota temporária.

AUTOIMAGEM E O EFEITO SÃO MATEUS

Em psicologia social, existe um princípio conhecido como efeito São Mateus. Ele se refere a uma passagem do evangelho de São Mateus que diz: "Pois a quem tem, mais será dado, e terá em grande quantidade. Mas a quem não tem, até o que tem lhe será tirado". A explicação é simples, sem qualquer relação com religião ou significado místico. Em tese, esse princípio afirma o que vimos no capítulo 6: se você possui uma imagem positiva do presente, terá uma imagem positiva do futuro e, por isso, terá chances muito grandes de melhorar cada vez mais seu estado de espírito. Ao contrário, se você tem uma imagem negativa do presente, atrairá cada vez mais coisas negativas no futuro.

Esse é o primeiro princípio prático para desenvolver nossa persistência. Devemos persistir, de maneira incansável, na construção de um estado mental de gratidão e confiança pelo que existe de positivo em nossa vida, em vez de resistir ao que há de negativo. Como já vimos antes, a resistência sempre é o resultado de uma não aceitação do que é. Sempre teremos eventos negativos na vida. Problemas são inevitáveis. Mas precisamos nos sentir bem no presente para transformar nossa vida. Esse é um passo simples, mas indispensável. Persista nele. Sem ele, a transformação não é possível. O máximo que você conseguirá é uma mudança superficial e temporária.

Veja outra vez os exemplos que usamos neste livro das pessoas que enfrentaram problemas e como elas reagiram. Nando Parrado perdeu a mãe, a irmã e seus melhores amigos no acidente, ele mesmo ficou três dias em coma. Amadeo Giannini e Richard Schulze emergiram como gigantes depois de terem suas empresas destruídas. Lance Armstrong e Darwin Smith enfrentaram a morte combatendo o câncer. Há um princípio que revela o segredo dessa extraordinária capacidade de reverter a situação, presente em cada um deles: todos aceitaram sua condição, por pior que fosse, e agiram a partir dessa aceitação.

Por que esse princípio é tão fundamental? Imagine que você esteja percorrendo uma trilha numa reserva ecológica. A área onde você está é enorme e coberta por uma mata intensa. A certa altura, você descobre que está completamente perdido. Como já está no final da tarde, tenta desesperadamente encontrar o caminho de volta, mas não consegue. Sem outra saída, terá que passar a noite na floresta. Entre tantos outros, tem um problema: você não levou água, nem comida. Se eu lhe perguntasse o que seria mais difícil, passar a noite sem água ou sem comida, qual seria sua resposta?

O ideal nessa situação seria analisar as circunstâncias em que você supostamente se encontre na noite e, a partir dessa análise, fazer sua previsão. Tudo dependeria do seu estado e das circunstâncias daquele dia específico. Mas o que dois psicólogos americanos, Leaf van Boven e George Loewenstein, descobriram é bem diferente. Eles fizeram a mesma pergunta para dois grupos de estudantes voluntários. Ambos os grupos estavam malhando numa academia. Um dos grupos fazia exercícios aeróbicos e não tinha acesso à água. Por isso, obviamente, estavam com sede. O outro grupo malhava com pesos e cada um trazia sua garrafa de água. Quando Van Boven e Loewenstein pediram aos voluntários dos dois grupos imaginar a mesma situação que você fez há pouco, as respostas foram surpreendentes. Do grupo que estava com sede, 92% disseram que o maior problema seria a falta de água. No grupo que estava malhando com pesos, esse índice caiu para 61%. O restante, 39%, disse que a falta de comida seria o maior problema.

Torna-se óbvio perceber que o que essas pessoas sentiam no momento em que imaginaram a cena influenciou a noção de como se sentiriam se estivessem perdidas na floresta. Ou seja, nós não conseguimos nos livrar das influências do presente quando imaginamos uma situação abstrata que pode acontecer no futuro.

Não precisamos, porém, recorrer a estudos científicos para perceber essa tendência. Basta pensar sobre a seguinte questão: você já percebeu que a maioria das pessoas tem o mesmo problema a vida inteira? Pense, por exemplo, em uma pessoa das suas relações que tenha problemas financeiros. Há quanto tempo ela está em dificuldades? A menos que ela seja um caso raro, essa situação a acompanha em quase todos os momentos da vida. Você também já percebeu que quando está endividado, uma sucessão de eventos negativos tende a se manifestar em sua vida, piorando ainda mais a situação? É o carro que quebra, um caso de doença que aparece, a máquina de lavar que estraga, uma multa inesperada, e assim por diante. Ou observe o dia em que você está com pressa: as filas não ficam mais longas, o tráfego mais intenso, o pneu fura? Por que isso acontece? Tudo, no universo, age por meio de energias. Nosso foco na situação atual, nos casos acima a falta de dinheiro e o atraso, projetam ainda mais aquilo que já temos.

Pense sobre o seu desejo mais ardente nesse exato momento. Deve ser o de obter aquilo que mais lhe faz falta. Se você está com sérias dificuldades financeiras e se é como a maioria das pessoas, seu sonho maior certamente será pagar as contas. Se estiver insatisfeito no seu trabalho, seu maior desejo será trocar de emprego. Essa é a lógica. Pensamos que desejo é a satisfação de uma necessidade que no momento presente é uma carência. Baseado nessa convicção, estabelecemos nosso propósito a partir de nossas deficiências. Isso talvez resolva o problema temporariamente, mas, quando menos imaginarmos, estaremos outra vez na mesma situação.

Isso ilumina os motivos pelos quais, para a maioria de nós, é tão difícil sair de determinada situação mesmo quando ela nos faz mal. Temos a tendência de imaginar o futuro baseados na maneira como nos sentimos no presente. Se estivermos felizes no presente, tudo nos fará crer que também seremos felizes no futuro. Se, ao contrário, estivermos frustrados, acreditaremos, mesmo que não tenhamos consciência disso, que também nos sentiremos frustrados no futuro.

Cada um de nós está preso em algum lugar, em alguma circunstância, em algum tempo. Para transcender essa amarra precisamos nos projetar para fora dela, ignorando nosso estado presente. Ao longo de todo livro, essa é a mensagem que passo. Quase sempre esperamos que alguma circunstância em nossa vida se altere para podermos mudar nosso estado emocional. Mas a verdade é exatamente o oposto: precisamos primeiro mudar nosso pensamento para que ele mude nossas ações, que por uma vez mudarão nossos resultados.

A única forma de transformar nossa vida é se decidir pela transformação e precisamos assumir isso para nós mesmos. Precisamos ter a coragem de nos perguntar o que queremos alcançar na vida, definir um propósito claro e se decidir a realizá-lo apesar das dificuldades, independentemente dos obstáculos e das circunstâncias. Mas não estabeleça um propósito para obter uma vida boa. Busque uma vida de significado. Uma vida boa talvez seja praia, sombra e água fresca. Mas uma vida de significado é algo muito maior: significa desenvolver seu potencial até os limites da genialidade, produzindo alegria autêntica e uma gratificação abundante, as duas maiores riquezas que qualquer ser humano pode obter na vida.

POR QUE DESENVOLVER SUAS RIQUEZAS?

Talvez, ao longo do livro, você tenha se perguntado: por que eu deveria desenvolver a genialidade? Alcançar riquezas para quê? Por que tanto esforço e empenho para desenvolver meu potencial se nem ao menos sei qual é meu potencial? Por que não se satisfazer justamente com o que sou ou com o que tenho? Se esse é o seu caso, eu tenho duas respostas.

Primeiro, porque não é mais difícil desenvolver a genialidade do que viver na mediocridade. Talvez seja muito mais raro desenvolver a genialidade, mas isso não requer mais sofrimento e renúncia do que perpetuar a mediocridade. Na verdade, se observarmos os exemplos abordados no livro, veremos que desenvolver nossas riquezas é menos doloroso e envolve menos sacrifício do que ignorá-las. A beleza e o poder dos princípios que esses exemplos nos ensinam é que na verdade eles simplificam radicalmente nossa vida ao mesmo tempo em que aumentam nosso potencial. Há um grande alívio em saber que podemos fazer uma limpeza psicológica simplesmente por separar os fatos da opinião que temos dos fatos.

Lembremos de Lance Armstrong e Ben Fountain. Lance passou por extremas dificuldades: quimioterapia, a ameaça do câncer retornar, a fraqueza física em função do tratamento, mas mesmo assim sujeitou-se a treinamentos intensos, exigindo o máximo de seu corpo. Ben levou dezoito anos para realizar seu propósito. Lance venceu sete vezes a Volta da França, e Ben se tornou reconhecido no cenário da literatura mundial. Você acha que teria sido mais fácil para eles se, a certa altura, tivessem desistido e seguido outro caminho? Será que a vida deles, por persistirem, foi mais dura do que se tivessem desistido? Não. Na verdade, Lance, aos 39 anos, é um multimilionário que dedica sua vida a criar seus filhos e ajudar outras pessoas com câncer. Ben ganhou os prêmios mais importantes da literatura dos Estados Unidos e continua ativo, escrevendo e servindo de inspiração para o mundo.

A questão é simples, e Lance Armstrong a define muito bem ao se referir à dor que sentia nos treinamentos ou mesmo durante a competição:

– A dor de fazer a coisa certa é temporária. Ela pode durar um minuto, uma hora, um dia, ou um ano, mas um dia ela acabará e alguma outra coisa tomará o seu lugar. Se desistirmos, no entanto, a dor do fracasso durará para sempre. O tempo é limitado, pelo que o melhor é acordar fresco em cada manhã, sabendo que tenho apenas uma hipótese de viver este dia e, por meio dela, orientar todos os meus dias para uma vida de ação e propósito.

Se analisarmos a vida de qualquer pessoa que desenvolveu a genialidade em alguma atividade, perceberemos que elas partiram todas do mesmo ponto. Foi ao longo do processo que elas se destacaram. Tudo que fizeram foi focar nas coisas certas, evitando ao máximo que as coisas erradas se tornassem seu foco. Elas fizeram o que descrevi neste livro, dentro de suas situações específicas, e não desperdiçaram tempo com coisas que estavam fora do seu ponto de interesse. Transformaram sua vida num caminho simples, claro, direto, expondo-se aos desafios com muito entusiasmo e vibração intensa. Não estou querendo dizer que alcançar a genialidade e desenvolver suas riquezas é fácil. Nem tampouco que um simples desejo fará você chegar lá. Estou afirmando que aqueles que definirem seu propósito com base no seu talento e desenvolverem com disciplina a atividade pela qual possuem uma paixão natural, não acharão o processo mais doloroso do que aqueles que se sentarem na beira do caminho e reclamarem a vida inteira da falta de sorte.

Então, por que desenvolver a genialidade? Porque para fazê-lo você precisa extrair o melhor de si. E é apenas quando busca extrair o que há de melhor em você que descobre o verdadeiro sentido da vida. E quem sabe a única coisa que faça sentido na vida seja o sentido da vida em si. E fica difícil descobrir esse sentido se você passa por ela sem descobrir as verdadeiras riquezas que ela lhe deu. Se você seguir o mesmo caminho e aplicar os princípios descritos aqui, eles farão sua vida mais simples e muito mais emocionante, ao mesmo tempo em que aumentarão significativamente seus resultados. Ao longo desse processo, certamente você desenvolverá seu potencial aos níveis da genialidade, e o universo lhe será eternamente grato. Então, se não é mais difícil, se os resultados serão significativamente melhores e o processo muito mais divertido, por que não transformar o desenvolvimento das suas riquezas no seu propósito de vida? Esse é o começo de tudo, e você pode começar agora.

Agradecimentos

Este livro surgiu de uma longa e profunda análise sobre os princípios e atitudes que distinguem os resultados das pessoas. Durante o processo de pesquisa, criação e evolução das ideias apresentadas, como de costume, tive a colaboração de inúmeras pessoas. Várias, como Adriano da Silva, John Anderson, Tony Sorgy, Craig Thomas e Ted Lugardo estiveram comigo ao longo de todo processo, servindo, muitas vezes sem saber, de laboratório onde analisava minhas ideias. Outros, como Jean Marcel Petry, Paulo Antonio Pires Borges, Gilmar Ost, Jair Lasta e Odair Bernard foram importantes em estágios específicos, fazendo com que o livro criasse raízes profundas. Dr. Nelson Dutra me alimentou com conceitos valiosos. Fabio Rodrigo Lasta continua sendo perfeito sempre que chamado, nossa parceria já se estende por mais de 15 anos.

Como sempre, insisti com meus amigos a criticar várias versões do original. Felizmente eles aceitaram a meus apelos, e o resultado foi um livro muito melhor. Agradeço a Sandra Kfouri, Chris Delboni, Mirna Sartor e Alex Pitz pela leitura e avaliação. Dr. Paulo Heitor Fernandez tem sido meu professor de redação e gramática desde o início da minha carreira de escritor, sempre dando fluidez e clareza ao texto. Leonor Braga é uma amiga in-substituível de uma percepção incomum. Paulo Barbosa fez um trabalho minucioso de contexto. O jornalista e filósofo Everton Maciel revisou a primeira versão minuciosamente, apontando in-coerências e apresentando valiosas sugestões. Liliane Borba leu o original tantas vezes que certamente o sabe de cor. Giovani Baú foi excepcional na criação dos gráficos. Obrigado a todos vocês.

A equipe da Lua de Papel, além de imbatível, tem sido a melhor do mundo. Andrea Jocys e Priscila Brauner não tem esta-belecido limites para dar visibilidade ao meu trabalho. André Fonseca, tão jovem, traz em si o talento nato ao revelar-se um produtor editorial completo. O editor Pedro Almeida é desses presentes de Deus que a gente só precisa receber um a vida inteira. Sempre que me extravio em alguma influência, ele aparece para lembrar-me de como pensar e escrever. Sem o estímulo dele, escrever seria bem diferente.

Sou grato, acima de tudo, aos meus pais Maria e Eugenio. Este é um livro sobre como desenvolver o melhor que há em nós. Foi com eles que aprendi a ser quem sou. Com minha mãe aprendi a desenvolver uma espiritualidade que me mantém seguro e forte o suficiente para enfrentar os eventos temporários da vida. Meu pai, por sua vez, ensinou-me a ser homem. Com ele aprendi a respeitar a mim mesmo e aos outros, assumindo controle sobre minha vida. E é isso que mantêm aberto meu processo criativo e me faz ser feliz dentro de qualquer circunstância. Um agradecimento final ao Deus verdadeiro a quem devo tudo, inclusive, as pessoas que agradeci anteriormente.

Jacob Pétry

Suíte 4029 – Mildorf Plaza Hotel

Nova York – Verão 2011

Notas

INTRODUÇÃO

- A história da criação do Google é contada em inúmeros livros. A fonte usada para as discussões nesse capítulo, como nos demais, foram extraídas de três obras: David A. Vise: *The Google Story – Inside the Hottest Business, Media and Technology Sucess of our time* (Nova York: Bantam Dell / Random House, 2008); John Battelle: *The search: how Google and its rivals rewrote the rules of business and transformed our culture* (Nova York: Penguin Group, 2005); e Douglas Edwards: *I'm feeling lucky: the confessions of Google employee number 59* (Nova York: Houghton Mifflin Harcourt, 2011).

- Nando Parrado publicou um livro sobre sua odisseia pessoal nos Andes: *Miracle in the Andes – 72 Days on the Mountain and My Long Trek Home* (Nova York: Three Rivers Press, 2006). Os diálogos e textos usados nesse capítulo e nos seguintes foram inspirados nessa obra, quase sempre, com minha adaptação e tradução. Também usei como fonte de informação o livro do jornalista americano Piers Paul Read: *Alive* (Nova York: Harper Perenial, 2005).

CAPÍTULO UM: A LIÇÃO DE GEORGE W. BUSH

- George W. Bush descreve os detalhes do que fez no dia 11 de setembro de 2001 no livro *Decision Points* (Nova York: Crown Publishers, 2010). O relato está no capítulo 5, *Day of Fire*, p. 126-27.

- A teoria da Inteligência Prática é de Robert Sternberg, que a defende em inúmeros artigos e livros. Entre sua vasta obra que trata do tema, a mais recomendada é *Inteligência para o sucesso pessoal* (Rio de janeiro: Campus, 2000).

- John McPhee escreveu o artigo *The man who walks on air*, sobre Philippe Petit, publicado no livro *Life stories: profiles from The New Yorker* (Nova York: Random House, 2000). Mais recentemente, Philippe Petit lançou *To reach the clouds: my high wire walk between the Twin Towers* (Nova York: North Point Press, 2002), um livro em que conta em detalhes a origem da ideia e os preparativos que o levaram a cruzar o vão entre as Torres Gêmeas sobre um cabo de aço.

- A influência que a herança sociocultural exerce sobre o desempenho dos estudantes afrodescendentes foi apresentada por Joshua Aronson e Claude Steele em *Stereotype Threat and Intellectual Test Performance of African Americans*, publicado em 1995, no *Journal of Personality and Social Psychology 69.*

- As informações sobre Roger Bannister foram extraídas dos arquivos da *Academy of Achievement*, do *Museum of Living History*, de Washington DC.

- A revista *Sport Ilustrated* publicou uma edição especial sobre as conquistas esportivas do Século 20, no dia 27 de dezembro de 1999. A reportagem sobre Roger Bannister foi escrita por Frank Deford: "*Bannister And Hillary - Pioneer miler Roger Bannister and Everest conqueror Edmund Hillary became, at midcentury, the last great heroes in an era of sea change in sport.*"

- A narrativa sobre Seles, pai de Nando Parrado, está em *Miracle in the Andes – 72 Days on the Mountain and My Long Trek Home* (Nova York: Three Rivers Press, 2006), de Nando Parrado.

CAPÍTULO DOIS: AUTOSUGESTÃO: O PODER DO MONÓLOGO INTERIOR

- Daniel Coyle conta os detalhes do início da carreira de Jessica Simpson e sua relação com Linda Septien no livro *The Talent Code* (Nova York: Bantam Books, 2009), p. 179-184.

- Toda discussão sobre o assassinato de Kitty Genovese está em *Superfreakonomics: global cooling, patriotic prostitutes, and why suicide bombers should buy life insurance,* de Steven D. Levitt e Stephen J. Dubner (Nova York: William Morrow, 2010); Malcolm Gladwell, *O ponto da virada* (Rio de janeiro: Sextante, 2009); e ainda A. M. Rosenthal, *Thirty-Eight Witnesses* (Nova York: McGraw-Hill, 1964).

- Para a biografia de Franklin e Eleonor Roosevelt, veja o livro de Doris Kearns Goodwin, *No ordinary time - Franklin and Eleanor Roosevelt: the home front in World War II* (Nova York: Simon & Schuster, 1994).

- O estudo sobre a relação entre casamento e felicidade foi realizado pelo The National Research Center, e foi publicado na página 55 do livro de Martin E. P. Seligman, *Authentic Happines* (Nova York: Free Press, 2002).

CAPÍTULO TRÊS: A INVENÇÃO DE NÓS MESMOS

- Para compreender a vida de Van Gogh, veja o livro de Julius Méier-Graefe, *Vicent Van Gogh: A Biography* (Nova York: Dover, 1987), e ainda *Van Gogh's women: his love affairs and journey into madness*, de Derek Fell (Nova York: Carroll & Graf Publishers, 2004).

- A verdadeira história de Amadeo Giannini ainda é pouco conhecida. Sugiro os livros de Felice A. Bonadio *A. P. Giannini: Banker of America* (Berkeley: University of California, 1994); e *A. P. Giannini and the Bank of America* (Norman: University of Oklahoma; 1992), de Gerald D. Nash.

- Aaron Beck é sem dúvida a maior liderança mundial em terapia cognitiva. Seus trabalhos são muito conhecidos. Para obter um conhecimento mais aprofundado, sugiro a leitura de *Cognitive Therapy of Depression* (Nova York: The Guilford Press, 1987), e *Schizophrenia: Cognitive Theory, Research, and Therapy* (Nova York: The Guilford Press, 2011).

- A influência que o preço de determinado produto pode ter sobre nossa percepção se chama, em psicologia social, de *Coerência Arbitrária.* O estudo sobre a relação entre preço e gosto do vinho pode ser encontrado em: http://www.neurosciencemarketing.com/blog/articles/why-expensive-wine-tastes-

-better.htm. Jonah Lehrer também se refere ao mesmo estudo no livro *How we decide* (Nova York: Mariner Books, 2009).

- Para saber mais sobre como o preço de um produto pode ter um impacto nas nossas decisões, leia *Predictably Irrational*, de Dan Ariely (Nova York: Harper, 2008).

CAPÍTULO QUATRO: O PODER DE ESCOLHA

- Bruno Grosjean escreveu *Fragments: Memories of a Wartime Childhood* (Nova York: Schocken Books, 1996), sob o pseudônimo de Binjamin Wilkomirski. A verdadeira história de Grosjean e a investigação de como ele criou o personagem fictício da sua infância que resultou no seu livro de memórias está em dois livros: *The Wilkomirski Affair: A Study in Biographical Truth* (Nova York: Schocken Books, 2001), de Stefan Maechler (trad. de John Woods); e *A Life in Pieces: The Making and Unmaking of Binjamin Wilkomirski* (Nova York: W.W. Norton, 2002), de Blake Eskin.

- A análise sobre a falsa versão da história do assassinato de Kitty Genovese está no livro *Superfreakonomics: global cooling, patriotic prostitutes, and why suicide bombers should buy life insurance,* de Steven D. Levitt e Stephen J. Dubner, (New York: William Morrow, 2010).

- O estudo de Gary Wells e Richard Petty foi publicado em 1980, no *Journal of Basic and Applied Social Psychology,* vol. 39, número 2, p. 333-351, sob o título *The Effects of Overt Head Movements on Persuasion.*

- Joseph LeDoux escreveu dois livros impressionantes sobre a funcionalidade do nosso cérebro: *The Emotional Brain* (Nova York: Touchstone, 1996), e *Synaptic Self* (Nova York: Penguin Books, 2002). A citação foi extraída do de *Sinaptic Self,* p. 5.

- A história de Renèe Fleming está em seu livro de memórias *The inner voice: the making of a singer* (Nova York: Viking, 2004).

- Uma das melhores abordagens sobre a adaptação da estrutura cerebral às exigências e estímulos impostos de forma deliberada está no livro de Norman

Doidge, M.D., *The Brain That Changes Itself – Stories of Personal Triumph from the Frontiers of Brain Science* (Nova York: Penguin Books, 2007).

CAPÍTULO CINCO: DESENVOLVA SUA PAIXÃO

- Lance Armstrong conta sua história em dois livros: *It's not about the bike: my journey back to life.* Nova York: Putnam, 2000; e *Every second counts.* Nova York: Broadway Books, 2003. Daniel Coyle reconta a vida extraordinária de Lance em seu livro *Lance Armstrong's war: one man's battle against fate, fame, love, death, scandal, and a few other rivals on the road to the Tour de France* (Nova York: HarperCollins, 2005).

- Wallace Wattles relata sua experiência com o menino diante do piano no seu livro *The Science of Getting Rich* (Boston: BN Publishing, 2007).

- O trabalho de Antonio Damasio está em três livros fantásticos: *The Feeling of What Happens – Body and emotions in the making of consciousness* (Nova York: Harcourt Books, 1999); *Looking for Spinoza – Joy, Sorrow, and the Feeling Brain* (Nova York: Harcourt Books, 2003) e *Descartes Error – Emotion, Reason, and the Human Brain* (Nova York: Penguin Books, 2005). As citações usadas nesse capítulo foram extraídas de *Descartes Error.*

- Os detalhes da infância de Moema Umann foram revelados por ela própria numa entrevista concedida ao autor em maio de 2011, em Nova York.

- Para ler mais sobre prática deliberada sugiro o livro de Geoff Colvin, *Desafiando o talento* (São Paulo: Ed. Globo, 2008), trad. de Helena Londres. Embora o autor tenha uma visão equivocada sobre o talento no desempenho excepcional, a abordagem central do livro é a prática deliberada, apresentada de maneira bastante abrangente.

- Os estudos de Anders Ericson estão no livro *Handbook of Creativity* (Cambridge: Cambridge University Press, 1999), editado por Robert J. Sternberg.

- Jim Collins conta como Richard Schulze transformou a tragédia que o tornado causou em Roseville numa oportunidade que resultou na criação da BestBuy, uma das mais conceituadas redes de eletrodomésticos dos Estados

Unidos, no livro de Jim Collins, *How The Mighty Fall* (Nova York: Harper-Collins, 2009).

CAPÍTULO SEIS: O PODER DA PERCEPÇÃO

- John Nathan conta a história de Masaru Ibuka e a invenção do rádio portátil em seu livro *Sony: The Private Life* (Boston: Houghton Mifflin, 1990).

- A extraordinária história de Ray LaMontagne foi descrita por Daniel Coyle, no livro *The Talent Code* (Nova York: Bantam Books, 2009).

- Para saber mais sobre como nossa mente interpreta o passado, presente e futuro, e qual a influência que essa interpretação tem em nossa vida, leia *Stumbling on Happines* (Nova York: Vintage Books, 2007), de Daniel Gilbert, professor de psicologia de Harvard. Gilbert faz uma análise profunda e realista da conexão entre felicidade e a relação que ela possui com o tempo.

- Uma compreensão simples e rápida dos estudos de Beck pode ser encontrada no livro de Jonathan Haidt, *The Happiness Hypothesis* (Nova York: Basic Books, 2006).

- Nassim Nicholas Taleb escreveu dois livros em que dedica vários capítulos sobre nossa impossibilidade de predizer o futuro. Ambos os livros são altamente recomendáveis: *Fooled By Randomness* (Nova York: Random House, 2004) e *The Black Swan* (Nova York: Random House, 2007).

- A vitória de Sharansky sobre Kasparov foi divulgada no *The New York Times*, edição do dia 16 de outubro de 1996, em matéria de Serge Schmemann.

- Jim Collins relata o encontro que teve com Jim Stockdale no livro *Good To Great* (Nova York: Collins, 2001). p. 83. A impressionante história completa da vida de Jim Stockdale e os anos em que foi prisioneiro do governo comunista da extinta URSS estão em sua biografia *In love and war: the story of a family's ordeal and sacrifice during the Vietnam years* (Nova York: Harper & Row, 1984).

CAPÍTULO SETE: A FORÇA DA DECLARAÇÃO

- A história da Kimberly-Clark tem como fonte o livro de Robert Spector e Willian W. Wicks, *Shared values: A history of Kimberly-Clark* (Nova York: Greenwich, 1997); e do livro, *Kotex, Kleenex, Huggies: Kimberly-Clark and the consumer revolution in American business* (Columbus: Ohio State University Press, 2004), de Thomas Heinrich e Bob Batchelor.

- A biografia e citações de Darwin Smith foram extraídas e adaptadas do livro *The Leadership Experience*, de Richard L. Daft (Mason: Thomson, 2005) p. 14; e do livro *Good To Great* (Nova York: Collins, 2001), de Jim Collins.

- A história e as citações de Winston Churchill foram extraídas de seus livros *The Hinge of Fate* (Boston: Houghton Mifflin, 1950) e *The gathering Storm* (Boston: Houghton Mifflin, 1948).

- Lance Armstrong conta a passagem com Floyd Landis no seu livro *Every second counts* (Nova York: Broadway Books, 2003).

- A citação de Stephen Hawking foi extraída da entrevista concedida a Deborah Solomon, para a *New York Times Magazine*, na edição do dia 12 de dezembro de 2004. p. 37. A citação original é: *"My expectations were reduced to zero when I was twenty-one. Everything since then has been a bonus."*

- Para saber mais sobre Nelson Mandela, leia a coletânea de cartas e notas dos 27 anos em que ele esteve na prisão, publicados no livro *A prisoner in the garden* (Nova York: Viking Studio, 2006). Mandela também escreveu uma biografia, chamada *Long Walk to Freedom* (Nova York: Little Brown, 1994).

- O estudo de Daniel Kahneman e Amos Tversky foi publicado em 1981, na *Science*, num artigo *The Framing of Decisions and the Psychology of Choice.*

CAPÍTULO OITO: A IRREFUTÁVEL INFLUÊNCIA DAS RELAÇÕES

- Os relatos, citações e diálogos sobre a história de Charlie Ayers são uma adaptação da obra de David A. Vise: *The Google Story – Inside the Hottest Business, Media and Technology Sucess of our time* (Nova York: Bantam Dell/

Random House, 2008). Vise conta a história do Charlie's Place no capítulo 18 do seu livro. p. 192- 203.

- O pesquisador David Banks, do Departamento de Estatística da Carnegie Mellon University, de Pittsburgh, Pensilvânia, analisa a origem dos gênios em pequenas concentrações de espaço e tempo, como Atenas, Florença e Londres, num artigo muito interessante chamado *The Problem of Excess Genius*. O artigo pode ser acessado gratuitamente na internet em: http://www.monad.com/sdg/Journal/genius.html.

- Para saber mais sobre Michelangelo e os renascentistas sugiro três livros: *Michelangelo: the young artist who dreamed of perfection,* de Philip Wilkinson (Washington, D.C.: National Geographic, 2006), *The world of Michelangelo*, de Robert Coughlan (Nova York: Time-Life Books, 1966) e *In the time of Michelangelo,* de Antony Mason (Brookfield: Copper Beech Books, 2001).

- Os dados e citações dos primeiros anos da vida de Steve Jobs foram extraídos do livro de Lee Butcher, *Accidental Millionaire* (Nova York: Paragon House, 1988). As demais informações sobre Steve Jobs foram extraídas dos seguintes livros: *Steve Jobs: A Biography,* de Walter Isaacson. *The Steve Jobs Way: iLeadership for a New Generation*, de Jay Elliot e William L. Simon e de *The Innovation Secrets of Steve Jobs: Insanely Different Principles for Breakthrough Success*, de Carmine Gallo.

- Os dados dos primeiros anos da Pixar e seu súbito crescimento foram extraídos da reportagem de Austin Bunn, *Welcome to Planet Pixar,* publicado na revista *Wired*, edição do dia 12 de junho de 2004.

- Brent Schlender publicou a reportagem *Pixar's Magic Man* na revista *Fortune*, edição do dia 17 de maio de 2006, na qual conta a relação de John Lasseter com a Disney e sua mudança para a Pixar. E Michael McHugh entrevistou Edwin Catmull, em matéria chamada *An Interview with Edwin Catmull,* na revista *Networker*, edição de setembro e outubro de 1997.

CAPÍTULO NOVE: O PRINCÍPIO DA ORDEM ESPONTÂNEA

- As polêmicas envolvendo a origem do Facebook foram amplamente divulgadas e discutidas. Os dados, informações e diálogos têm como referência três livros: *The Facebook effect: the inside story of the company that is connecting the world* (Nova York: Simon & Schuster, 2010), de David Kirkpatrick; *The accidental billionaires: the founding of Facebook, a tale of sex, money, genius and betrayal* (Nova York: Doubleday, 2009), de Ben Mezrich; e *The Church of Facebook* (Colorado Springs: David Cook, 2009), de Jesse Rice.

- O crédito do termo *Ordem Espontânea* deve ser atribuído a Steven Strogatz, professor de matemática aplicada da Cornell University, de Nova York. A relação entre o Facebook e a teoria de Strogatz foi levantada inicialmente por Jesse Rice.

- Ernest Hemingway descreveu seu método de trabalho no livro de memórias sobre o tempo em que viveu em Paris, *A moveable feast* (Nova York: Scribner, 2009).

- Konstantin Paustovsky conta a história da sua visita a Isaac Babel na sua biografia *The story of a life: Years of hope* (Nova York: Pantheon Books, 1969).

CAPÍTULO DEZ: O SEGREDO DA ORIGEM DAS RIQUEZAS

- Os detalhes da jornada de Ben Fountain estão na revista *The New Yorker*, edição do dia 20 de outubro de 2008, no artigo *Late Bloomers: Why do we equate genius with precocity?*, assinado por Malcolm Gladwell.

- O livro de Ben Fountain, *Brief encounters with Che Guevara: stories* (Nova York: Ecco, 2006), infelizmente não foi traduzido ainda no Brasil. Em Portugal, foi lançado pela editora Guerra e Paz, sob o título *Encontros Imediatos com Che Guevara*.

- A história do encontro entre os empresários brasileiros e o fundador da rede Walmart, Sam Walton, foi publicado na revista *Fortune*, edição do dia 21 de julho de 2003, num artigo de Jim Collins chamado *The 10 Greatest CEOs Of All Time – What these extraordinary leaders can teach today's troubled executives.*

- Patricia Sellers escreveu sobre David Neeleman e a criação da Azul na revista *Fortune*, edição do dia 26 de julho de 2010, na reportagem especial da série *Visionaries: The Next Jetblue – What's David Neeleman doing starting a new airline in Brazil? Setting records, for one thing*. p. 97-100.

- A citação de Sam Walton sobre a evolução do Walmart, bem como os dados dessa evolução, estão no livro *Good to Great* (Nova York: Collins, 2001), de Jim Collins. p. 191.

- Para saber mais sobre Jiddu Krishnamurti, leia *Freedom from the Known* (Nova York: HarperOne, 1969) e *Think on these things* (Nova York: Harper, 1963).

- O estudo de Van Boven, *Predicting Feelings and Choices,* foi publicado pela Universidade do Colorado, e pode ser acessado gratuitamente no seguinte endereço: http://psych.colorado.edu/~vanboven/research/publications/vb_feelchoice.pdf

O SUCESSO É ÓBVIO.
BASTA APENAS PRESTAR ATENÇÃO!
JACOB PÉTRY
O ÓBVIO QUE IGNORAMOS
O ÓBVIO QUE IGNORAMOS
JACOB PÉTRY
LEIA E DESCUBRA OS 10 PRÍNCIPIOS DA CONSTRUÇÃO DO SUCESSO

Usando exemplos concretos de pessoas como Gisele Bündchen, Elizabeth Gilbert, John Kennedy, entre muitos outros, o autor nos mostra o que diferencia as pessoas com resultados extraordinários das demais: princípios simples e óbvios, mas geralmente ignorados pela maioria. Pessoas de sucesso seguem uma lógica óbvia e simples, mas muito poderosa. Ao colocar luz sobre essa lógica, Jacob Petry oferece um fascinante padrão de atitudes seguidas por essas pessoas que facilmente pode ser aplicado por qualquer um que queira explorar ao máximo seu potencial.

"Muitas vezes somos subjugados a forças que não conseguimos compreender e que nos tornam incapazes de alcançar sucesso no trabalho, na vida em família, e que nos impedem de tomar decisões apropriadas sobre questões profissionais e pessoais", diz o autor. Essas forças são descritas no livro, revelando-nos as formas mais ocultas e inexploradas das nossas atitudes, levando o conceito de sucesso para um nível absolutamente distinto de todos que conhecemos. Na análise contida aqui, há inúmeras surpresas e revelações intrigantes, sobre como as pessoas de sucesso enfrentam diversas situações na vida como, por exemplo:

– Por que as crianças mais inteligentes quase nunca são as que mais se destacam na vida?

– Por que é tão difícil mudar nossas convicções, mesmo quando colecionamos erros, e como mudar isso?

– Por que ser aberto a muitas opções quase sempre é uma característica negativa?

– Por que quase sempre as pessoas desistem muito próximo da conquista?

Analisando questões como essas, a obra oferece aos leitores uma nova compreensão sobre os 10 princípios da construção do sucesso. Ao entender como esses princípios alteram o rumo dos resultados que obtemos, o leitor terá a capacidade de adotar uma nova postura diante da vida e mudar seus resultados imediatamente.

LeYa
lua de papel

O ÓBVIO QUE IGNORAMOS

Uma revolucionária compreensão do sucesso que pode mudar sua vida

Você já se pegou dizendo *"Se eu fosse bonita como a Gisele Bündchen ou sortudo como o Paulo Coelho, tudo seria diferente"*? Este livro revela que, ao contrário do que pensamos, o fator determinante para que algumas pessoas se tornem ricas, saudáveis e felizes não é sorte, educação, inteligência ou oportunidades, nem um dom divino ou mágico. A boa notícia é que a chave para uma vida plena já está com você: é preciso apenas prestar atenção.

Usando exemplos concretos como Sylvester Stallone, Elizabeth Gilbert e John Kennedy, Pétry nos mostra que o que diferencia as pessoas com resultados extraordinários são princípios simples e óbvios, mas ignorados pela maioria.

Em O óbvio que ignoramos, o autor convida o leitor a mudar sua postura diante da vida, passando a observar-se e compreendendo como esses princípios alteram o rumo dos resultados que obtemos ao longo dos anos. Eis os estágios apresentados pelo autor:

O SEGREDO POR DETRÁS DA BELEZA

O ponto de partida de todas as pessoas que alcançam o sucesso

O que uma pintura de Picasso, um discurso de Barack Obama e um desfile de Gisele Bündchen têm em comum? *O óbvio que ignoramos* mostra com exemplos práticos qual é o ponto de partida das pessoas que atingem a excelência: elas descobrem seus pontos fortes e os desenvolvem. A explicação de Pétry esclarece por que o desempenho da maioria nunca supera a mediocridade: *"Somos orientados a investir tempo e energia na tarefa ingrata de reforçar as áreas onde estão nossas fraquezas, acreditando que dessa maneira atingiremos a excelência. O que acontece, porém, é que melhoramos um pouco onde estão nossas deficiências, mas ignoramos nossas habilidades, e assim atingimos apenas a média".*

A SÍNDROME DO EXCESSO DE OPORTUNIDADES

Como um grande número de ESCOLHAS se torna a causa principal do fracasso

Neste capítulo, o autor derruba outro mito sobre as pessoas de sucesso: elas não são o resultado de uma série de circunstâncias que as beneficiaram, apenas souberam usar as circunstâncias a seu favor – ou, quando não as tinham, as criaram. *O óbvio que ignoramos* mostra também que o maior responsável pela mediocridade é justamente o excesso de oportunidades. O leitor poderá entender, através de exemplos consistentes, como empresários como Herbert Kelleher, sócio fundador da Southwest Airlines, Paulo Coelho e Gisele Bündchen, ao focar em um propósito específico, claro e corajoso, evitaram a *síndrome do excesso de oportunidades*.

A LEI DA TRIPLA CONVERGÊNCIA

Por que há tantas pessoas de sucesso insatisfeitas e infelizes.
Descubra como ter sucesso e felicidade ao mesmo tempo

Muitas pessoas de sucesso não se sentem realizadas. Da mesma forma, nem sempre o resultado financeiro é sinônimo de sucesso. *"Estabelecer um propósito com o foco exclusivo na renda é um erro, da mesma forma como é um erro ignorá-lo. Ao estabelecer um propósito, o fator renda é tão importante quanto o talento e a paixão. A diferença é que, uma vez estabelecida a forma como você transformará seu talento e sua paixão em renda, você esquece o fator renda e se concentra, basicamente, no desenvolvimento dos dois outros."*

Munido dos pontos de referência para trilhar o caminho em direção ao sucesso, você deve se fazer uma pergunta: o que você almeja vai fazer você feliz? Este é o assunto do capítulo que fala da lei da Tripla Convergência, que consiste em 3 perguntas: Onde está seu talento? Qual é sua paixão? Como você transformará isso em renda? Ignorar qualquer um desses três fatores pode representar a diferença entre a excelência e a mediocridade. E conhecer-se bem é o primeiro passo para acertar o caminho.

AS TRÊS REGRAS DA PRIMEIRA MILHA

Como uma fórmula simples pode fazer a grande diferença nos momentos mais críticos da vida

Einstein foi um péssimo aluno; Gisele Bündchen demorou oito meses até conseguir um contrato; Sylvester Stallone foi rejeitado por anos a fio até conseguir se consagrar como ator. *O óbvio que ignoramos* mostra que todo sucesso é resultado de uma série de fracassos iniciais. E que as pessoas de sucesso têm em comum uma atitude: rejeitar qualquer idéia de desistência. O autor apresenta três regras fundamentais para sobreviver ao período inicial da carreira: Criar imunidade a rejeição; Entender o paradoxo da apatia; Evitar o erro da racionalização. Compreender e seguir cada uma dessas regras é um passo essencial para não sucumbir às dificuldades e opiniões alheias nos momentos mais críticos da nossa jornada.

Criar imunidade à rejeição é compreender que, no começo do caminho, as vantagens parecem estar todas contra você – e preparar-se para esses momentos. É identificar sua habilidade, estabelecer um propósito específico e manter-se focado nele o tempo todo, sem deixar que a rejeição o impeça de avançar. O paradoxo da apatia ensina o leitor a tirar proveito das suas habilidades e administrar suas deficiências apenas o bastante para que elas não atrapalhem o desenvolvimento de seu potencial – em vez de pensar constantemente sobre as falhas decorrentes delas. E ao entender os perigos decorrentes da racionalização, o leitor saberá evitar o perigo de ser vítima de seu próprio raciocínio, que pode levá-lo a desistir antes de tentar o suficiente.

A LIÇÃO DE DELFOS

Por que diante de situações difíceis algumas pessoas se tornam mais fortes, confiantes e seguras, enquanto outras simplesmente desabam

Por que algumas pessoas tornam-se vítimas do seu próprio sucesso? A resposta está na forma como nos relacionamos com nosso próprio eu, diz Pétry. *"Muitos de nós passamos a vida inteira projetando uma imagem de nós mesmos muito diferente daquilo que somos. Inventamos essa imagem na tentativa de parecer perfeitos, mas, no fundo, nos sentimos inseguros porque sabemos que, por mais perfeita que essa imagem seja, ela não é real."*

Quando procuramos causar uma boa impressão, acreditamos que não somos bons o suficiente. Por isso criamos um segundo eu. Essa dualidade gera desconforto, insegurança e medo. Ao fazer uma análise sobre as diferentes dimensões do "nosso eu", o autor nos dá uma distinção clara que nos permite compreender por que algumas pessoas são tão profundamente afetadas pelas circunstâncias, enquanto uma minoria, ao contrário, tem uma influência tão grande sobre o mundo que as cerca. Essa influência vem da autenticidade. Esse é o poder dado pela Lição de Delfos.

O PARADOXO DA INTELIGÊNCIA

POR QUE PESSOAS SIMPLES CONSEGUEM RESULTADOS EXTRAORDINÁRIOS ENQUANTO MUITOS SUPERDOTADOS ALCANÇAM RESULTADOS MEDÍOCRES

A inteligência pode ser desenvolvida ao longo da existência? Em *O óbvio que ignoramos*, Pétry apresenta respostas reveladoras que mudam o conceito que temos sobre a relação entre sucesso e inteligência. O leitor poderá entender que não é a inteligência, mas a maneira como lida com ela que realmente interessa. Pessoas inteligentes, diante de um fracasso, muitas vezes se convencem de que não têm a inteligência necessária e desistem do seu propósito. Já as que não se consideram tão inteligentes tendem a se esforçar mais, para compensar, e acabam superando obstáculos aparentemente intransponíveis, alcançando altos níveis de excelência.

O PODER DAS CONVICÇÕES

POR QUE É TÃO DIFICIL MUDAR MESMO QUANDO COLECIONAMOS ERROS E COMO PODEMOS ALTERAR ESSE QUADRO

Por que é tão difícil mudar mesmo quando colecionamos erros e como podemos alterar esse quadro? O autor analisa o poder das nossas convicções e como elas controlam nossas ações – e, conseqüentemente, nossos resultados. Cada um carrega consigo uma imagem de si próprio, uma série de concepções e convicções sobre si mesmo. Todas as nossas ações, sentimentos e comportamentos são consistentes com essa imagem. Então a única forma de mudar os resultados na nossa vida é mudar a imagem que temos de nós. E só conseguimos mudar essa imagem se mudamos nossas convicções.

FOCO, TEMPO E O PROBLEMA DO SENTIDO

A IMPORTÂNCIA DE MANTER O FOCO NO GERENCIAMENTO DE SUAS ENERGIAS E NÃO DO SEU TEMPO

Enquanto a norma comum é focar projetos e metas no tempo, Pétry nos leva a pensar diferente. Pessoas e empresas de sucesso mantêm o foco em três dimensões: energia, tempo cronológico (diferente do tempo psicológico) e sentido. Usando exemplos da Lexus, e do tenista americano Andy Roddick, o autor apresenta um conceito altamente produtivo sobre como enfrentar decisões complicadas e obter, ao longo da jornada, o mesmo prazer que obtemos ao alcançar o objetivo em si. *"Não são os eventos em si que determinam as circunstâncias, mas pelo contrário, as circunstâncias são determinadas pelo foco que damos aos eventos"*, ele explica.

Esse é um conceito muito simples, mas poderoso. O sucesso e a felicidade que alcançamos é um resultado direto de onde mantemos nosso foco. E assim o autor nos mostra a importância de manter o foco no gerenciamento de nossas energias e não do nosso tempo.

O EFEITO PIGMALEÃO

Como a forma de pensar interfere nos resultados que você busca

O que nos torna otimistas ou pessimistas? Como a forma com que vemos o mundo pode afetar nossa realidade individual? Respondendo a essas questões, Pétry desmitifica o conceito da Lei da Atração e nos apresenta uma compreensão completamente nova sobre esse fenômeno. *"Não tente criar estratégias externas e superficiais para colocar a Lei da Atração em funcionamento, você apenas vai se frustrar"*, ele garante. Pétry enfatiza que a maneira como vemos o mundo tem efeitos inegáveis nos nossos resultados, e ao introduzir o Efeito Pigmaleão, nos apresenta um novo estágio de compreensão sobre como essa relação acontece de fato.

OS ANOS DE SILÊNCIO

Quando o sacrifício e a dedicação são os fatores mais relevantes para alcançar o sucesso

Muitos téoricos defendem a teoria de que o talento inato não tem importância alguma na construção de resultados extraordinários. Baseada em estudos de Ericson Anderson, a "regra das 10 mil horas" passou a ser usada para provar que a excelência, em qualquer atividade, é o resultado absoluto de muita prática. Partindo dessa regra, Pétry faz uma investigação mais profunda. E questiona por que motivo algumas pessoas suportam tantas horas de prática, enquanto outras desistem no meio do caminho. A resposta recai sobre os princípios discutidos ao longo dos primeiros capítulos. *A "Regra das 10 mil horas" parece ser, de fato, coerente com as pessoas que alcançam altos níveis de eficiência. Mas somente aquelas pessoas que* construíram seu propósito sobre a Lei da Tripla Convergência (talento, paixão e renda) têm fôlego para suportar tantas horas de prática sem se cansar.

Este livro foi composto em Dante MT Std
para Texto Editores Ltda.
em setembro/2011